제품
미학

제품
미학

형태는 기능을 따르고
기능은 욕망을 따른다

하영균 지음

도슨트

③ 산업시대의 제품 미학

: 팔린다고 다 미학적이진 않다 ──── 79

④ 예술 미학과 제품 미학

: 당신은 그림을 보고 울고, 나는 제품을 보고 느낀다 ──── 119

⑦ 욕망과 제품 미학

⑧ 경험과 미적 체험

제품 미학을 쓰게 된 동기는 아주 사소했다. 해외를 다니면서 다른 나라의 제품과 한국 제품을 비교할 때 뭔가 차이를 느끼게 된 것이다. 그게 무엇 때문인지는 가늠조차 하기 어려웠고, 막연하게 문화나 선진국과 후진국의 경제력 차이에서 비롯한 것이겠거니 치부했다. 그런데 시간이 지나도 변함이 없었다. 어느 정도 한국의 생활 수준이 높아졌는데도 여전히 그런 차이는 존재했다. 이 때문에 단순히 문화적 차이를 넘어서는, 무엇인가 차별적인 요인이 있다는 생각을 하게 된 것이다. 그 요인으로 생각한 게 바로 미학적 관점이다. 한국 제품에는 미학적 관점이 부족하다는 사실을 수십 년을 보내고 나서야 알 수 있었다. 미학적 관점이 부족하면, 제품이 그렇게 매력적으로 느껴지지도 않고, 단순히 실용적인 수준으로만 제품을 양산하게 된다는 사실을 자각하게 되었다.

상품 미학과 제품 미학을 놓고 어느 관점으로 봐야 하는지, 이에 대한 문제가 있다. 상품 미학은 사실 자본주의 상품의 속성을 비판적 시각으로 반영하면서 사용되는 용어다. 최근의 경영학에서는 상품과 제품을 같게 보지 않는다. 서비스가 중요해졌기 때문이다. 즉 형상을 지닌 물건뿐만 아니라 서비스까지도 제품의 영역에 포함하는 것이다. 따라서 상품 미학이라는 말보다는 제품 미학이라는 말이 더 타당하다고 본다. 서비스에 대한 연구가 갈수록 중요해지고 있다. 재화보다는 오히려 서비스 비중이 높아지는 게 현실이기 때문이기도 하고, 실제 사용자 또는 고객이 감동하는 데는 서비스가 더 강한 자극이 되기 때문이다. 어쩌면 서비스 미학에 관한 것도 분리되어 생각 해야 할지도 모른다.

세상을 아름답고 살맛 나게 만드는 건 화려하고 값비싼 예술품이 아니다. 생활 속에 아름다움이 배어 있어야 한다. 생활 미학이 제품 속에 살아 있을 때 전혀 다른 제품으로 등장할 수 있다는 사실을 알게 되었다. 우리가 살면서 느끼고 향유하는 모든 게 생활 미학의 영역이고, 그 속에 감동의 씨앗이 담겨 있다고 본다. 생활 미학은 감동에서 비롯되고, 그 감동은 오감체험에서 시작된다. 그게 제품일 수도, 향기일 수도 소리일 수도 있다. 생활하는 가운데 느끼는 모든 체험은 사물을 통해 이루어지기에 이를 둘러싼 모든 게 생활 미학의 영역이라 할 수 있다. 생활하는 모든 곳에서 미학이 드러나기 때문에 생각지도 못한 곳에서 미학적 감동을 얻을 수 있다. 칼한 자루 호미 하나라도 그 속에는 나름의 미학이 존재하다. 라면 한 봉지와 파전 하나에도 그 나름의 생활 미학은 존재한다.

많은 사람이 생활 속에서 아름다움을 찾게 되면 대중의 눈높이가 높아진다. 그 눈높이가 그 나라 또는 민족의 경쟁력이고 상품의 경쟁력이다. 제품 하나하나를 자세히 보면 그 속에 담긴 미학적 가치를 느끼게 된다. 미학적으로 보자면, 삼성과 애플의 제품은 열심히 남의 그림을 베끼는 화가와 거장 피카소의 작품을 비교하는 것만큼이나 차이가 크다. 열심히 그리는 화가가 실제 더 실용적이긴 하다. 많이 그려 놓으니 여러 곳에서 싸게 팔아먹을 수 있다. 하지만 미학적 관점으로 보면 가치가 다르다. 많이 만들고, 단순히 많이 팔린다고 해서 그 가치를 높게 평가해 주지는 않는다. 그래도 한 가지 여지는 있다. 열심히 만들다 보면 그 나름의 미학적 수준을 깨닫고 더 좋은 제품을 만들어 낼 수도 있다. 하지만 그런 경우라도 미학적 관점에 대한 이해가 없이는 오래가지 못하는 법이다. 눈높이가 달라져야 한다.

문화적 수준이란 바로 눈높이의 차이를 말한다. 좋은 것을 선택할 수 있는 능력이 문화적 수준이고 눈높이다. 미학적 수준이 높다는 건 이런 선별이 가능하다는 의미다. 이런 선별과정에서 좋은 것, 즉 미학적인 건 살아남고 그렇지 못한 건 사라진다. 예술보다 더 확실한 분별력이다. 예술은 그 자체가 이해 불가능한 점이 많아서 오랫동안 묵혀졌다가 새롭게 조명되는 작품도 많다. 하지만 제품은 분명하다. 그 시대에 선택받지 못하면 살아남지 못한다. 그것이 골동품이 될 수는 있어도 생활 미학적으로 미학적 가치를 평가받지는 못하는 것이다. 생활 미학에서 중요시해야 할 게 있다. 선택은 그 나름의 이유가 있고, 그 이유의 중요 부분에는 미학적 평가가 자리하고 있다는 점이다. 과도한 광고가 아닌, 사용자의 평가에 의한 것이다. 많이 알려졌다고 미학적 평가가 좋은 건 아니다. 실제 사용하는 사람들에 의해서 살아남는 게 좋은 것이다.

때로는 제대로 평가받지 못해서 사라지는 것들도 많다. 하지만 이들을 자세히 들여다보면 뭔가 부족한 게 드러난다. 즉 그런 부분이 미학적 관점으로 보완만 되었어도 상당한 성과를 볼 수 있었을 텐데 그러지 못해 사용자로부터 외면당하고 사라지는 제품들도 많다. 미학적 필요를 이해하는 것은 제품의 경쟁력에서도 중요한 부분이다. 제품이 만들어져 소리도 없이 사라지는 과정은 그 자체로 사회적 낭비다. 만든 기업, 개인뿐만 아니라, 자연의 낭비요 에너지의 낭비다. 미학적 관점을 바로 세우는 건 사회적 비용을 줄이는 일이다. 생활의 풍요를 가져다주는 일이기도 하다. 그런 의미에서 제품 미학에 대한 이해는 사회적으로도 꼭 필요한 일이라고 본다. 사회적 눈높이가 높은 나라가 좋은 나라고 잘사는 나라라고 생각한다. 한국이 그런 나라가 되었으면 한다.

이 책이 나오기까지는 생각보다 오랜 시간이 걸렸다. 시작은 2006년이었다. 그때는 주로 좋은 제품을 보고 평가하는 정도였다. 하지만 쓰다 보니 제대로 정리해 보면 좋겠다고 생각이 들었다. 이제 빛을 보게 되어서 기쁘기 한량없다. 이 작업은 분명히 누군가는 해야 했던 일이라고 본다. 첫걸음을 뗐으니 보다 체계적이고 이론적으로 정리를 해 주는 분들이 등장하면 좋겠다.

이 책이 나올 때까지 힘써 준 도슨트 출판사와 편집을 맡아 고생한 김진수에게 감사한 마음을 전한다. 이런 작업에 관심을 가지고 지켜봐 준 지식플랫폼 조합원들과 돈을 벌어오지 못해도 아빠가 자랑스럽다는 가족에게도 고마움을 전한다. 바람이 있다면, 부족한 점이 있더라도 이 책이 독자들에게 의미 있게 다가갔으면 좋겠다. 사라지지 않고, 누군가에게는 도움이 되는 책으로 남기를 진심으로 소망한다.

하영균

제품 미학을
보는 시선

바라보는 사람의 수준이
제품 수준이다

누구나 보는 눈은 있다. 그 보는 눈이 고급인 사람도 있고 저급한 사람도 있다. 보는 눈이란 게 다 같지 않다. 그러니 보는 수준에 차이가 날 수밖에 없다. 교육으로 인해, 문화적 경험이 달라서, 세계관이 달라서 그렇기도 하다. 보는 눈이 곧 수준의 차이를 가름 짓는 잣대가 된다. 개발이 덜 된 곳에 가면 느끼는 감정을, 아마도 과거 많은 유럽인이 한국을 방문할 때 느꼈을지 모른다. 유럽에서 만든 제품은 한국에서 만든 제품과는 달라 보인다. 이는 보는 눈의 차이에서 기인한다. 그 바탕에는 문화적 차이도 있고 제품 디자인을 바라보는 시각 차이도 있으며, 특히나 품질을 바라보는 차이도 존재한다. 그 차이만큼 제품을 바라보는 차이가 드러나고, 결국 제품을 완성하는 데도 차이가 나는 법이다. 특히 간과하지 말아야 할 것은 시대성이다. 그 시대에는 옳았을지 모르지만, 지금 보면 허접

한 것들이 많다. 당대의 시각으로 볼 줄 알아야 그 제품의 진가를 발견할 수 있다.

문화적 경험을 얘기할 때, 문화는 두 가지 측면에서 중요하다. 문화적 역사성과 문화적 시대성이다. 문화적 역사성이란 어느 나라, 어느 민족의 문화에 기원을 두고 있는가를 말하는 것이고, 문화적 시대성이란 그 나라 또는 민족의 문화가 어느 시대를 기준으로 형성되고 유지되면서 그 영향을 미치는가 하는 것이다. 어떤 사람이든 사회적 활동을 하고 있다면 이 두 가지의 영향을 받는다. 그리고 그로 인한 독특한 시각이 만들어지는 법이다. 내적 시각은 학습에 의한 것이지만, 외적 시각은 문화적 영향에 의한 것이다.

시각은 다름의 출발이다. 달라야 새로움을 만들어 낼 수 있다. 제품 미학은 다름을 인정하면서 시작한다. 그 다름의 출발이 바로 시각이라는 점을 기본으로 하고 있다. 제품을 바라보는 시선은 나름의 이유와 역사성을 가진다. 그래서 제품을 미학적으로 해석하려는 노력이 필요한 법이다. 즉 제품에 대한 문화적 이해와 미학적 시각을 가질 수 있을 때 제품을 제대로 알 수 있다. 그리고 그 제품을 통한 나름의 충만함도 얻게 되는 것이다.

생각을 디자인해야
제품 미학에 길이 보인다

◆

제품 미학을 완성하려면, 먼저 생각을 디자인해야 한다. 생각 디자인은 자신의 생각을 끊임없이 시뮬레이션하는 것을 의미한다. 즉 다양한 상상과 그 상상의 연결 속에 형상화되는 제품의 기능, 그리고 마지막으로 만들어지는 제품 이미지를 머릿속에 그려보는 것이다. 생각이 디자인되면 제품 디자인은 이미 50% 이상 완성된 거로 봐도 무방하다. 사람마다 생각을 디자인하는 방식이 다르다. 처음부터 끝까지 생각을 완성하고 그 완성된 디자인을 그려내는 사람이 있는 반면, 그려가면서 생각을 완성하는 사람도 있다. 그리는 과정이 일종의 생각하는 과정이다. 사람마다 접근 방법이 다르기 때문에 어떤 것은 맞고 어떤 건 틀렸다고 말할 수는 없다. 하지만 최종 결과물을 만들어 내기 전까지는 끊임없이 생각해야 한다는 점만은 틀림없는 얘기다.

생각을 디자인하다 보면 그 생각 끝에 이뤄지는 제품의 이미지가 그려진다. 이때의 이미지에는 제품의 활용과 제약조건들까지도 담아야 한다. 디자인해 본 사람은 알겠지만, 좋게 만드는 건 누구나 할 수 있다. 하지만 재료와 가격 그리고 고객이라는 변수까지 고려해 디자인하는 건 쉬운 일이 아니다. 거기다가 제품 미학적 관점으로 디자인해 내야 하는 건 더욱 어려운 일이다. 생각의 깊이만큼 만들어질 수밖에 없다. 그러나 생각을 디자인하는 과정 중에 제품 미학의 관점을 고려해야 제품이 생명력을 얻는다. 한때 사용되다가 버려지는 제품이 아니라, 누구에겐 미학적 대상이 되는 제품이 될 거라는 얘기다.

제품 미학의 출발점은 생각을 디자인하는 순간부터다. 그때부터 미학적 관점이 스며야 한다. 단순히 기능적인 효과만 보고 디자인해 나갈 경우, 아무리 좋은 미학적 관점을 제시해도 이를 반영할 수 없는 상태에 놓일 수 있다. 이미 늦어버리는 것이다. 따라서 미학적 적용이 가능한 생각의 흐름을 정리하는 훈련이 필요하다. 제품 미학에서 가장 중요하게 받아들여야 할 대목이다. 출발부터 제품 미학에 대한 고민을 깊이 하고 생각을 펼쳐야 한다. 출발부터 하지 않으면 중간에 바꾸기 힘들기 때문이다. 초기의 컨셉을 설정하는 단계부터 충분히 제품 미학을 고려해야 한다. 쉽지 않지만, 그 고민의 결과는 좋은 제품으로 나타난다. 생각을 다듬어 가는 과정이 생각을 디자인하는 과정이다. 고민의 크기만큼 그 궤적이 제품 디자인 속에 담기기 마련이다.

이유 없는 제품 디자인은 안 된다. 좋은 제품은 그 이유 하나하나가 선명하다. 생각을 디자인해 가는 것은 해당 프로젝트에 이유를 붙이는 작업이다. 이 곡선은 이런 이유에서 적용하고, 이 부분의 컬러는 이런 연유로 바꾼다는, 모든 생각의 궤적이 제품 미학을 완성해 가는 과정이다. 제품의 힘은 생각의 깊이와 비례한다. 세상에 이유 없는 풀포기, 나무 하나 없듯이 제품에 담긴 모든 것에는 이유가 있어야 한다. 이유 없이 붙은 건 제거해야 한다. 제품 디자인은 물론, 제품 미학도 완성하지 못한 것이다. 불필요한 것을 떨어내야 제품 속에 숨겨진 아름다움이 드러난다. 그것을 드러내기 위한 노력이 생각을 디자인하는 일이다.

제품 미학은 시대의
전형을 반영한다

◆

과거에 유행했던 것 중 하나는 복고풍이다. 이로써 사람들은 추억에 잠기기도 하고 당시 등장했던 문화나 제품들을 반추하면서 향수에 젖기도 한다. 그런데 왜 당대에 유행하던 제품들이 어느 순간 사라지고 새로운 제품들이 그 자리를 메우는 것일까? 그렇다면 시대에 따라 만들어진 제품은 무엇이고 지금 유행하는 건 무엇인가? 그런 의문을 품고 바라보면 뭔가 색다른 게 보인다. 그것은 그 시대에는 그런 제품이 등장할 수밖에 없고, 지금은 지금의 제품이 등장할 수밖에 없다는 점이다. 즉 시대를 대변하는 제품들이 등장하는 것이다. 이런 과정을 시대의 전형성이 표현된다고 한다. 시대의 전형성은 그 시대의 기술적 한계와 스타일을 말하는 것이다. 즉 제품은 시대의 산물이다. 그 시대를 가장 잘 표현해 주는 게 바로 전형성이다. 이는 문화 전반에서 나타나는데, 제품도 그중 하나다.

공자는 오랫동안 음악을 즐기며 악기를 연주했다고 한다. 그리고 시중의 민요를 모았는데, 이유인즉 시대의 요청이 뭔지 알 수 있는 가장 좋은 방법이었기 때문이다. 전 시대에 만들어진 노래를 연주하면서 처음에는 시대 상황을 알 수가 있었고, 더 깊이 들어가니 어느 왕 때 만들어진 건지, 급기야 작가가 누군지도 알 수 있었다고 한다. 그만큼 음악이 시대를 반영한다는 사실이 드러난 대목이다. 제품도 그렇다. 제품을 통해 시대를 알 수 있고, 당대의 기술을, 라이프 스타일을 알 수가 있다. 경우에 따라서는 디자이너도 알 수가 있다. 디자이너의 스타일은 생각보다 많이 바뀌지 않기 때문이다. 전형성은 시대만 반영하는 게 아니다. 시대의 전형성을 표현하는 디자이너의 패턴도 함축한다. 즉 전형성은 디자이너와 시대정신의 결합인 것이다.

이런 전형성을 확보하면 어떤 일이 일어날까? 제품이 시대의 전형성을 갖추면 먼저 모든 사람에게 쉽게 소구가 된다. 다시 말해 제품을 인정받게 된다. 그리고 당연히 판매나 영향력에도 크게 도움이 된다. 디자이너 또한 평가를 제대로 받기 때문에 시대를 대표하는 디자이너로 인정받는다. 그런데 왜 디자이너들은 전형성을 확보하려 하지 않을까? 아니다. 하고 싶어 한다. 정말 그러고 싶지만, 그 전형성이라는 것을 어떻게 제품 속에 담아내야 하는지를 모르는 것이다. 물론 우연히 시대의 전형성을 띤 제품으로 낙점되는 때도 있다. 하지만 전형성을 제대로 알고자 노력하면 분명 전형성이 드러난다. 우연히 만들 수도 있지만, 의도적인 노력을 해야 가능한 일이다. 즉 노력해야 전형성을 보다 깊이 있게 담아낼 수 있다.

전형성의 출발은 바로 눈높이에 있다. 사용자 눈높이에 맞는 시각을 지녀야 한다. 디자이너가 그 시대의 문화 속에 있지 않으면 전형성을 확보하기란 요원하다. 외국인이 제아무리 한국 문화를 표현한 제품을 만든다 해도 문화의 깊이까지는 온전하게 표현할 수 없는 것처럼, 사용자의 문화에 동화된 사람이 훨씬 더 좋은 전형성을 담아낼 수 있는 법이다. 다음으로는 사용자들의 욕망을 알아야 한다. 사용자들이 바라거나 경험하려는 욕망이 뭔지 꿰뚫어 한발 앞서 제시해 주는 것이다. 그러면 숨겨져 있는 사용자들의 욕망이 자극된다. 전에는 알지 못했던 욕망이 제시되는 순간에 돌출하는 것이다. 마치 초콜릿을 맛본 아이들이 그 맛을 잊지 못하고 지속해서 얻으려 하는 것과 같다. 셋째로는 시대의 한계에 얽매이지 않는 것이다. 기술적인 것도, 의식적인 것도 있을 수 있다. 80년대에 유행한 차 중에 대우의 르망이란 승용차가 있었다. 색깔 하나로 시대 의식을 깨버린 차였다. 바로 빨간 르망이다. 그 시대에는 금기시되었던 색깔을 자동차에 입힌 것이다. 그 하나로 르망은 한국 사회에서 주목받는 제품이 되었다. 시대 의식의 접점을 파고든 것이다. 의식에 사로잡히면 과감성은 발휘될 수 없다. 한계를 깨버리면 시대의 전형으로 자리 잡는다. 다만 그 시도는 접점에 맞춰야 한다. 너무 동떨어지면 무모함이 될 수도 있다. 제품이 사장되고 만다. 훗날 재평가될 수 있을지는 모르지만, 그 시대에는 아닌 것이다.

한편, 전형성은 구조와는 별개의 문제다. 구조가 변하지 않아도 전형성은 태어날 수 있다. 기술적인 이유로 구조를 변경할 수 없다면, 전형성은 그 구조 아래 창출된다. 기술이 바뀌고 구조가 변하면 그에 맞춰 새로운 형태의 전형성이 태동한다. 따라서 동일한 구조라 해도 시대가 바뀌면서 새로운 전형성이 나타날 수 있는 법이다. 간단히 장식이나 색상의 변경 그리고 문양이나 스타일의 변화만으로도 그럴 수 있다. 전형성은 주로 스타일의 문제다. 즉 시대의 패션이다. 디자이너가 고민해야 할 부분이 이거다. 시대의 전형성을 자기의 색깔과 어떻게 결합할지 고민해야 한다. 자신의 색깔이 시대의 전형성에 배치된다면 한계가 따른다. 그렇다고 디자이너가 자기의 색깔을 변화시키는 것도 쉬운 일은 아니다. 정체성이 바뀔 수 있기 때문이다. 어쩌면 전형성 확보가 운일지도 모른다. 따라서 딜레마에 빠질 수도 있다. 하지만 사용자를 지향한 디자이너의 열정이라면 전형성이 제품 속에 드러날 것으로 본다. 제품은 디자이너로부터 사용자에게 전달되는 감성 매체기 때문이다.

보기 좋은 떡이라고
맛도 좋은 건 아니다

◆

속담에 보기 좋은 떡이 맛도 좋다고 했다. 이 말대로라면 보기에 좋다면 먹어볼 필요도 없다. 그냥 구매하면 된다. 하지만 제품 미학에서는 다르다. 보기 좋다고 입맛에 맞으리란 보장이 없다. 아무리 보기 좋아도 제품 미학의 측면에서 보자면, 사용자의 실제 느낌은 보는 것과 일치하지 않을 수 있다. 제아무리 예쁜 하이힐이라도 그게 필요한 여성의 발에 잘 맞지 않으면 소용없다. 예쁜 디자인에 혹해서 발이 불편한데도 덥석 사버렸다면, 얼마 안 가 애물단지가 되고 만다. 이렇듯 제품 미학의 기준은 보는 게 아니라 체험하는 것에 있다. 보기 좋다고 좋은 제품이 되는 건 아니다. 체험이란 경험과 달리, 구체적으로 신체와 접촉하면서 얻는 느낌과 감정 같은 것을 포괄한다. 그런 체험을 통해 결국 제품 미학을 경험할 수 있는 것이다.

그런데 왜 이런 차이가 생길까? 디자이너가 가진 입장이 문제라서 그렇다. 디자이너가 예술 작품을 만들어 낼 수는 있다. 하지만 작품이 제품 되기는 어려운 노릇이다. 제품이 어려운 이유는 단순히 보기만 좋게 만든다거나 개념만 표현한다 해서 모든 일이 끝나는 게 아니기 때문이다. 제품 생산은 하나를 만드는 게 아니라, 수만 개, 아니 수백만 개를 만드는 일이다. 사용자도 수없이 많다. 이들의 체험이 바탕이 된다. 작품을 만들어 내고자 하는 디자이너의 욕망과는 차이가 있다. 그 욕망이 깎이고 쓸려서 전형적인 형태를 만들어 낼 때 비로소 제품 미학이 드러난다. 비와 바람에, 바닷물에 쓸려서 모래 속에 감춰진 보석이 드러나는 것과 같다. 문제는 디자이너들이 그런 관점을 가지기 쉽지 않다는 데 있다. 디자이너들은 자신의 관점으로 먼저 차별화된 이미지를 만들어 낸다. 그것만으로 끝나면 그건 작품이다. 제품으로 바뀌기 위해선 이미지를 보완해 주는 엔지니어링이 필요하다. 즉 엔지니어링 과정을 통해 깎고 다듬어야 한다. 이를 거치면 자연스럽게 필요 없는 부분과 체험에 거슬리는 부분들이 떨어져 나가는 것이다.

때론 이 과정을 순화familiarity 과정이라고 부른다. 순화란 사용자가 체험하는 데 맞게 전환된다는 뜻이다. 이 과정을 거부하는 디자이너도 분명 존재한다. 자신이 드러내고 싶은 핵심 컨셉이 순화를 통해 약화되는 것을 못 참는다. 실제 그런 디자이너를 본 일이 있다. 자신의 주장이 받아들여지지 않으면 프로젝트 자체를 포기하는 경우도 있다. 이 과정이 어려운 건 디자이너와 엔지니어와의 갈등이 불거지기 때문이다. 엔지니어들은 자기 일을 줄이려고 가능한 한 기존의 기술 범위 안에서 진행하기를 요구한다. 반면, 디자이너들은 자신이 추구하는 개념에 맞게 기술이 개발되기를 원한다. 엔지니어는 디자이너를 몽상만 하는 사람이라고 폄하하고, 디자이너는 엔지니어를 수준이 낮다고 평가하면서 극심한 갈등을 일으키는 것이다. 하지만 사실 어느 쪽이 맞는지 가리는 게 쉬운 일은 아니다. 상황에 따라 다르고, 구체적인 프로젝트에 달려 있기 때문이다.

순화 과정은 다시 두 가지의 세부과정을 거치게 된다. 첫째는 상업화commercialization 과정이고, 둘째는 최적화optimization 과정이다. 이 두 과정에서의 의사결정 주체는 다르다. 상업화 과정은 수요자의 특징을 잘 아는 마케팅 책임자들의 의사가 중요하고, 최적화 과정은 엔지니어 중 특히 품질과 관련된 사람들의 의견이 중요하다.

상업화 과정은 주로 가격 및 고객이 경험하게 되는 가치를 중심으로 판단하는 일이다. 제품의 시장 내 포지셔닝에 맞게 재료도 바꾸고 기능도 높이고 하면서 그 수준을 맞추게 된다. 기대와 완전히 다른 제품을 만드는 게 아니라, 기대 이상의 가치를 만들어 내는 게 핵심이다. 이런 상업화 과정에서 하향적으로 맞추어지면 제품 미학이 생성되지 못한다. 그 가치가 높아질 때 비로소 제품 미학이 제대로 살아난다. 상업화 과정은 잘 팔리도록 하는 일이기에 항상 사용자의 구매력과 일치시키려는 노력을 병행해야 한다. 이 과정을 제대로 진행하면 시장에서 성공한다. 물론 이 과정이 어설프면 실패하기 마련이다.

최적화 과정은 엔지니어들과의 협업으로 이루어진다. 최적화 과정은 설계된 기능 수준에 정확히 맞추거나 그 수준을 높이는 과정을 말한다. 이를 통해 제품의 사양이 결정된다. 그리고 지속적으로 사양을 담보할 수 있게 만드는 과정이기도 하다. 실제 이 과정에서 큰 비용이 발생한다. 여러 제품을 대량으로 생산해도 항상 그 기능 및 품질 수준을 유지할 수 있도록 갖춰야 하기 때문이다. 하나의 제품을 특정 목적에 맞게 수준을 유지하는 건 그리 어렵지 않지만, 대량의 제품을 일정 수준으로 만들기 위해선 상당한 노력과 기술이 필요하다. 이런 최적화 과정을 통해 하나의 제품이 대량 생산될 수 있는 토대가 마련된다. 즉 최적화 과정은 단품 생산품이 공장제 대량생산품으로 바뀌는 과정이다. 이 과정이 제대로 이루어지면 제품의 경쟁력이 높아진다. 일시적이 아니라 지속적인 경쟁력을 갖추게 되는 것이다. 이 과정에 문제가 있다면, 일시적으로는 몰라도 장기적으로는 품질 문제로 인해 결국 목적하는 역할을 상실하게 된다.

이런 순화 과정을 통해 디자이너의 머릿속에 있던 제품이 현실화한다. 보기에도 좋고 맛도 좋은 떡으로 바뀌는 것이다. 단순히 보기만 좋게 만드는 게 디자이너 일의 전부가 아니다. 그런 디자이너는 제품 디자이너가 아니라, 시각 디자이너일 뿐이다. 훌륭한 제품 디자이너가 부족한 이유도 이런 과정을 거치는 걸 견디지 못하기 때문이다. 자신이 원하는 수준을 유지하기 위해서는 엔지니어들과 마케팅 책임자들을 설득해야 하는데, 그게 쉽지가 않다. 시장도 기술도 정확히 알고 있어야 하기 때문이다. 게다가 제품 미학이 살아날 수 있도록 해야 한다. 그만큼 힘든 일이다. 하지만 이 과정을 제대로 이행한다면, 제품 미학뿐만 아니라 상업적 성공도 거둘 수 있다. 그러니 바람직한 제품 디자이너들이 많이 탄생할수록 그 산업과 나라는 발전을 거듭할 것이다. 그런 제품 디자이너들이 세상을 바꿔 왔다.

제품 취향은
계층적이다

◆

이탈리아 속담에 '무엇을 먹느냐에 따라 당신이라는 사람이 규정된다'는 말이 있다. 사람의 행동학적 태도가 그 사람의 계층적 속성을 말해 준다는 걸 의미한다. 즉 취향은 계층적이다. 때로는 계급적이기도 하다. 구체적으로는 계급 내에 계층적 속성으로 존재한다. 간단하게 정치적 지위나 경제적 자산 규모로 계급을 구분하지만, 사회적 행동 양식이나 문화적인 속성에 의해서 보다 세분화된다. 그러므로 계층적이라는 말에는 계급적 속성을 내포하게 된다.

계층적 속성을 극명하게 표현해 주는 것 중 대표적인 게 음식이다. 과거의 귀족들은 자신이 먹는 음식이 다르다는 걸 표현하기 위해 고기에 후추나 육두구 같은 것을 뿌려 먹었다. 요리 과정에서 가득 뿌릴 수 있는 사람일수록 정치적 사회적 지위가 높다는 걸 의미했다. 즉 손님을 초대해 파티에 내놓는 음식 한 그릇에 담긴 향신료의 양만으로도 그 사람의 지위를 알 수 있었다. 단순해 보이는 이런 행태가 결국 그 계급 또는 계층의 취향으로 변했다. 이러한 취향이 음식뿐이 아니라, 모든 영역으로 확산하였다.

 여행용 가방을 만들어도 귀족과 평민이 사용하는 것을 달리했다. 평민용은 가볍고 이동이 쉽도록 고안되었다. 간편한 정도를 보자기에 견줄 정도였다. 쉽게 변형이 가능할뿐더러, 옷을 구겨 넣을 수도 있고, 어디에 올리든 쉽게 보관할 수 있도록 만들어졌다. 귀족용은 달랐다. 귀족들은 가방을 자신이 들고 다니지 않는다. 하인들이 했다. 그리고 목적 자체가 달랐다. 여행지에서도 자신의 일상 공간에서와 같은 형태의 생활이 가능해야 했다. 옷장에 옷 걸어 두듯이 여행을 하더라도 옷을 제대로 보관할 수 있어야 한다. 그래야 구김살 하나 없는 옷을 입고 우아하게 파티에 나설 수 있다. 일종의 이동식 옷장이 필요한 것이다. 따라서 구겨 넣는다는 건 상상도 못할 일이고, 변형되어도 안 된다. 당연히 외부충격에도 견뎌야 했다. 딱딱한 하드 케이스가 돼야 했던 이유다. 이런 가방의 대표작이 바로 루이뷔통 가방이다. 루이뷔통 가방의 100년 전 모델을 보면 바로 그런 가방이었다. 그런 가방 10개에서 15개를 들고 다녀야 귀족으로 대접을 받았다. 그만큼 자신의 지위를 나타내는 수단으로 가방을 활용했다. 여행을 다녀도 표를 내야 했다.

여기서 고민스러운 것은 그럼 그 제품의 미학적 가치를 충분히 알고 있었느냐는 점이다. 평민들은 헝겊 조각으로 만들어진 가방을, 귀족들은 하드보드 가방을 선호했다. 목적은 분명하다. 평민들은 가능한 한 편리하기를 원했고, 귀족들은 품위 있기를 바랐다. 그 현대적 모습이 배낭과 명품 가방이다. 어느 쪽을 더 미학적으로 보느냐에 따라 이 두 가방의 대립이 시작된다. 달리 말해 미학적으로 어느 계층에게 먼저 다가가냐가 관건이 된다. 이 말은 보통 사람의 취향에는 명품 가방이 맞지 않을 수도 있다는 뜻이다. 디자인이 좋다면 미학적으로 오히려 배낭에 더 매력을 느끼게 된다. 배낭을 매력적으로 만든 대표적인 예로 투미TUMI 제품 같은 걸 볼 수 있다. 하지만 나름 신분이 높다고 생각하는 사람에게는 루이뷔통 가방이 더 매력적일 수 있다. 미학은 계층적이고, 계층이 취향까지 지배한다는 의미다.

미학은 취향과 불가분의 관계에 있다. 따라서 계층적 속성이 미학까지 지배한다. 여기에서의 미학은 절대적인 미학을 말하는 게 아니다. 판단을 좌우하는 미학을 말한다. 미학적 자극에 대한 판단 기준이 계층적이라는 것이다. 어떤 자극이 들어오면 자신의 계층적 속성, 즉 행동학적 메커니즘에 의해서 그것을 판단한다. 그 속성과 일치하면 편하게 느끼고 그것을 미학적으로 수용하게 된다. 하지만 그렇지 못하면 일단 판단을 유보하고 원인을 파악하게 된다. 그 원인 파악에서 계층적 속성에 맞는 트렌드라고 판단하면 받아들이지만, 그렇지 않으면 배척하게 되어 있다. 미학은 수용자들의 환경이나 사회적 조건에 따라서 다르게 나타난다. 미학이 하나의 기준으로만 논의될 수 없는 이유다. 하지만 분명한 것은 가장 원초적인 기준은 분명히 있다는 점이다. 일종의 원리처럼 말이다.

미학에서 이런 가장 기본적인 원리를 형식미로써 이야기한다. 제품 미학에서도 형식미와 같은 것이 존재하는데, 바로 실용미다. 사용하면서 느끼는 편리함이나 효용성을 의미한다. 실용미가 분명할 때 그 제품은 미학적으로 좋은 평가를 받는다. 하지만 이런 실용미를 포장하는 건 취향이다. 아무리 실용미가 뛰어나도 모든 계층에 사용되는 건 아니다. 그 위에 얹히는 색상이나 문양, 그리고 다양한 디자인으로 포장되면서 계층화되는 것이다. 자동차가 엔진만 좋다고 모든 사람에게 사랑받는 게 아니라, 다양한 색상이나 서비스, 역사적인 경험이나 사회적 인지도 등에 의해서 선택되는 것과 같은 이치다. 취향은 계층적 속성이다. 그 취향에 의해 제품이 선택된다. 그러니 선호하는 제품을 보면 그 사람의 계층적 속성을 알 수 있다. 다시 말해 그 사람의 배경은 바로 그가 사용하고 있는 제품에 의해 드러난다.

常用無障
(상용무장)

◆

제품 미학을 나타내는 말로 무엇이 있을까, 여러 자료를 찾아보았다. 사자성어 중 常用無障(상용무장)이라는 말이 있다. 향십덕(香十德)이라는, 향이 가진 열 가지 효용에 대해 논할 때 사용된 말이다. 향십덕은 황정견(黃庭堅 1045~1105)의 글에서 나온 말이라 한다. 황정견은 호가 산곡이라 황산곡으로도 불린다. 북송 시대 사람으로, 문장가로 명성이 높았다. 스승인 소식(蘇軾·蘇東坡)과 함께 송대의 대표적인 시인으로 꼽는 사람이다. 이 사람이 남긴 책에 향십덕이 수록되어 있다고 한다.

향 문화는 오랫동안 이어져 온 뿌리 깊은 문화다. 차와 향 그리고 음악은 우리의 오감을 만족시키는 효과를 가진다. 차를 마시며 미각을, 찻잔 또는 다기를 통해 따뜻한 촉감을 느끼며, 음악으로 청각을 자극받으며, 향을 통해서는 후각을, 차를 마시는 찻집의 장식들을 보면서 시각적 편안함을 얻는다. 좋은 인연이 있는 사람과 아늑한 분위기가 연출된 공간에서 오감을 느끼며 차를 마실 수 있다면 미적 희열을 느낄 것이다. 여기서 중요한 작용을 한 게 향이다. 향이 가진 십덕을 황산곡은 이렇게 사언절구로 정리했다.

감격신명感格神明　옛 선인의 지혜를 얻을 수 있고

청정자심淸淨自心　몸과 마음을 정화하고

능제오예能除汚穢　불결한 것을 깨끗하게 하고

능각수면能覺睡眠　항상 생각을 깨어있게 하고

정중위우靜中僞友　외로움 가운데 벗이 되어주고

진리투한塵裡偸閑　바쁜 일상 가운데 휴식을 얻고

다이불염多而不厭　많이 피워도 싫증이 나지 않으며

과이위족寡而爲足　한 자루의 향으로도 만족을 얻으며

구장불후久藏不朽　오래 두어도 변하지 않으며

상용무장常用無障　늘 써도 싫증 나지 않는다

마지막에 있는 상용무장이라는 말이 제품 미학이 추구해야 할 미적 가치가 아닌가 생각한다. 제품 미학 체험의 출발은 사용에 있다. 써봐야 느낀다. 한두 번 써보고 손에 다시 잡히지 않으면 그 제품은 내게 안 맞는 것이다. 하지만 그것이 없어지면 불편해서 다시 사고 싶거나 찾고 싶다면, 이미 몸으로 마음으로 그 제품을 받아들인 것이다. 상용무장이라는 말은 이런 의미를 담고 있는 말이고, 표현이다. 제품 미학이 추구해야 할 가치가 어쩌면 이것일지 모른다. 항상 사용해도 해가 되지 않고 싫증 나지 않으며, 더불어 더 깊은 미적 체험을 하게 만드는 제품이라면, 그것이 최고의 제품이 되는 것이다.

제품 미학은 생활 속에서 빛을 발한다. 장식장 속의 제품은 미적 체험을 할 여지가 적다. 미적 체험이란 오감을 통한 경험에서 출발한다. 특히나 제품에 대한 미적 체험은 오감이 모두 작동하는 경험이다. 제품 나름의 최적의 조합을 이루며 오감의 주요 기관들을 만족시킬 때 제품 미학적 체험이 완성된다. 하지만 한 번으로 끝나는 게 아니라, 제품이 닳아서 없어질 때까지 사용하고 싶은 마음이 들도록 해야 한다. 그런 제품은 우리 삶을 구성하는 하나의 스토리가 된다. 옛사람들은 평생 사용하던 물건을 버리거나 폐기할 때면 제사를 지냈다고 한다. 물건에 담긴 혼이 있다고 믿어 혼에게 감사의 표시를 하는 것이다. 물건을 그냥 버리는 게 아니라, 함께 살아온 데 대해 작지만 그런 마음으로 보답한 것이다. 평생 같이 살아갈 물건은 그렇게 많지 않다. 하지만 그런 물건들에는 어쩌면, 인생이 담긴다. 그런 물건들이 상용무장常用無障이다.

미학의 핵심 주제 자연미, 인간미, 예술미, 그리고 제품미

◆

미학을 공부하다 보면 다양한 용어가 존재한다는 사실을 알 수 있다. 그런 용어들이 지칭하는 미학적 의미는 크게 보면 두 가지로 구분된다. 자연에 대한 것과 인간에 대한 것이다. 이 둘을 기반으로 다시 세분된다. 이 둘의 관점이 미학을 정의하는 출발이 된다. 자연에 대한 것은 인간이 자연을 바라볼 때 느끼는 감정을 의미한다. 인간에 대한 것은 인간이 인간을 바라볼 때 느끼는 감정을 의미한다. 둘 다 인간이 느끼는 감정의 표현이지만, 대상이 다르다. 대상이 다르기에 그 미학적 표현도 달라진다. 미학의 모든 용어는 자연과 인간이라는, 대상에 대한 표현에 따라서 발전해 왔다. 따라서 자연과 인간에 대한 미학적 표현이 미학 용어를 정의하는 데 중요한 기준이 된 것이다.

자연미란 자연을 바라보고 느끼는 미학적 감각의 모든 것을 총체적으로 지칭하는 용어다. 그 기원은 자연에 대한 두려움이다. 인간은 자연을 어떻게 할 수 없다. 자연이 웅장하다는 것은 대자연 앞의 인간이 무력하다는 뜻의 다른 표현이다. 즉 자연미란 자연을 두려워하고 자연이 지닌 힘을 인정하면서 쓰는 용어다. 외부적 자연에 대한 두려움이 내적인 감정의 표현으로 드러나는 것이다. 두려움은 그 자체로 존재하는 게 아니라, 미학적으로는 다양한 형태의 변이가 생긴다. 두려움이란 몰라서 생기는 것이다. 이는 상상으로 극복이 된다. 자연 자체를 인정하는 순간, 혹은 자연에 대한 경외감을 가지게 되면 자연스럽게 자연을 표현하는 미학적 용어를 쓰게 되어 있다.

인간미란 인간에 대해 느끼는 감정이다. 그 출발은 음양에서 비롯한 호기심이다. 인간은 혼자 살 수 없다. 본능적으로 이성에 대한 호기심을 가진다. 이성에 대한 호기심은 호기심으로 그치질 않는다. 다양한 미학적 표현으로 감정을 드러낸다. 인간은 매력을 가진 존재다. 매력이란 이성 간의 호기심에서 파생된다. 이성 간 호기심은 인간 전반으로 확장되는데, 그 동기는 공동체의 구성과 유지에 있다. 이성에 대한 호기심도 공동체 구성이라는 실질적인 이유로 사회화된 욕망이다. 즉 후대를 이어야 한다는 공동체 의식이 이성 간 호기심으로 투영되는 것이다. 그런 감정의 줄기들을 표현하는 게 미학 용어다.

예술미는 그 출발이 자연의 복제로부터 시작되었다. 동굴벽화에 동물이 그려진 것도 그런 이유다. 예술은 자연을 복제하지만, 다시 인간 세계도 복제하는 방식으로 변화하였다. 자연의 모방을 통해 신의 존재를 부각하다가 그 신들이 투영된 존재로서의 인간에 집중한 것이다. 예술미는 여러 미학적 단계를 거치면서 시대의 욕망에 맞춰 정의되어 왔다. 현대적 의미의 예술미란 개념예술이다. 하지만 200년 전의 예술미란 자연 혹은 인간에 대한 가장 대표적인 묘사를 의미했다. 시대가 변하면서 예술에 대한 개념도 바뀐 것이다. 예술미에 대한 정의는 시대의 산물이다. 자연미나 인간미와는 다른 측면이다. 예술이 미학적 대상이 된 것은 서양에서는 그리스 시대, 동양에서는 춘추전국시대를 거치면서 시작되었다. 인간이 자연과 인간에 대한 해석을 예술 작품으로 만들고, 그것을 보는 감상자들에 의해 예술미가 평가를 받은 것이다.

예술미가 인간과 자연에 대한 해석에서 시작되었다면, 제품미는 인간의 실제 생활 속에서 탄생한 것이다. 예술미는 그 자체가 생활로 바뀌지는 않지만, 제품미는 생활 속의 물건에 적용된다. 실물이 실제 사용될 때 발생한다. 제품미란 일종의 대중적으로 복제된 제품 속에 투영된 미학이다. 제품 속에 담긴 미는 그것을 만든 장인의 미학적 견해다. 똑같은 복제라도 그 복제 이전의 대상은 장인의 해석에 따라 선택된다. 하나만 만든다면 예술품이 되겠지만, 여러 개를 만들기에 제품이고 상품이 되는 것이다. 장인은 스스로 예술가라 칭하지 않는다. 하지만 장인은 그 속에 자신만의 제품미를 담아낸다. 그것을 발견하려는 노력이 제품 미학의 탐구과제다.

지각은 선별적 감각의
총합으로 이루어진다

◆

제품에 대한 이해에는 맹점이 있다. 많은 사람이 한 제품을 앞에 두곤 모든 걸 알아챌 수 있다고 믿는다. 감각 기관이 열려 있으므로 느끼고 이해하는 데 문제가 없다고 본다. 그런데 생각 이상으로 감각 기관은 닫혀 있다. 즉 느끼고자 하는 것만 느낀다. 단편적인 예를 보더라도, 인간의 귀는 들을 수 있는 영역이 정해져 있다. 특정 데시벨 이상이나 이하의 소리는 듣지 못한다. 반면 그보다 넓은 영역으로 감각 기관을 발달시킨 동물이 많다. 인간은 감각 기관에 한계를 갖고 있다. 모든 것을 느낄 수 있을 것 같지만 그렇지 않은 것이다. 그 근본 이유는 자극을 해석하는 능력의 차이에서 비롯한다. 감각 기관을 자극하는 건 정보다. 이런 정보의 양이 많아지면 많아질수록 오히려 판단에 혼란이 생긴다. 그래서 감각 기관은 제 나름의 효율적인 방법을 만들었다. 그 방법에 따라 감각하는 것이다.

감각의 효율성을 높이는 방법에는 여러 가지가 있다. 그 중 중요한 것으로, 첫째는 패턴 인식 방법이 있다. 소리나 시각 또는 후각적 정보를 패턴 인식 방법으로 인식하는 것이다. 패턴이란 일정 정도 나름의 원리를 가진 것을 말한다. 그러니 패턴을 규정해놓으면 그에 맞추어 효율적으로 인식할 수 있게 된다. 뭔가 장식할 때 문양을 만들어 놓고 그 문양을 필요할 때마다 끄집어내 사용하는 것과 같다. 정해진 패턴으로 인식하는 순간 일정한 형태의 감각을 느끼도록 작동한다. 이런 패턴 인식은 감각의 오류를 줄여 주는 한편, 정보의 처리 속도가 빨라지는 장점이 있다. 하지만 이런 패턴 인식 방법에는 불안요소가 내재할 수밖에 없다. 자극이 패턴에서 벗어나면 아예 지각하지 못하는 문제를 안고 있는 것이다. 패턴 인식은 진화의 산물이다. 특히나 위기를 촉발하는 요인에 대해서는 쉽게 반응하고, 그렇지 못한 부분은 지각하지 못하기도 한다. 간단한 사례를 들어보자. 뾰족한 사물을 보면 위기 패턴으로 인식하고 그것을 각인한다. 하지만 뭉툭한 것에는 다른 양상을 보인다. 위기감이 없으므로 쉽게 잊어버리는 것이다. 각진 사물은 감각 기관을 자극하는 효과를 가진다. 위기를 초래할 수 있는 잠재 패턴으로 각인될 수밖에 없다.

효율을 위해 감각 기관이 취한 두 번째 방법은 영역을 한정하는 것이다. 가시권이든 가청권이든 특정 영역 내에서만 작동하도록 만든 것이다. 색상도 특정 범위 내의 파장을 가진 빛에서만 느낄 수 있다. 자외선이나 적외선 영역은 보지 못한다. 반면에 동물은 이런 영역에 대해서도 시각이 발달한 걸 볼 수 있다. 소리도 인간에게는 가청범위가 정해져 있다. 후각도 마찬가지다. 우리가 개에 비해 후각이 훨씬 뒤떨어지는 건 한정된 영역에서만 작동한다는 의미다. 그런데 이런 한계를 벗어나는 사람들이 존재한다. 특이하게 일반인보다 훨씬 넓은 범위에서 감각 기관이 작동하는 사람들이 있다. 후각이면 후각, 시각이면 시각, 또는 청각이 유달리 발달한 사람들이 있다. 어떤 부분에 장애가 생기면 이를 대체할 다른 기관의 발달을 초래한다. 시각 장애인이 청각이 발달하고 후각이 발달하는 게 대표적인 사례다. 그런 사례를 보면 확실히 감각은 상황에 의해 개발되는 측면이 크다고 할 수 있다. 그래서 환경에 맞춰 감각 기관별로 나름의 비율로 처리 능력을 보유하게 된다. 만일 특정 감각 기관에 장애가 생기면, 감각 기관 전체의 정보 처리 총량은 일정하기에, 작동 가능한 여타의 감각 기관의 지각능력이 증대되는 것이다.

세 번째 방법은 교차인식이다. 하나의 감각 기관만 동원하는 게 아니라, 복수의 감각 기관이 동시에 작동하는 것이다. 두세 가지 감각 기관이 함께 작동하면, 하나의 감각 기관만으로 얻을 수 있는 정보 이상을 얻을 수 있다. 그런 원리를 이용한 게 바로 4D 영화다. 가장 효과적으로 사람의 감정을 극단적으로 몰아간다. 요즘은 스크린, 음향, 의자의 움직임과 더불어, 심지어 물 뿌리고 향기를 풍기기까지 한다. 화면 속 현장에 있는 것처럼 만들어 준다. 사실 각 기관에서 느끼는 것을 따로 분리해 보면 별것 없다. 음향장치 없는 스크린을 바라보는 일은 고역이 아닐 수 없다. 감흥이 안 난다. 하지만 여러 감각을 동시에 자극하는 4D 단계에 이르면 생동감을 느낄 수밖에 없다. 총동원된 감각 기관들의 조합에 의해 분명 현장감이 증폭된다. 비현실을 현실로 받아들일 만큼 강력한 감각 경험을 하는 것이다. 이런 교차인식은 그 교차 조합에 의해 효과가 결정된다. 가장 강한 영향을 미치는 감각 기관부터 순서대로 보자면, 대체로 시각, 청각, 후각, 미각, 촉각의 순으로 이어진다. 각각의 감각 기관에 적절한 비율로 교차인식이 이루어질 때 지각의 강도가 커진다.

개개의 감각 기관은 분명 불완전하다. 범위가 한정된다. 하지만 이런 세 가지의 기본적인 방법을 통해 정보의 압축, 교차, 비교, 또는 불필요한 정보 삭제 등이 진행되면서 최적의 감각 인식을 끌어낸다. 이는 정보 처리 과정과 비슷하다. 컴퓨터도 고용량의 정보를 다 전송하지 않는다. 압축, 패턴화, 삭제 등의 과정을 거친다. 의미있는 정보만 걸러 전달함으로써 정보 처리의 효율성을 높이는 것이다. 감각 기관에서 일어나는 일과 비슷하다. 마찬가지로 감각이 오류를 범하는 경우도 많다. 사실이 아닌 것을 사실로 받아들이기도 하고, 사실을 정확히 이해하지 못해서 제대로 판단하지 못하는 예도 있다. 제품 미학의 판단도 감각 기관에 의해 이루어진다. 선별적 지각의 총합으로 인지된다. 따라서 이를 고려해야 한다. 여기에 맞춰 제품을 디자인할 필요가 있다. 시각이든 청각이든 다양한 감각 기관이 교차해 인식하므로 아주 최적화된 상태로 제품을 완성해야 한다.

제품 미학의
출발점

담겨 있는 그 무엇

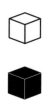

형식은 내용을 담는 그릇이다. 내용을 가장 잘 담아 두는 그릇이면 좋은 형식이다. 형식은 담아 두는 것에 그치는 게 아니라, 내용을 잘 전달하는 데도 중요한 역할을 한다. 좋은 형식이 갖추어지면 내용 전달에도 충분히 그 역할을 한다. 즉 형식과 내용의 최적합이란, 형식은 내용을 잘 담아내고 전달할 수 있으며, 내용은 그 깊이를 충분히 갖추고 있어서 형식이 전달하고자 하는 방식에 충분히 그 기능을 한다는 의미다.

제품 미학 역시 형식과 내용으로 구성된다. 그 형식은 제품이고, 그 내용은 미학적 깊이다. 좋은 제품이란 내용을 충분히 전달할 수 있도록 디자인된 형식을 갖춰야 한다. 미학적 깊이가 충분히 더해진 제품일수록 사용하면 할수록 그 내용이 배어 나온다. 디테일한 부분에서 시작하여 거대한 담론으로도 충분히 그 역할을 하는 것이다. 내용이 잘 만들어진 제품이 제대로 형식을 갖추지 못해 때로는 그 내용 자체를 이해하지 못하게 만들 수도 있다. 제품의 내용과 형식이 조응해야 한다. 형식은 내용을 제약할 수도 있고, 내용이 형식을 못 받쳐주기도 한다. 내용이 형식을 제대로 받쳐주지 못하면 결국 허상이 된다. 오래 안 가 그 속내가 드러날 수밖에 없다.

　제품의 내용과 형식의 출발점은 제품 컨셉이다. 제품 컨셉이 명확하면 형식도 내용도 어떻게 갖춰져야 하는지 명확해진다. 제품 컨셉이 제품의 영혼이고 제품 미학의 출발이다. 좋은 제품 컨셉을 잡아내는 일은 쉬운 일이 아니다. 훌륭한 디자이너라고 해도 좋은 컨셉을 잡는 데 한계가 있기에 평생 만들어 내는 좋은 제품의 수가 그리 많지 않다. 특정 분야의 대표 상품이 존재하는 이유도 그런 제품 컨셉을 만들어 내기가 쉽지 않기 때문이다. 그래도 출발은 제품 컨셉이다. 컨셉을 미학적 수준으로 끌어올리는 게 제품 미학을 완성하는 길이다.

자연을 닮을수록
제품 미학이 쉬워진다

◆

자연을 닮는다는 게 무슨 의미일까? 자연을 닮으면 제품 미학의 완성도는 좋아진다. 자연의 산물은 자연 선택에 의해서 구조가 결정되기 때문이다. 다시 말해 자연 선택에 의해 가장 생존에 유리한 형태로 진화한 산물이기 때문이다. 그 진화의 핵심을 찾아내고 그것을 제품 미학에 적용하면 된다는 뜻이다. 실제 최근 들어 자연모방이나 생체모방Biomimetics 기술을 응용한 기술 개발이나 제품 출시가 많이 이루어지고 있다. 그만큼 자연에서 이루어진 진화, 즉 생존 방식의 결과물이 대단하다는 의미다. 아무리 인간의 기술이 발전하더라도 수억 년을 거친 진화의 성과를 뛰어넘는 건 불가능하다. 자연의 성과를 기술 개발과 제품화에 접목하는 게 더 효과적일수 있다. 자연을 모방하거나 생체 특성을 반영한 제품 미학을 완성하는 데는 몇 가지 방법이 있다.

첫째, 핵심 메커니즘을 찾아내는 것이다. 자연, 특히나 생명체가만들어 낸 탁월한 성과물을 정확히 찾아내고 그 메커니즘을 이해하게 된다면, 엄청난 신기술은 물론이고 획기적인 제품의 탄생을기대할 수 있다. 똥파리의 날개와 비행술을 하나의 예로 들 수 있다. 날개의 단위면적당 가장 우수한 비행능력을 보여 주는 게 똥파리다. 똥파리의 날개와 비행술 간의 메커니즘을 정확히 이해하고, 이를 응용한 비행체, 특히 수직 이착륙 비행체를 만들어 본다면 혁신적인 결과를 얻을 수 있을 것으로 전망한다. 이미 많은 항공 및 비행체 연구자들이 곤충학자와 더불어 연구를 하고 있다. 자연의 메커니즘을 찾아내는 게 쉬운 일은 아니다. 그 메커니즘이란 생명체가 현재까지 진화하며 생존한 핵심 이유가 된 것이다. 단순히 한 분야의 연구로만 되는 게 아니다. 협업이 요구된다. 그런 협업을 통해야 자연에 숨겨진 메커니즘을 찾는 일이 다소 쉬워진다.

둘째, 핵심 성분을 찾아내는 것이다. 나름의 진화든 생존 환경을 통해서든, 종의 탄생과 기원에는 많은 물질이 기여한다. 또한, 진화를 통해 만들어 낸 물질들이 존재한다. 식물을 예로 들자면, 씨앗부터 발아, 성장, 그리고 개화와 결실에 이르는 일련의 과정에서 다양한 물질이 합성되거나 분해된다. 생식부터 시작해 남은 유골에 이르기까지 동물을 통해 만들어진 물질도 무수하다. 생명체 특유의 구성물을 분석하여 응용하는 것이다. 최근 관심 있게 본 것 중 하나가 땅콩이다. 땅콩을 발아시키는 순간, 새싹에는 종자보다 90배나 많은 레스베라트롤Resveratrol이 만들어진다고 한다. 항균·항산화 물질로 알려진 레스베라트롤은 혈청 콜레스테롤을 낮춰 줄 뿐만 아니라, 노화 방지에도 탁월한 효과가 있다. 최근에는 강력한 항암 작용을 한다는 연구 결과도 보고되고 있다. 벌써 이를 의약용으로 개발한 제품들이 적지 않다. 화장품용으로도 상당한 부가가치가 있을 것으로 보인다. 상당수의 기능성 제품들은 자연에서 추출한 성분을 활용한 예가 많다. 레스베라트롤은 포도 및 베리류에서도 발견된다. 포도는 곰팡이의 공격을 받았을 때 자체 방어물질로 레스베라트롤을 분비하는 것으로 알려진다. 우리가 알게 모르게 활용하고 있는 물질에는 생명체 나름의 이유와 원리가 숨어 있다. 그걸 찾아낸다면 그만큼 놀라운 제품을 만들어 낼 수 있다.

셋째, 형상 모방이다. 자연을 닮았다고 판단하는 예가 있다면 이를 말한다. 색감이나 자연의 형태 등을 따라 만들 경우에 그런 미적 감각이 살아난다. 발효에 의해 나타난 색이 샴페인의 골드 색이다. 애플이 아이폰 5S에 이 색상을 입혔다. 그 전의 메탈 컬러에 화려함을 더한 것이다. 그런데 샴페인 골드의 기준 색은 무얼까? 샴페인 중 명품에 속하는 모엣 샹동Moet & Chandon의 색을 기준으로 삼았다. 자연의 색을 자연스럽게 스마트폰에 입힘으로써, 그것도 가장 빛나는 나름의 스토리를 덧붙여 출시함으로써 다른 폰과의 미적 차별성을 부각했다. 이런 제품 미학적 접근이 애플의 추종자들을 만들어 내는 것이다. 자연을 담아낸다는 건 그냥 자연 그대로가 아니라, 자연의 특징이 제품 속에 녹아들게 하는 일이다. 물론 제품 미학적 완성을 위해 자연의 특징적인 부분만 담아낸다. 자연 그 자체와는 다른 것이다.

자연을 담아내는 것도 어떻게 접근하는가에 따라 그 완성도는 달라진다. 1%를 담아내든 99%를 담아내든 그 결정은 제품 디자이너가 할 수밖에 없다. 어느 부분을 어떤 방식으로 담아낼 것인가가 관건이 된다. 아주 작은 비율로 시작해 차츰 증가시키면 그 차별성을 완성할 수 있을 것이라 본다. 곧바로 자연에서 시작하면 기술이 축적되지 않을 수 있다. 그래서 기술 위에 자연을 담아내는 게 좋다. 자연을 통해 얻은 기술도 적용 시기나 방법에 따라 결과가 많이 달라질 수 있다. 따라서 자연의 모방 정도를 놓고, 높으면 좋고 낮으면 안 좋다는 생각은 버려야 한다. 자연을 담을 때는 최적의 부분만 담아내는 게 좋다. 그래야 효과를 극대화할 수 있다. 반면, 메커니즘이나 구성 물질 응용에는 기술 집약이 우선이다. 그것이 충분히 활용 가능한 시기에 담아내면 된다. 인간이 자연을 끊임없이 연구하지 않으면 안 되는 건 자연 속에 답이 있기 때문이다. 첨단 기술은 어쩌면 자연을 가장 효과적으로 이해하는 기술이다. 그 이해술을 제품 미학으로 승화시키는 작업이 제품 디자이너의 일이다. 자연에 친근하면 할수록 제품 디자이너에겐 더 다양하고 창조적인 아이디어들이 떠오를 것이다. 자연 속에는 수많은 아이디어가 숨어 있기 때문이다.

제품은 소비지향이 아니라
미학지향일 때 더욱 빛난다

◆

제품 컨셉을 만들 때 중요한 건 방향이다. 어디로 소구점을 가지고 갈지를 결정해야 한다. 많이 팔기 위한 것인지, 아니면 철저하게 소수의 사람에게만 소구할 건지 정해야 한다. 가격대가 낮더라도 가성비는 높게 갈지, 아니면 고가에 충분히 제 기능을 발휘하는 방식으로 갈지에 따라 제품 컨셉이 완전히 달라진다. 이런 결정 과정이 제품 컨셉을 만들어 가는 과정이다. 제품 컨셉을 만드는 과정은 곧 제품 포지셔닝 과정이라 할 수 있다.

제품 컨셉은 크게 두 가지로 나뉜다. 소비를 위한 컨셉과 제품 미학적 기준으로 접근한 컨셉이다. 소비를 위한 제품으로 가기 위해서는 사용자들의 반응을 기준 삼을 수밖에 없다. 그중 가장 중요한 것은 가격이다. 가성비가 중요한 시대다. 즉 가격대비 그 이상의 효익이 만들어질 때 사용자들이 사고 싶어 한다. 하지만 그 이하로 인식되면 사지 않는다. 사실 가성비를 확보하는 일도 쉬운 건 아니다. 소비자의 심리적인 요소가 개재되기 때문이다. 기본에 충실했더라도 소비자가 가성비를 느끼는 정도는 다를 수 있다. 충분히 그 기능과 역할을 하고 가격도 낮게 느껴져야 가성비가 좋다고 평가한다. 기능에 대한 평가조차 주관적인 요소에 좌우되기 십상이다. 물론 가성비 확보란 기능에 대한 이해가 선행돼야 가능한 일이기도 하다. 게다가 충분한 기능을 발휘하는 제품은 생각보다 비용이 많이 든다. 어쨌든, 가성비라고 할 때는 기본 기능을 중심으로 본다. 그러니 가성비를 중시한 제품 컨셉은 제품 미학을 적용할 수 없는 제품이 되기 쉽다.

제품 미학의 기준으로 제품 컨셉을 잡는 것은 기능에 대한 충분한 이해와 그 가치를 반영하려는 노력이 수반되는 작업이다. 분명 그것은 비용이 많이 발생하는 프로세스다. 다만 그 비용은 초기에 발생한다. 즉 가치가 높여진 상태라면 반복 생산할 경우 비용은 현격히 떨어진다. 충분히 기능과 효익을 갖춘 제품은 제품 미학을 드러낸다. 그 가치가 손상되지 않아야 제품 미학적 접근이 가능한 것이다. 사용자는 그것을 느낀다. 자신이 원하는 성능과 역할이 충분히 반영되어 있다는 사실을 써보면서 느끼는 것이다. 그럴 때 그 제품은 수명이 오래간다. 수명이 오래가면 그만큼 초기 개발 또는 투자 비용이 회수되고, 승산 있는 제품으로, 잘 팔리는 제품으로 자리 잡게 된다. 세계적으로 히트한 제품은 이런 속성이 두드러진다. 잘 팔리기도 하지만 사용자가 만족할 만한 제품 미학을 완성하고 있는 것이다.

방향은 명확하다. 판매만 목적하면 가격과 원가만 따진다. 하지만 제대로 된 제품 컨셉을 잡고 사용자를 만족시키려 노력하면 세상에 없던 새로운 제품을 만들 수 있다. 세계적인 제품이 탄생할 수 있는 것이다. 어떤 선택을 할지는 제품 컨셉을 만드는 디자이너의 몫이지만, 그 첫 번째 선택 기준은 제품 미학적 접근이어야 한다. 그래야 지속적인 판매가 가능한 제품이 만들어지고, 그것이 살아남는 제품이 된다. 가격에 흔들리는 제품 컨셉으로는 제품이 살아남을 수 없다. 단기적인 이익 추구는 제품 미학적 접근에서는 치명적인 약점이 될 수 있다. 가치 있는 제품이 오래 살아남는다.

쓰임(用)의
미(美)

◆

제품 미학을 이야기할 때 먼저 떠오르는 건 바로 쓰임의 미학이다. 사용하면서 느끼는 그런 미를 말한다. 보는 것과 사용해 보는 것에는 차이가 있다. 어떤 음식이 담기는가에 따라 그릇의 느낌이 달라진다. 따라서 담기는 음식에 맞춰 그릇도 달라져야 한다. 또 음식 먹는 방법도 그릇에 따라 다르다. 사용하는 사람이 불편하면 안 된다.

이솝 우화 「여우와 두루미」를 생각해 보면 쉽게 이해된다. 두루미를 집으로 초대한 여우가 접시에 음식을 내놓았다. 골탕 먹이려는 심술이었다. 그러자 두루미는 목이 긴 병에 음식을 담아내는 것으로 응수했다. 상대방을 전혀 고려하지 않은 여우를 받아친 것이다. 여우의 집에서 두루미가 느낀 당황스러움이 바로 쓰임에 대한 철학 없이 만들었을 때 사용자가 갖게 되는 느낌이다. 제품은 사용자가 자신의 목적에 맞추어 쓸 수 있게 배려해 만들어야 한다. 그것이 제품 미학의 출발이다.

쓰임새에 맞지 않는 제품을 내놓고 제품 미학 운운하는 건 부끄러운 일이다. 제품 미학에서는 쓰임의 미를 가장 중요하게 생각해야 한다. 단순히 외관의 아름다움이 아니라, 그것을 사용하면서 느끼는 아름다움에 초점을 두어야 한다는 얘기다. 이는 모든 제품에 해당한다. 애플의 스마트폰에서 둥글게 처리한 모서리를 아름답게 느끼는 사람이 많았다. 편안함 때문이었다. 둥근 곡선이 손에 가장 편안한 느낌을 준다. 손에 거부감이 없을뿐더러 부드럽게 잡히고, 또 최적의 시각 확장이 가능하다는 게 주된 이유였다. 애플 사는 이 라운드를 특허 냈다. 당시만 해도 스마트폰은 사각이 일반적이었다. 그런데 화면에 문제없는 수준의 라운드를 찾아내 그것을 특허로 만든 것이다. 쓰임의 미를 최적화한 경우다.

단순해 보이는 그런 곳에도 미학적 관점이 필요하다. 쓰임의 미는 크게 세 가지로 구분된다. 첫째는 인체와의 접촉에 관한 것이다. 쓰기 위해서는 우리의 몸 어딘가가 제품과 밀착되거나 결합되어야 한다. 이 경우 부담스럽지 않고 가장 효과적으로 밀착 또는 결합되는 게 중요하다. 모양이나 구조가 불편함을 초래한다면 문제가 될 수 있다. 철저하게 인체공학적인 접근이 필요한 것이다. 둘째는 사용할 때의 효과다. 사용했는데, 그 효과가 별로여선 안 된다. 아무리 몸에 맞아도 사용의 결과가 안 좋으면 쓰임의 미학이 완성되지 않은 것이다. 이를 효율이라고 표현할 수도, 효과라고 할 수도 있다. 이런 것이 없다면 오래가지 못한다. 셋째는 사용될 환경과의 적합성이다. 사용될 환경이란 공간적인 장소를 말한다. 제품이 놓일 곳, 비치될 곳이기도 하고 때로는 직접 시현되는 곳이기도 하다. 그곳과 어울리지 못하면 이 역시 쓰임의 미가 완성되지 않은 것이다.

쓰임의 미학이 완성된다면 그 제품은 진정 좋은 제품으로 인정받을 수 있다. 히트 상품이 될 수도 있다. 실제 히트 상품은 이런 검증과정을 거치고 최종적으로 살아남은 제품이다. 출시할 때는 이 쓰임의 미학을 담보하지 못할 수도 있다. 그렇다면 반드시 보완과정을 거쳐야 한다. 그래야 제품이 살아남는다. 그런 제품이 당대의 상징이 되고, 기업에게는 수익의 원천이 되는 것이다. 쓰임의 미학이 제품에만 적용되는 건 아니다. 개인뿐만 아니라, 기업, 국가적으로 중요한 개념이 된다. 바로 문화이기 때문이다.

제품 미학의 3가지 기준
심미성, 편의성, 기능성

◆

"디자인은 어떻게 보이고 느껴지냐만이 아니라, 어떻게 기능하느냐의 문제다."

스티브 잡스가 정의한 디자인 개념이다. 이 말 속에 디자인의 세 가지 속성이 그대로 표현되어 있다. 첫째, '어떻게 보이느냐'는 심미성을 말한다. 보기에 좋아야 사고 싶다. 그런 측면에서 보자면, 스티브 잡스는 보는 것과 관련해서도 전문가 수준이다. 그가 타이포그래피를 공부했다는 사실은 중요한 의미가 있다. 타이포그래피, 즉 글자체가 가진 다양한 표정과 디테일한 묘사까지도 이해하고 있다는 얘기기 때문이다. 제품은 우선 보기 좋아야 한다. 그것이 제품의 이미지를 결정한다. 눈길이 먼저 가게 만드는 힘이 있다. 하지만 이 심미성도 문화적인 영향력이 크다. 동일한 제품을 보더라도 아프리카인과 핀란드 사람이 다르게 반응한다. 문화적인 편향 때문이다. 문화적 편향이 나쁜 것만은 아니다. 때론 문화적인 편향을 반영한 게 성공을 거둬 세계적으로 유행하기도 한다. 이런 경우 문화적 편향 너머 그 이상의 심미적 보편성을 획득했기에 가능한 일이다.

둘째, '어떻게 느껴지느냐', 이 말은 편의성과 관련된다. 외관이 불러일으키는 피상적인 느낌이 아닌 다음에야 제품에 대한 진정한 느낌은 사용 경험에서 비롯한다. 일차적으로 편의 여부가 감성적인 좋고 싫음을 판가름 짓기 마련이다. 애플에서 아이팟을 출시했을 때 특히, 음악을 즐기는 사람들이 환호했다. 이후 MP3 플레이어의 최강자로 군림했다. 과거 카세트나 CD 플레이어는 만만치 않은 크기와 부피감 때문에 많은 불편이 있었다. 이를 대체한 게 MP3 플레이어였다. 음질은 물론이거니와 저장 용량에 커다란 변화를 가져왔다. 하지만 디자인은 고루하다 할 정도로 별다른 게 없었다. 투박한 외형에 여기저기 조잡한 버튼이 그득한 모양이었다. 그런데 아이팟은 달랐다. 손안에 쏙 들어오는 크기에 디자인도 특별했다. 심플하고 유려한 디자인, 게다가 원형의 휠 버튼 하나로 모든 작동이 가능했다. 스티브 잡스는 "사람들이 원하는 노래를 듣기 위해 버튼을 세 번 이상 누를 필요가 없기를 바랐다"고 했다. 음악 애호가들이 빠져들 수밖에 없었다. 혹자는 애플의 아이팟을 "21세기의 첫 번째 문화 아이콘"이라고 칭송한다. 아이팟은 애플이 스마트폰 시장을 여는 모태가 되었다. 이렇듯 편의성은 유행이나 자극을 확산하는 효과를 보인다.

셋째로 스티브 잡스가 지적한 문제는 '어떻게 기능하느냐'였다. 즉 기능성을 강조했다. 제품에서 가장 중요한 부분이다. 일종의 성능 스펙에 해당한다. 하지만 스티브 잡스가 이런 기능성을 지나치게 강조하는 바람에 넥스트NeXT라는 회사를 말아먹은 경력도 있다. 애플에서 쫓겨난 뒤 세운 회사였다. 넥스트 컴퓨터를 사용해 본적이 있는데, 그때 수준으로는 최고의 성능이었다. 대중화되었다가 이제는 사라지기 시작한 CD 드라이브를 최초로 사용한 컴퓨터였다. 대용량의 멀티미디어 데이터를 사용하기 위해선 필수적으로 사용해야 하는 장치였지만, 시장가격에 맞추지 못하면서 결국 위기로 내몰리고 말았다. 하지만 이 기술에 대한 스티브 잡스의 편집광적 열정은 애플 사로 돌아갔을 때 빛을 발하기 시작했다. 넥스트가 개발한 기술이 없었다면, 어쩌면 스티브 잡스라는 인물의 존재 여부와 상관없이 애플 사가 망했을지도 모른다. 스티브 잡스가 들어가서 새로운 개발을 통해 무엇인가 만들기에는 너무 시간이 오래 걸리는 상황이었다. 그것을 단축하고 시장을 선점할 수 있게 만든 힘이 바로 넥스트에서 갈고 닦은 기술이었다. 어찌 보면 성능 경쟁이 가장 치열한 쪽이 IT 또는 컴퓨터 산업 분야일 것이다. 변화의 속도도 빠르고 경쟁자도 많기 때문이다. 그다음으로 성능 경쟁이 심한 분야가 자동차 산업이다. 자동차는 항상 연비나 출력 안정성 등 다양한 부분에서 기능평가를 한다. 스티브 잡스가 기능성을 그렇게 강조한 건 결국 지속적으로 심미성과 편의성을 유지시켜주는 바탕이 바로 기능성에 있다고 본 때문이다.

스티브 잡스가 지적한 제품 디자인의 세 가지 핵심 포인트는 단순히 IT나 자동차 산업 같은 분야에만 해당하는 얘기가 아니다. 옷도 마찬가지다. 고어텍스Gore-tex는 가장 구체적으로 이 세 가지를 자각하게 해준 의류디자인이다. 방수·투습 기능으로 아웃도어 의류를 평정했다 해도 과언이 아니다. 보기에도 좋고 입기 편하고, 게다가 기상조건마저 극복할 수 있는 기능성이 그 원동력이었다. 물론 제품에 따라 강조점이 다를 수밖에 없다. IT 제품은 기능성과 편의성에 강조점이 가 있다면, 의류는 심미성과 편의성에 강조점을 두어야 한다. 즉 제품의 특징에 따라 그 속성의 매트릭스는 달라진다. 단순한 하나의 규칙으로 정의할 수가 없다. 하지만 때론 파격도 필요하다. 몸체 속이 훤히 들여다보이던 애플의 투명모니터는 그야말로 파격적이었다. 사람들에게 놀라움을 선사하기에 충분했다. 기능과 편의성만을 강조하던 때였다. 다른 차원의 심미성을 내세운 셈이었다. '보이는 것'을 바꾼 것만으로 애플은 혁신의 아이콘이 되었다. 상식을 깨고 나올 때 혁신 제품이 될 수도 있다. 고정관념과 상식을 뛰어넘는 혁신이 있을 때 제품은 진화해 간다.

모든 제품은
철학이다

◆

제품을 개발할 때는 아이디어가 필요하다. 아이디어는 먼저 사용자의 필요나 욕구를 반영하는 일로부터 시작된다. 사용자들이 원하는 기능이나 품질 수준, 만족도 등 이런 것들을 분석하여 방향을 정하는 것이다. 그러고 나면 자체 기술로 맞출 수 있는지도 확인을 해야 한다. 시장의 요구와 기술력을 결합하는 과정을 거치면서 그에 맞는 아이디어가 탄생하게 된다. 이후 아이디어를 보다 구체화하여 제품 컨셉을 잡아나가야 한다.

제품 컨셉은 개발 방향을 정하고 스펙을 결정함으로써 비로소 만들어진다. 사실 제품 컨셉을 분명히 결정하면 제품 개발의 50%는 진행됐다고 보면 된다. 제품 컨셉을 구체적으로 결정하는 과정이 생각보다 어렵기 때문이다. 경험하지 못한 사람들이나 기업은 이를 잘할 수가 없다. 제품 컨셉 잡기가 어려워 카피를 하는 게 다반사다. 제대로 제품으로 탄생할 수 있을지, 시장의 반응은 어떨지, 히트는 칠 수 있을지 등등, 모르기 때문에 검증된 것을 차용하거나 카피하려는 것이다. 어찌 보면 쉬운 방법이다. 하지만 그 속에는 제품 미학이 담길 수가 없다. 다른 환경과 다른 사용자의 욕구에 맞춘 거라, 실제 시장 적용이 가능한지, 자체 기술로 해결할 수 있는지조차 가늠하기 어렵다. 그 때문에 실패를 각오해야 하는 위험이 따른다. 스스로 제품 컨셉을 잡기 위해 최선의 노력을 다한 이후의 실패라면, 이게 오히려 큰 자산이 된다. 내부 역량으로 축적된다는 얘기다. 다음의 성공을 기대할 수도 있다. 하지만 카피를 하기 시작하면, 모든 게 기대난망이다.

제품 컨셉의 바탕에는 제품 이념도 담겨야 한다. 즉 제품 컨셉의 결정은 제품이 추구하는 이념 위에서 이루어진다. 제품이 지향하는 바를 심는 일이다. 가령 의자를 만든다고 할 때, 이념이 철저히 효율성만 강조하여 가격에 초점을 맞출지, 아니면 친환경적인 요소로 만들지를 결정하는 것이다. 이는 하나의 제품에만 적용되는 게 아니다. 제품군 또는 모든 제품에 적용되는 이념이 된다. 이 이념에 근거해서 제품 컨셉이 만들어진다. 이는 특히 디자이너에게 필요하다. 자신의 제품에 대한 일종의 아이덴티티를 결정하는 일이다. 디자이너가 추구하는 이념이 무엇인지 제품 컨셉에 드러나도록 해야 한다.

마지막으로 깔린 건 바로 철학이다. 철학은 이념의 바탕을 이룬다. 디자이너나 제품 개발의 철학을 의미하며, 다양한 삶의 영역에 영향을 미치는 요소다. 철학은 일종의 자아관과 세계관을 말한다. 자신과 세계를 바라보는 관점을 뜻하기도 한다. 그곳에 미학이 있다. 미학은 내면의 철학과 세상의 아름다움과의 관계 설정이라고 할 수도 있다. 세상을 이루는 요소는 무수하다. 주변 환경, 역사, 사건 등등, 이런 것까지 세상을 구성하는 데 음으로 양으로 기여한다. 하지만 제품 미학에 있어서는 그 제품을 어떻게 바라보고, 아름다움을 느낄 수 있는가에 초점이 맞춰지는 것이다. 그런 아름다움을 인식하고 판단하는 능력이 디자이너의 덕목이다. 디자이너로서 자신만의 철학을 갖고, 이를 이념화하여 아이덴티티를 형성하고, 제

품 컨셉에 이를 반영한다면, 제품 개발의 50%는 완료된 거나 진배
없다.

디자이너의 미의식, 즉 아름다움에 대한 철학이 없으면 다른 사
람의 관점을 모방하게 된다. 그러면 그다음부터는 모든 게 모방이
돼버리고 만다. 바탕에 깔린 미학이 없기에 영혼 없는 제품이 만들
어질 수밖에 없다. 모방하는 순간 그다음 단계는 비슷하게 전개된
다. 그래서 미학의 기반 없이 제품을 디자인하면 자기만의 독자성
이 없는 것이다. 궁극적으로 사용자의 제품 선택 기준은 그 제품의
미학에 있다는 사실을 무시한 격이 된다. 진정한 디자이너라면 자
신만의 미학을 가져야 한다. 그 위에 독자적인 탑을 쌓아나가야 한
다. 그래야 자신만의 색깔과 제품을 만들어 낼 수 있다. 아무런 생
각 없이 카피를 당연시하는 디자이너가 만들어 내는 제품은 이미
죽은 제품이다. 그 어떤 것도 이룰 수 없다. 남의 제품 미학을 그저
대행해 주는 것에 불과하다. 누군가의 미학을 복제하고 있는 것일
뿐이다. 돈만 벌면 된다고 생각하는 순간, 브랜드도 제품도 결국 다
사라지고 만다.

사용자 의견 반영 기준도
제품 미학에 있다

◆

제품을 디자인하는 많은 사람이 사용자에게 제품에 대한 의견을 묻는다. 일반적인 얘기다. 그런데 이 사용자가 누구냐에 따라서 결과가 완전히 달라진다. 실제 이들의 의견을 모아보면, 결론은 한 가지가 아니다. 그 누구든 완벽한 답을 주는 사람은 없다. 정답의 부분 부분을 말해 줄 뿐이다. 그래서 디자이너가 해야 할 일이 또 생긴다. 부분 부분 언급된 걸 편집해 하나의 정답으로 완성하는 일을 해야 한다. 매서운 편집자의 눈으로 의견을 판단해야 하며, 취할 것은 취하고 버릴 것은 버려야 한다. 그러면서 제품 디자인 또는 제품 미학의 모습을 구체화해야 한다. 편집자의 입장에서 정확한 관점이 없으면 무엇이 옳은지 그른지 알지 못한다. 이때 중요한 게 제품 미학적 관점이다. 이런 관점 없이 사용자의 의견만 듣다 보면 엉뚱한 제품이 되고 만다.

사용자는 크게 전문가, 얼리어댑터, 일반 사용자, 이렇게 세 그룹으로 나눌 수 있다. 그중 가장 영향력이 큰 집단이 전문가 그룹이다. 이들은 해당 제품을 가지고 업으로 삼는 사람을 말한다. 축구화가 필요한 프로 축구 선수, 조리기구를 써야 하는 셰프, 헤어드라이어를 다루는 미용사, 이런 이들이다. 대체로 그들이 제품을 바라보는 관점은 성능이 우선이다. 이들은 남들이 알지 못하는, 제품마다 필요한 성능을 속속들이 안다. 이들의 의견을 참고하면 적어도 어느 수준의 기술 스펙이 필요한지 잘 알 수 있다. 물론 단순히 보여주는 것에 그치곤 의견을 물어선 안 된다. 현장에서 사용한 연후라야 제대로 평가받을 수 있다. 전문가들에게 주고 실제 테스트를 해봐야 한다. 만일 빙벽등반에 사용해도 무방한 아웃도어용 재킷이라면 빙벽등반가를 섭외하는 게 옳다. 그래야 방수성은 양호한지, 투습성은 어떤지, 아이스바일Eisbeil 같은 장비를 사용하는 데 팔꿈치의 각도 등 불편함은 없는지, 저온일 때 재킷에 묻은 얼음조각이 장애를 초래하진 않는지 등, 장단점을 파악할 수 있다. 비용도 많이 들고 시간도 오래 걸릴 수 있지만, 분명히 짚고 넘어가야 하는 부분이다. 따라서 제품 디자이너 자신이 전문가로 활동이 가능한 영역을 맡아 제품을 디자인하는 게 가장 좋다. 시간과 노력을 줄일 수 있고, 무엇이 필요한지 알 수 있기 때문이다. 제품 디자이너라면 적어도 전문가로 인정받을 만한 분야 하나쯤은 꿰차고 있는 게 좋다.

두 번째 그룹인 얼리어댑터들도 중요하다. 시제품을 만들어 이들의 의견을 들어보는 게 좋다. 이들은 제품 성능의 지속성, 여러 양태의 에러를 포착하는 데 기여할 수가 있다. 또한, 극한의 조건이나 연속사용 등등, 다양한 경로를 통해 제품의 품질 수준을 높이는 데도 도움 될 수 있다. 전문가들이 기술 스펙에 관여한다면, 이들은 품질에 영향을 줄 수 있는 집단이다. 이들을 통해 제품의 개선점을 파악할 수 있다. 한국은 세계적으로 유명한 얼리어댑터들의 천국이다. 그만큼 이런 데 해박한 사람이 많다. 발달한 인터넷 덕택이다. 인터넷을 통한 정보 공유가 활발할뿐더러 문제를 찾아내 서로 자랑하는 것을 즐기면서 이런 문화가 형성되었다. 서구 기업들은 이미 아시아 시장 테스트 베드로 한국을 꼽고 있다. 한국에서의 테스트 결과가 바로 중국을 비롯한 아시아에 영향을 미치기 때문이다. 그런데 한국 기업들은 한국을 테스트 베드로 제대로 활용하지 못하는 측면이 많다. 좋은 환경에도 불구하고 이를 활용하지 못하니 아쉬울 따름이다. 이 부분은 대기업일수록 더 심해 보인다. 대기업들은 제품 미학에 대한 관점이 별로 의미가 없다고 생각하는지도 모르겠다. 그러나 오로지 시장규모와 시장 장악만 생각한다면, 생명력을 기대하기 어려울 것이다. 한국에서는 몰라도 해외에서 자리 잡기란 쉽지 않다. 분명한 컨셉도 없이 카피한 컨셉으로 디자인된 제품은 선진국에서 받아들여질 수 없다. 고유한 컨셉으로 만들어진 제품만 살아남는 게 현실이다. 한국은 테스트 베드로 활용 가치가 매우 높다. 이를 근간으로 세계로 나갈 수 있는 제품을 충분히 만들어 낼 수 있다. 다만 관점이 문제라 본다.

셋째 그룹인 일반 사용자들은 이런 부분에서 주목할 필요가 있다. 이들은 주로 취향을 결정한다. 색상, 로고 크기, 사용될 위치, 사용시간 등등, 취향의 다양한 부분들을 조언해 줄 수 있다. 이들이 실제 구매자이기 때문에 잠재된 심리를 잘 읽어 내야 한다. 행동 심리학적 욕망이 무엇인지, 그리고 실제 사용자들에게 얼마나 적합성이 높은지를 검토하는 것이다. 이 과정이 잘 이루어지면 적어도 판매는 잘 된다. 그렇다고 브랜드가 제대로 인식되는 건 아니다. 사용자가 한 번쯤 사용해 보고 싶은 욕망을 불러일으키는 것이다. 이후 만족도가 높아지면 제품과 브랜드에 대한 선호도를 끌어올릴 수 있다. 이는 얼리어댑터나 전문가들의 의견에 의해서도 뒷받침되는 얘기다. 물론 많이 팔린다고 제품이 성공했다고 생각하면 착각이다. 얼마나 많은 제품이 유행처럼 반짝했다가 사라졌는가. 수많은 사례를 통해 분명히 알고 있는 사실이다. 사용자들에게 단계에 맞게 물어보지 않아서 생긴 현상이다. 그리고 그것을 컨셉으로 형상화해 내지 못해서 생기는 일이다. 제품 디자이너의 문제이기도 하다.

요즘은 인터넷이 급속도로 발달했기 때문에 제품 디자이너들이 다른 제품을 모방하거나 컨셉을 카피하면 금방 표가 난다. 그런 제품은 완전히 이류로 취급받는다. 과거와는 달리, 제품 디자인이 완전히 매도당하는 일까지 벌어진다. 분명히 디자이너가 카피한 사실이 없는데도 이런 일이 생긴다면, 짚어볼 대목이 있다. 프로세스를 거치면서 만들어진 제품과 디자이너의 머릿속에서만 형성된 컨셉은 차이가 크게 날 수 있다는 사실이다. 게다가 제품 디자이너의 머릿속 아이디어에는 과거의 경험이 투영됐을 개연성이 있다. 알게 모르게 카피 또는 표절했을 가능성도 커지는 것이다. 그래서 제품 디자이너 고유의 컨셉을 만들어야 한다. 그때 판별의 기준이 되는 게 바로 제품 미학이다. 제품 미학이 정립되어 있으면 다른 사람의 컨셉으로부터 자유로울 수 있다. 자기 제품 미학으로 형상화하기 때문에 사용자들의 의견을 들어도 그것을 자기의 관점으로 편집할 수 있다. 하지만 제품 미학의 관점이 없으면 결국 따라 하기 쉽다. 그렇게 되면 독창성이란 물거품이 되고, 국내 시장은 몰라도 세계화하기는 더욱더 어렵다. 한국 제품이 세계로 나가려면 선행돼야 하는 게 제품 미학 구축이다. 프로세스를 제대로 정립해야 한다. 사실 이는 대기업도 중소기업도 제대로 못 하고 있는 일이다. 정말 제품 디자이너들이 열과 성을 다해야 하는 부분이다. 사용자에게 정답을 들을 수는 있다. 그 정답을 가려내는 건 제품 디자이너의 능력에 달려 있다.

구매하고 사용하는 건
그 제품에 담긴 세계관을 경험하는 일이다

◆

철학이 위대한 이유는 세상의 모든 일을 할 수 있고, 표현할 수 있고, 담아낼 수 있기 때문이다. 만일 서로 다른 철학을 가진 서양인과 동양인이 만나면, 그들은 서로 다른 제품을 좋아한다. 때로는 같은 걸 좋아할 수도 있지만, 대부분 다른 선택을 한다. 이유는 자신의 철학에 맞는 제품을 택하기 때문이다. 그들은 그 제품에 서로 다른 철학이 담긴다는 것을 알고 느낀다. 일본 사람은 경박단소輕薄短小의 제품을 좋아한다. 하지만 미국인은 중후장대重厚長大형의 제품을 선호한다. 철학도 사고방식도 다르기에 그에 맞는 제품을 선호하는 것이다.

이런 선호도의 차이는 문화적 차이에서 비롯된다. 생활이 문화를 낳고 문화는 철학을 낳는 것이다. 이 철학이 반영된 게 제품이고, 특정 제품을 선호하는 현상은 바로 동일한 철학에 동질감을 느끼는 사람들이 같은 걸 좋아하면서 나타나는 일이다. 제품을 만드는 사람들은 그들만의 철학이 있다. 그들의 철학이 제품 속에 담기기 마련이다. 알게 모르게 철학이 담긴다. 그것이 그 제품이 가진 속성으로, 때로는 형상으로, 문양으로 표현된다. 그 사람이 만들어 내는 모든 제품과 생활 속에 철저하게 묻어난다. 그러고 싶지 않아도 투영될 수밖에 없다. 자신이 가진 철학적 범주를 벗어나는 건 쉬운 일이 아니다. 경험한 게 담기고, 생각하는 게 담기는 것이다.

제품을 경험한다는 건 바로 그 속에 담긴 철학을 경험한다는 뜻이다. 제품의 컨셉을 만들고, 사용자가 제품을 사용할 때 무엇을 느낄지 고민하고, 그만큼 효과적으로 느낄 수 있게 고안하는 게 제품 디자이너의 일이다. 그러니 당연히 제품 디자이너의 철학이 제품 속에 담길 수밖에 없다. 사용자는 그 철학을 경험하는 것이다. 때로는 한두 번의 사용만으로 느끼기도 하고, 때로는 오랜 시간이 흘러야 느끼기도 한다. 좋은 제품이란 사용할수록 만든 사람의 철학이 배어나는 제품이다. 오래 사용하면 할수록 제품 속에 담긴 철학을 느낄 수 있는 제품이 명품이고 제품 미학이 담긴 제품이다.

제품 디자인을 하는 사람에게 철학이 중요한 것은 그 철학이 제품 속에 담기기 때문이다. 제품에 담기는 철학은 바로 세계관이다. 세계관이란 사물을 바라보는 관점이다. 세상에 나와 있는 모든 사물의 존재와 운동을 바라보는 관점이다. 그 세계관이 좋을 수도 있고 나쁠 수도 있다. 때로는 남의 세계관을 자신의 것인 양 표현할 수도 있다. 하지만 그런 세계관조차 어쩔 수 없이 제품 속에 반영되고 투영된다. 사용자는 제품 디자이너의 세계관을 사용하면서 경험하는 것이다. 좋은 디자이너란 자신만의 세계관이 정립된 사람이다. 이들의 노력이 좋은 제품을 만들어 낸다. 좋은 제품은 좋은 세계관을 품고 있는 법이다.

제품은 경험으로 제작하지만,
제품 미학은 그 경험의 원천을 바라본다

◆

제품이 만들어지는 과정은 대동소이하다. 제품 개발의 필요성을 수요자로부터 느끼거나 디자이너가 신제품을 구상하면서 착수하게 된다. 물론 기존 제품에 변화를 주는 일도 있다. 시작은 제품 디자이너가 맡는다. 디자이너가 아이디어를 정리하고, 그것을 도면에 옮기고, 샘플을 제작하고, 그 샘플에 문제가 없다면 대량으로 생산할 수 있는 장치 및 체계를 준비한다. 이와 함께 품질관리 기준을 만들고 그에 따라 제품을 생산하여 판매한다. 이것이 일반적이다. 이 과정은 경험을 토대로 반복적으로 일어난다. 그런데 이 과정에 좋은 제품과 나쁜 제품을 가르는 지점이 존재하게 된다. 그렇다면 좋은 제품과 나쁜 제품이 판가름 나는 지점은 어디일까? 바로 디자이너의 머릿속 구상이 도면으로 옮겨질 때다. 어떤 형태로든 그 지점에서 차이를 만든다.

사실 디자이너의 상상 속에 제품이 존재하고, 그것이 도면에 옮겨지면 제품의 반은 만들어진 거나 다름없다. 그런데 이때 어떤 결론을 내느냐에 따라 성공 여부가 결정된다. 이를 구체적으로 살펴보면, 먼저 기업의 내부 역량이 어느 정도인지 파악해야 한다. 그리고 실제 사용자의 요구 사항이 있으면 그것도 반영한다. 제품을 개선하는 일이라면 디자이너가 스스로 사용해 보면서 느끼는 불편함이나 필요 사항을 중요하게 반영하기도 한다. 하여간 디자이너는 제품 컨셉을 정리하게 되는데, 기존 제품과의 비교는 물론, 새로 요청되는 부분과 디자이너로서 새롭게 선보일 요소를 정리하고는 어떤 것을 받아들이고 어떤 것을 버릴지 결정한다. 그런 다음에 이것을 일차 도면으로 옮긴다. 가장 기초적인 제품 컨셉이 만들어지는 때다. 이때는 하나의 제품 컨셉을 만드는 게 아니라, 다양한 제품 컨셉을 만들어 낸다.

그다음, 다양하게 만들어진 제품 컨셉을 선별한다. 선별은 제품 디자이너가 마케팅이나 영업 담당자, 원가관리나 생산을 책임지는 사람, 그리고 경영진과 함께 결정하면서 이루어진다. 이 과정을 통해 전반적인 제품 컨셉과 마케팅 방향이 결정된다. 실제 제품의 가장 기본적인 모습이 결정되는 것이다. 제품 디자이너만의 결정으로 이루어지는 경우가 전혀 없다고는 할 수 없겠지만, 대개 혼자 결정하지 못한다. 영업, 생산 등 다른 부서 사람들의 의견을 듣지 못하면 치명적인 문제가 드러날 수밖에 없기 때문이다. 실제 목표하는 제품의 목적을 달성할 수가 없다. 반드시 협의해야 한다. 이때 결정을 함께 하는 사람들의 눈높이가 제품 수준을 좌우하기 쉽다. 즉 실제 제품의 미학적 관점은 이때 결정이 난다고 봐야 한다. 의사결정에 가장 큰 영향을 미치는 사람의 시각이 바로 그 제품의 미학을 결정하는 것이다.

오클리 회사의 회장은 대부분의 경영상의 의사결정을 직접 하지 않고 위임을 해둔다. 하지만 딱 한 가지 결정하는 게 있는데, 바로 신제품이다. 샘플이 나오면 그것을 보고 판매를 할지, 보류를 시킬지 또는 수정을 할지 결정한다. 왜냐면 자신이 바라보는 제품에 대한 시각이 있기 때문이다. 이를 끝까지 제품 속에 담아내려는 노력이다. 여러 명의 디자이너가 만들어 낸 작품이 서로 동떨어진 느낌을 주어선 곤란하다. 이를 살펴보는 것이다. 회장의 기준이 제품 속에 통일적으로 적용되면서 수십 년 동안 아이덴티티를 유지할 수 있었다. 그렇게 제품 미학을 완성한 것이다. 그는 한 번도 자기 손으로 디자인을 해본 적이 없다. 하지만 자신이 추구하는 제품의 컨셉이 있기에 그것을 디자이너를 통해 형상화해 낸 것이다. 즉 제품 컨셉 크리에이터였다. 그가 가장 중요한 제품 미학의 요소를 좌지우지한 것이다.

제품 컨셉 결정자는 대부분 자신의 예술적 경험과 사용 경험을 바탕으로 방향을 결정한다. 최근 들어 최고 경영자들이 미학이나 예술을 공부하는 결정적인 이유도 이 때문이다. 제품의 가장 중요한 속성을 결정하는 데 있어 자신의 눈높이에 의해 제품의 성격이 규정되기 마련이다. 제품의 성공 여부가 회사의 미래를 결정지을 수도 있다. 제품에 대한 정확한 판단이 기회를 열 수도 위기를 초래할 수도 있다. 회사 내 누군가는 일관성 있게 제품 개발을 진행해야 한다. 제품의 미학적 관점이 부족하면 제품의 일관성을 무너

뜨리고 자세마저 흐트러지기 십상이다. 디자이너가 자주 빠지는 유혹이다. 다양하게 제품을 연구하다 보면 알게 모르게 카피를 하게 된다. 제품 컨셉 결정자가 이를 바로 잡아 줘야 한다. 물론 이 결정권자가 제품 미학 또는 아이덴티티에 대한 시각이 없으면 제대로 컨셉을 잡을 수가 없다. 이것이 회사의 운명을 바꾸기도 한다. 최고 경영자들이 미학이나 예술을 공부해야 하는 이유가 되는 것이다.

OEM 생산만 했던 회사가 독자 브랜드를 만들지 못하는 예를 많이 본다. 제품 컨셉 부재에서 오는 문제다. 최고 경영자가 차별적인 제품 컨셉을 만들기보다는 손쉬운 쪽을 택한다. OEM 제품의 컨셉을 카피하는 것이다. 자신의 시각에서는 그 제품이 가장 좋아 보였는지도 모르겠다. 카피를 하도록 디자이너에게 강요한다. 그것이 제품에 나타나고, 결국 OEM 제품의 아류를 생산하게 된다. 그래서 신생 기업보다 OEM으로 오랫동안 제품을 생산한 기업이 독자 브랜드나 독자 제품을 만들어 내기가 더욱 어렵다. 디자이너가 아니라 제품 컨셉 결정자가 문제인 경우가 많다. 이 틀을 벗어나야 하는데, 사실 장애가 많다. 최고 경영자의 시각이 하루아침에 바뀌지 않으니 쉽지 않은 일이다. 그렇지만 제품 미학을 완성하기 위해 이 틀에서 벗어나야 한다. 최고 경영자 스스로 문화적인 경험을 통해 극복하든, 결정권을 위임하든, 아니면 외부 자문이라도 구하든, 반드시 기존의 틀을 깨야 한다. 이는 한 사회의 미의식 수준과도 연결된다. 제품 컨셉 결정자도 사회 속에서 자신의 미학적 관점을 세웠기 때문이다. 예술과 미학이 산업의 인프라라고 하는 이유도 바로 여기에 있다.

제품 미학은
공공시설에도 필요하다

◆

많은 사람이 착각하는 게 있다. 제품 디자인이 공공적인 사물에는 중요하지 않다고 생각한다. 기본적으로 공공 기능적인 이유만을 목적하기 때문에 특별한 제품 디자인이 필요하지 않다고 느낀다. 하지만 실제 일본이나 프랑스의 공공시설을 우리와 비교해 보면 무척 다르다. 하물며 길거리의 전화부스 하나만 봐도 다르다. 보기 좋고, 정말로 사용자들이 편리하게 만든 반면, 어떤 나라 전화부스는 그냥 기본 기능만 갖춰서 아무런 감동을 얻을 수 없다. 그 나라의 제품 디자인 수준은 공공 시설물을 보면 알 수가 있다. 사용자 편리성과 만족이라는 두 마리 토끼를 잡기 위해서는 많은 돈이 필요하기도 하다. 현재의 예산에서 가능한지 살펴야 한다. 그러나 그보다 먼저 제품 디자인에 대한 기본이 잡혀 있어야 한다. 즉 돈의 문제보다 생각이 먼저다.

공공시설 제품 디자인에서 고려할 점은 크게 세 가지다. 첫째, 어떤 사용자들을 대상으로 할 것인가부터 헤아려야 한다. 벤치를 디자인한다면, 어느 정도 높이가 적당할지부터 생각해야 한다. 사람들의 평균 키가 얼마이고, 주로 어떤 사람들이 벤치에 앉는지에 따라 그 높이가 결정된다. 기울어지는 각도도 중요한 포인트다. 즉 주요 사용자에 따라 기본 기준은 바뀐다. 노인 중심일 때와 어린이를 대상으로 할 때 다르다. 주된 사용자를 중심에 놓되 보조 사용자들의 편리성을 고려할 필요도 있다. 물론 핵심 사용자와 주변 사용자를 구분하고, 두 집단이 모두 만족할 수 있도록 디자인해 내는 건 힘든 일이다. 하지만 주변 사용자에 대한 배려 또한 잊지 말아야 한다.

　둘째, 공공 디자인은 기능적인 역할에 충실해야 한다. 도로의 신호등에는 기본 기능이 있다. 너무 화려해도 안 되고, 그렇다고 디자인이 없다면 전혀 개성이 없게 된다. 나라별로 보더라도 그 디자인이 다르다. 하지만 기본은 분명하다. 멀리서도 구별할 수 있어야 하고, 옆면이 가려져도 안 된다. 길이나 높이도 적당해서 자동차들이 다니는 데 불편하지 않아야 한다. 어떤 공공 시설물이라 해도 기본적으로 나름의 기능이 있다. 이에 충실해야 한다. 충실한 기준부터 마련하고 디자인해야 한다. 똑같은 기능 조건을 제시해도 디자인은 달라진다. 문화적 배경이 다른 사람들이 디자인하기 때문에 개성이 발현되는 것이다. 긍정적 요소다. 이 개성이 그 제품 디자인의 특징이 된다.

셋째, 제품 미학적 기준을 가지고 있는가이다. 단순한 편리성을 넘어 보기에도 좋고, 친근감이나 유용성이 높은가도 살펴야 한다. 기준이 바뀌면 최종 산출물도 다르다. 관점이 다르면 전혀 새로운 제품 디자인이 탄생한다. 내재한 아름다움이 드러날 때 진정한 아름다움이라 할 수 있다. 관점이 바뀌면 세상도 달라 보인다. 색안경을 벗고 세상을 보듯이 제품 속에서 아름다움을 발견할 수 있는 것이다. 단순하게 물어보면 된다. 공공 디자인 제품이 전정으로 갖고싶고, 매력적인가 물어보면 된다. 그저 기본 기능만 갖췄다면 그걸갖고 싶어 하는 사람은 없다. 매력적일 때 욕심이 생긴다. 매력이있어야 이정표가 된다. 때로는 사진 속에 담기고, 그 도시의 상징이되기도 하는 것이다.

공공시설 디자인은 생활 속 디자인이다. 생활을 아름답고 윤택하게 만든다. 공공 디자인에 아름다움을 더하면 그만큼 삶이 풍요로워진다. 미학을 더하는 대상은 제품만이 아니다. 한정 지을 필요가없다. 공공시설에도 미학이 입혀져야 한다. 오히려 공공시설물에미학이 더해지면 더욱 효과적이다. 공공시설이란 한 사람이 아니라, 대중에게 편익을 제공하기 때문에 그 효과가 극대화된다. 개인이 아닌, 누구나 편익을 얻을 수 있는 공공재이기 때문이다.

산업시대의
제품 미학

팔린다고 다 미학적이진 않다

출판시장에서 베스트셀러가 꼭 좋은 책인 것만은 아니라는 건 널리 알려진 사실이다. 팔리는 문제와 좋은 책은 별개의 사안이다. 베스트셀러는 어떤 유통경로를 통해 얼마의 가격에 팔리는가와도 관련된다. 또한, 좋은 책이라고 잘 팔리는 것도 아니다. 즉 좋고 나쁨이 베스트셀러가 되는 기준이 아니라는 의미다. 제품 디자인도 똑같다. 잘 팔린다고 꼭 좋은 디자인인 건 아니다. 일시적으로 잘 팔리는 것과 오랫동안 잘 팔리는 건 다르다. 사용자들의 피드백이 반영된 것은 스테디셀러다. 오랫동안 팔리는 제품은 그 나름의 시장 검증을 거쳤다는 의미다.

제품 미학이 추구하는 방향은 오랫동안 사용자들이 만족감을 가질 수 있게 만들어 내는 것이다. 만족감은 오감의 만족을 뜻한다.

사용자가 오래 사용하면서 만족하는 것과 다수가 만족하는 문제는 성격이 다르다. 제품은 그 제품이 목표한 사용자들이 오랫동안 만족스러워해야 한다. 다시 말해 모든 사람이 만족하게 디자인한다는 건 환상이다. 특화된 사용자들이 만족하면 된다. 그러면 꾸준히 잘 팔리는 제품이 된다. 특정 사용자들이 반복 구매를 하기 때문이다.

제품 디자인이 기능이나 외관을 중시한다면, 제품 미학은 그것을 사용한 후에 느끼는 오감의 만족에 집중한다. 즉 제품에 대한 관점이 다르다. 혁신적인 디자인이라고 제품 미학이 완성되는 건 아니다. 혁신적인 이미지와 사용자의 오감 만족은 다른 의미이기 때문이다. 많이 팔리고, 모든 사람이 만족하면 좋겠지만, 그러기는 쉽지 않다. 때로 제품 디자이너는 선택을 해야 한다. 잘 팔리는 제품으로 갈지, 아니면 사용자가 오랫동안 만족하는 제품으로 갈지를 결정해야 할 때가 온다.

사야 할 이유는
제품 디자이너에게 달렸다

◆

제품 디자이너는 제품을 창조하는 사람이다. 스스로 영업하는 사람이 아니라고 생각한다. 그러니 제품이 팔리든 안 팔리든 자신의 역할이 아니라고 간주한다. 마케팅이나 영업 부서에서 요청한 사항을 정확히 제품에 반영하면 그것으로 끝난다고 여기는 게 일반적인 디자이너의 생각이다. 게다가, 모든 권한을 가지고 있는 것도 아니고, 권한이 있다손 쳐도 자신이 할 수 있는 일은 아니라고 생각한다. 여기서 제품 디자인과 사용자 욕구 간의 괴리가 싹튼다. 제품이 제품 디자이너의 창의력에 의해 제시됨으로써 사용자들이 욕구를 자각하는 경우가 있는 반면에, 사용자의 욕구를 근거로 디자인되는 경우가 비일비재하다. 그런데 후자의 경우, 제품 디자이너가 단순히 주어진 욕구, 즉 마케팅이나 영업 부서에서 요청한 사항만으로 제품을 디자인하는 순간 그 제품은 일정 정도 수준이 떨어지기 마련이다. 마케팅이나 영업 담당자가 디자이너보다 창의력이 떨어지는 게 보편적이기 때문이다. 그들이 제시하는 아이디어는 대부분 다른 기업에서 이미 적용한 사례인 경우가 많다. 그게 반응도 좋으니 우리도 반영하자는 식이다. 여기서부터 제품 디자인에 혼선이 빚어진다. 제품 디자이너는 자신의 중심을 세워야 한다. 그래야 혼선을 방지할 수 있다.

제품 디자이너가 혼선을 피하려면 염두에 둬야 할 게 몇 가지 있다. 첫째, 제품 디자이너는 일차적으로 고객의 경험과 요구에 초점을 맞춰야 한다. 사실 자신이 하고 싶은 것과 고객이 원하는 것에는 항상 간극이 존재한다. 간극을 어떤 방식으로 메울지 고민해야 하는데, 중요 포인트가 바로 고객 경험의 구체적인 내용을 파악하는 것이다. 대상고객이 누구인지, 그리고 이 고객이 어떤 상황에서 사용하는지, 사용 목적은 또 무엇인지 등등, 다양하고 구체적인 사항을 분석해야 한다. 그러다 보면 그 속에서 고객의 가장 중요한 욕구를 찾아낼 수 있다. 핵심 욕구를 중심으로 부수적인 욕구까지 겨냥해야 한다. 이 욕구들을 충족시킨다면 성공적인 디자인이 될 수 있다. 사용자들의 경험을 구체적으로 파악해 보면 아주 색다른 사실을 접하게 된다. 만족도라는 게 계량화되진 않는다는 사실이다. 실제로 사용자들은 자신의 욕구가 무엇인지는 제시하지만, 그 깊이는 잘 알지 못한다. 간단한 샘플로라도 만들어서 눈앞에 보여주고 느끼도록 해줄 때라야 드러나는 부분이 많다. 따라서 간단한 시제품이나 드로잉을 통해서 그런 욕구들을 조직화할 필요가 있다.

둘째로 중요한 건 파악된 경험의 제품화 과정이다. 욕구 파악을 통해 잡힌 컨셉은 이제 어떤 식이든 실물로 전환돼야 한다. 만들어진 시제품은 당연히 검증 과정을 거친다. 이를 마케팅이나 영업 쪽에서 할 수도 있지만, 구체적인 문제 파악이나 동향을 알아내기 위해서는 제품 디자이너가 직접 나서야 한다. 현장에서는 회사 안의 실험실이나 제품 개발 시에 보지 못했던 부분들을 많이 발견하게 된다. 특히 두 가지는 명확히 알 수가 있다. 하나는 고객의 사용 습관이다. 이를테면, 같은 제품이라도 오른손잡이와 왼손잡이의 사용법이 다르다는 걸 알아채는 경우가 있다. 사용자도 습관에 따라서 다르게 느낀다. 미처 깨닫지 못했던 것을 보완할 수 있게 된다. 또 하나는 환경 적합성이다. 현장은 실험실과 같을 수가 없다. 다른 환경이다. 진흙탕, 눈밭일 수도 있고, 습도와 온도도 다를 것이다. 그런 환경적 변화가 제품에 어떤 영향을 주는지 확인할 수 있다. 필드 테스트의 장점이다.

셋째, 생산 시 발생할 문제가 무엇인지 찾아내는 것이다. 비용도 분석해봐야 하고 생산 가능성 유무도 타진해야 한다. 자동화 수준, 생산성, 가용 자원은 물론, 설비나 장치의 내구연한 때문에 생기는 문제는 없는지 꼼꼼히 살펴봐야 한다. 그러기 위해서는 공학적 사고가 필요한데, 사실 제품 디자이너들은 이런 부분을 외면하려 한다. 자기 일이 아니라고 생각하는 것이다. 하지만 잘못된 생각이다. 가면 갈수록 제품 디자이너의 역할이 확대되는 게 현실이다. 이런 부분에 대한 이해 없이는 더 경쟁력 있고 사용자의 마음을 사로잡을 수 있는 제품을 개발할 수도 만들 수도 없다. 제품 개발과 마케팅, 생산이 디자이너 중심으로 움직일수록 제품은 경쟁력을 얻게 된다.

사실 제품 디자이너가 의도한 대로 양산까지 가는 경우는 극히 드물다. 많은 수정과 테스트 과정을 통해서 변화된다. 그렇다고 해서 본질적인 디자인 방향이 허물어진다면, 그 제품은 디자이너의 정신이 죽은 게 된다. 제품 디자이너는 자신이 사용자에게 팔고자 하는 경험 또는 컨셉을 분명히 견지하고, 이를 사용자에게 설명할 수 있어야 한다. 사용자들은 그 경험과 개념을 사는 거다. 단순히 용도만으로 제품을 사는 시대는 지났다. 사야 할 이유가 충분해 설득되는 제품을 만들어 내는 게 제품 디자이너의 일이다. 가면 갈수록 제품 디자이너의 권한이 강해진다. 제품 디자이너의 초기 컨셉이 사용자에게 온전하게 전달되도록, 굳건한 프로세스를 만들어 내는 기업은 그만큼 경쟁력이 있다고 봐야 한다. 한국의 많은 기업이 이 부분이 약하다. 그래서 어려움을 겪고 있다. 제품 디자이너가 중심에 서야 한다. 그래야 좋은 제품도 만들고, 사용자들도 만족감을 느끼고, 기업도 번창한다.

제품 미학적
차별화 방안

◆

　제품 미학적 관점으로 보면, 좋은 제품은 나름의 차별성을 지닌다. 그 차별 포인트는 다름 아닌 사용자의 감동이다. 물론 눈가가 젖을

정도의 큰 감동을 말하는 건 아니다. 소소하지만 공감할 수 있는
상징이나 스토리, 또는 그로 인해서 만들어진 의미를 말한다.

제품 미학적 차별화는 다양한 방식으로 모색할 수 있다. 첫째, 상
징성이다. 이는 브랜드가 될 수도 있고 단순한 문양만으로도 가능
하다. 때로는 색상이 상징성을 띠기도 한다. 간단한 예로, 애플컴퓨
터는 사과가 상징이다. 그런데 처음에 이 사과는 두 가지 특징이 있
었다. 하나는 사과의 한쪽 귀퉁이가 잘려나간 것이고, 다른 하나는
무지개 색깔을 띠고 있었다는 점이다. 이는 독 사과를 먹고 자살한
앨런 튜링(Alan M. Turing, 1912~1954)을 연상하게 만들었다. 앨런 튜
링은 현대 컴퓨터의 아버지라고 불린다. 그는 동성애자였다. 그 시
대 영국에서는 동성애자가 정신병자 취급을 받았다. 그가 자살한
건 어쩌면 그 시대의 당연한 결과일지 모른다. 하지만 그를 기리는
상징인 애플 심볼이 컴퓨터에 붙어 있는 한 누구나 앨런 튜링을 생
각하게 된다. 처음에는 몰랐을지 모르지만 결국은 알게 된다. 단순
한 상징일지라도 강력한 스토리를 가질 때 그 힘은 크고 세다.

둘째, 형상이다. 차별화 포인트로 형상이 많이 지적된다. 대표적
인 것 중의 하나가 알레시Alessi의 안나 GAnna G라는 와인오프너다.
안나 G는 그 모양을 발레리나의 빙글빙글 도는 형상에서 따왔다.
와인오프너가 돌아가면서 마개를 따는 게 발레리나의 모습과 닮아
여기서 영감을 얻은 것이다. 당연히 오프너를 쓰면서 발레리나를
연상하게 된다. 형상이란 또 다른 상징이다. 하지만 형상은 평면적

인 이미지 상징이 아니라 입체적 상징이기 때문에 사용자가 느끼는 차별화 포인트가 다르다. 차별화란 단순히 구별되는 것을 넘어서 그 나름의 감각을 제시해 줄 수 있어야 한다. 이미지와는 다른 감동을 주어야 하는 것이다.

셋째, 경험이다. 경험하면 뭔가 느끼게 만드는 것이다. 그렇다고 완전한 경험을 의미하는 건 아니다. 사용해 보면 바로 느낄 수 있는 그런 부분을 말한다. 몽블랑 볼펜의 필기감을 예로 들 수 있다. 손에 쥐고 한번 사인만 해봐도 느껴진다. 매끄럽게 미끄러지듯이 글씨가 써지는 느낌이 차별점을 주는 것이다. 그런 경험을 하고 나면 다른 볼펜을 사용할 때의 감각과 얼마나 다른지 바로 알게 된다. 그때 비로소 몽블랑 볼펜이 가진, 그 제품만의 독특한 느낌을 알게 되는 것이다.

제품 미학적 차별화는 감동이다. 간단한 이미지, 형상, 그리고 사용감이 불러오는 감동이다. 제품 디자이너는 이런 포인트를 찾아내는 작업을 해야 한다. 그 차별화 포인트는 일종의 끌어당김의 효과를 지닌다. 제품 미학의 완성은 오랜 사용 경험에서 이루어진다. 하지만 그런 사용 경험을 끌어내기 위해서는 초기의 차별화 포인트가 있어야 한다. 바로 그 점이 제품 미학에서 이야기하는 감동의 원천이다.

1등 제품을 모방하되
진화시켜라

◆

좋은 제품은 오래 살아남는다. 하지만 그런 제품도 수명을 다할 때가 있다. 정말 그 이상의 제품을 만들어 낼 수 없다고 느껴지는 제품도 제대로 들여다보면 더 좋은 제품을 만들어 낼 여지를 찾을 수 있다. 좋은 제품도 한계를 보이는 결정적인 이유는 두 가지다. 첫째는 기술의 변화, 둘째는 소비자 욕구의 변화 때문이다. 이런 변화 앞에선 아무리 잘 만들어진 제품이더라도 그 수명을 다할 수밖에 없다. 시대별로 특별한 제품들이 명멸하는 이유도 여기에 있다.

기술의 변화가 1등 제품조차 살아남지 못하게 하는 것은 너무도 당연한 일이다. 기술이 성능을 더 좋게 하거나 제품을 더 싸게 만들어 내게 하기 때문이다. 한때 성능 좋다고 이름 날리던 슈퍼컴퓨터도 어느 순간, 스마트폰보다 못한 것이 되는 게 현실이다. 기술의 속도를 따라잡지 못하면 결국 도태되는 게 기술주도 시장에서 일어나는 일반적인 현상이다. 기술의 변화에 민감한 제품일수록 그 수명이 짧다. IT 분야에서 생기는 현상 중 하나가 아무리 1등을 해도 미래를 기약하지 못 하는 일이 비일비재하다는 것이다. 하루가 멀다고 변하기 때문이다. 대표적인 게 스마트폰 시장의 변화다. 애플이 지금은 1등이지만 언제 무너질지 모른다. 1등 하던 노키아가

몇 년 사이 무너진 것과 같은 이치다. 오히려 기술 의존적이지 않은 제품이 1등에 오르면 오래간다. 가방이나 의자, 침대, 가구, 조명 등등, 기술 변화에 민감하지 않은 제품들이 오래 살아남는다. 어찌 보면 제품 디자인은 기술 중심이 아닌 제품에서 더 중요할 수 있다. 기술제품일수록 디자인보다는 기술에 초점이 맞추어지기 때문에 그만큼 디자인의 중요성이 덜할 수 있다. 하지만 첨단 기술과 디자인을 결합한 제품이 결국 승자가 될 수밖에 없는데, 근본적으로 사람들은 좋은 디자인, 제품 미학적으로 더 아름다운 제품을 원하기 때문이다.

다음으로 소비자의 욕구가 변하는 건 사회가 변하기 때문이다. 사회 속에 살아가는 개인은 사회 변화에 영향을 받을 수밖에 없다. 사회는 기술 발전과 경제 변화에 맞추어 변한다. 경제적 수준이 낮은 사회일수록 변화가 적다. 하지만 경제 수준이 높아질수록 욕구의 변화 또한 다른 양상을 띤다. 국민 소득의 변화에 따라 소비자 욕구가 변하는 이유도 여기에 있다. 많은 경제학자가 분석한 바에 따르면 1만불, 2만불, 3만불, 4만불, 소득이 오를수록 시대별로 다른 형태의 소비자 욕구가 나타난다. 1만불 이하일 때는 먹고 사는 데 집중하고, 2만불에서는 문화적인 욕구를 가지며, 3만불 시대에는 개인별 취향이 욕구를 자극한다고 한다. 그래서 소득이 높아질수록 욕구는 다양화, 개별화한다고 한다. 소득이 3만불을 넘어서면 그때부터는 취향이 중요해지는 것이다. 이런 취향의 다양화는 제품의 선호도나 구매에 크게 영향을 준다. 소득에 따라 1등 제품이 달라질 수밖에 없는 게 이런 요인 때문이다. 그래서 과거의 1등 제품이 그대로 유지된다는 보장이 없다. 이를 아는 순간 새로운 제품을 디자인할 힘이 생긴다. 욕구가 새로운 디자인을 만든다. 욕구가 새로운 취향을 만들고 미학적 가치도 부여하게 된다.

그렇다고 1등 제품을 완전히 무시할 필요는 없다. 1등 제품이 등장한 기술적, 사회적 배경을 정확히 파악한다면, 새로운 1등 제품 창조에 성큼 다가설 수 있다. 과거의 1등 제품을 현재의 제품으로 바꾸는 핵심은, 가치는 가져가되 변화를 수용하며 진화시키는 것이다. 우리가 아직도 최고의 제품으로 꼽는 벤츠 자동차는 지금까지 명성을 유지하고 있다. 핵심은 두 가치를 지켰기 때문이다. 바로 고급화와 안전성이다. 여태껏 상류층 자동차, 안전한 자동차로 자리매김하고 있다. 물론 제품 디자인이 변하지 않은 건 아니다. 조금씩 끊임없이 변해왔다. 하지만 우리가 느끼는 핵심 가치는 변하지 않았다. 소비자는 가치를 구매한다. 그리고 그 가치를 지킬 만큼 꾸준한 제품 혁신을 이뤄 왔는지 살핀다. 1등 제품이 살아남는 방법은 바로 핵심 가치의 유지에 있다.

1등이 요원해 보인다면 어떻게 해야 할까? 결국은 핵심 가치의 변화를 추구해야 한다. 새로운 시대는 새로운 가치를 원한다. 하지만 그 가치는 기존의 1등이 가진 가치와는 달라야 한다. 그리고 소비자들의 잠재된 욕구를 찾아내야 한다. 변화로 생성된 소비자의 새로운 욕구에 초점을 맞추면 새로운 1등 제품을 만들어 낼 수 있다. 기존의 제품을 분석하고 참고하여 진화시키면 된다. 가치뿐만 아니라, 분명 1등 한 제품에는 그 이유가 있다. 온고지신의 마음가짐으로 이런 부분을 진화시켜 나가야 한다. 바로 동일성과 차별성의 진화가 핵심이다. 1등 제품에서 배워야 할 동일성과 그 제품이 가지지 못한 차별성을 찾아낼 때, 새로운 1등 제품을 탄생시킬 수 있다. 당연히 방점이 찍혀야 하는 건 제품 미학적 관점이다. 제품 미학적 관점이 추가될 때 승산이 높다. 모든 미학은 당대에만 생긴 게 아니다. 시대를 이어오며 발전해온 것이다. 제품 미학도 그런 연장선에 있을 뿐이다.

저가품이라고
가치도 저가는 아니다

◆

제품 가격에 따라 디자이너의 태도도 달라진다. 고가의 제품을 만들 때는 하나의 작품을 탄생시키겠다는 자세로 디자인하고, 저가 제품은 그저 잠시 소일한다는 심산으로 디자인하는 경우가 적지 않다. 하지만 현실을 직시해야 한다. 고가 제품은 수요가 적다. 가격이 낮은 제품은 수요도 많고 사용도 많다. 이른바 '가성비'가 좋은 제품이라면, 보다 많은 사람에게 필요한 기능을 제공해 주는 셈이다. 다시 말해 가격과 상관없이 제품들은 각기 제 역할이 있다. 따라서 제품 디자이너는 그 제품에 대한 '상품기획안'부터 꼼꼼히 살펴야 한다. 그 기준으로 제품을 디자인해야 한다. 상품기획에서 제품의 역할과 기준이 정립되는 것이지 가격으로 정리되는 게 아니다.

100만 원짜리 제품이 1,000개 팔리면 10억이다. 1만 원짜리가 10만 개 팔려도 10억 원이다. 가령 두 제품 디자인을 어느 프리랜서 디자이너 한 사람에게 외주를 주었다 치자. 100만 원짜리라고 디자인비를 1,000만 원 주고, 1만 원짜리라고 10만 원만 줄 수 있나? 제품 가격이 싸다고 디자인 비용을 덜 주진 않는다. 디자이너가 제품 디자인에 임하는 태도에는 차별이 없어야 한다. 가격과 상관없다. 오히려 단순한 제품일수록 디자인이 더 중요할 수도 있다. 디자인 효과가 더 두드러진다. 저가의 제품이라고 대충 디자인해선 곤란하다.

게다가 제품 디자이너가 판매가를 고민할 이유는 없다. 아이디어에 몰두하면 된다. 원가는 다양한 방법으로 낮출 수 있다. 하나의 방법만 있는 게 아니다. 금빛이 필요하다고 금 도금이 능사인 건 아니다. 진공증착으로 금을 입힐 수도 있다. 기술적으로 다양하게 방법을 모색할 수 있다. 디자인 개념이 중요하지 가격과 비용을 걱정할 필요는 없다. 무엇이 가장 중요한지 확인하고 그에 맞춰가면 된다. 정확한 상품기획에 의해 진행한다면야 디자인 컨셉이 중요하지 비용은 그다음 문제다. 사실 많이 생산할수록 생산원가는 떨어진다. 많이 팔릴 디자인에 집중할 일이다.

제품 디자이너들은 비싼 재료를 써야 한다고 생각하는 경향이 있다. 특별한 디자인에 사로잡혀 무조건 비싼 재료부터 찾아보기 일쑤다. 좋은 디자이너는 컨셉을 유지하면서도 원가 부담을 주지 않는 디자이너이다. 원가를 줄이는 방법까지 꿰차고 있다면 더할 나위 없다. 물론 처음부터 이럴 수는 없다. 쉽지 않은 일이다. 경험하지 못하면 모르는 부분도 많다. 하여간 출발은 컨셉 우선이다. 컨셉부터 완성하고 방법을 찾으면 된다. 다양한 방법으로 상품기획에 맞게 가격을 맞춰갈 수 있다. 또한, 저가 제품이라고 디자인 컨셉을 버리면 안 된다. 싸면서도 좋은 제품을 추구해야 한다. 방법을 찾다 보면 길이 열리는 법이다. 나름 정리가 되고 제대로 된 제품이 만들어지는 것이다. 실력 있는 제품 디자이너는 싸면서도 가격 이상으로 사용자의 만족도를 높여주는 사람이다.

이런 제품들을 "가성비가 높다"고 표현한다. 가격 대비 성능이 좋다는 뜻이다. 이런 제품들은 분명히 폭발적인 구매로 이어진다. 제품 미학도 이런 부분에서 진가를 발휘한다. 성능이 좋은 것 이상의 미학적 깊이도 더해질 때 제품 평가가 달라질 수밖에 없다. 이 단계를 일러 최근에는 '가심비'라는 용어를 쓴다. 가심비가 높은 제품은 가격 대비 심리적 만족도가 높은 제품이다. 성능 이상의 그 무엇이 있는 제품이다. 이를 제품 미학적 수준이 높은 제품이라고 할수 있다. 가격이 싼 제품이라고 미학적 요소가 반영되지 않는 게아니다. 디자인이 별 볼 일 없어도 되는 건 더더구나 아니다. 결국, 디자인은 가심비가 높은 제품을 만들어 내는 게 가장 중요하다. 성능만이 아니라 미학적 기준도 높아야 한다. 그런 제품이 오래 살아남고 사회적 기여도도 높다. 그런 제품을 디자인해낸 사람은 자신만의 세계를 구축할 수 있다. 그럴 만한 힘을 갖게 된다. 어느 기업이든 그런 디자이너가 정말 필요하다.

제품 디자인은 스타일과 기능 디자인의 결합이다

◆

스탠퍼드 대학에는 특별한 학과가 있다. Product 학과이다. 이 학과 출신과 일을 해본 적이 있는데, 일하는 방식이 독특했다. 혼자디자인도 하고 기능을 분석해 스펙 설정 작업도 한다. 그리고 어느정도 디자인을 마치면, 스타일 디자인은 다른 디자이너에게 맡기는 식이다. 반대의 예도 있었다. 스타일 디자인부터 완성하고 제품화에 나서는 것이다. 주된 역할은 컨셉을 확정하고 제품을 개발, 시장에 론칭하는 거였다. 그런데 과정을 자세히 들여다보니 제품 프로젝트 매니저처럼 일을 한다. 제품이 시장에 론칭되고 판매되는 모든 상황에 관여하는 것이다. 처음에는 혼자 한다. 모든 일을 혼자 하고선 제품이 판매되기 시작하면 전문영역으로 하나씩 일을 나누어 준다. 이런 방식으로 일하는 걸 처음 봤기 때문에 신기할 수밖에 없었다. 그런데 같이 일을 하다 보니 얻는 게 적지 않았다. 꽤 효율적이라는 느낌도 강했다. 게다가 컨셉을 만드는 일부터 기능 확인, 디자인 검정 등등, 다양한 영역에서 종합적인 사고를 해야 하나의 제품이 완성된다는 사실을 확인한 건 큰 수확이었다. 여러 사람과 일을 함께 하면 컨셉의 일관성도 떨어지고 시간도 오래 걸린다. 하지만 혼자 하면서 완결성을 가진다면 빠르고 정확하게 제품을 만들어 낼 수 있다. 한 개인의 역량에 지나치게 의존하는 게 문제라면 문제라 할 수 있겠지만 말이다.

실제 이렇듯 탁월한 능력을 갖추는 게 절대 쉽지 않다. 그냥 이루어지는 게 아니다. 전체를 조망하면서 마케팅부터 완제품 관리까지, 이를 수월하게 해낼 수 있는 사람은 정말 별로 없다. 한국에서 어느 중소기업 사장이 그렇게 하는 경우를 본 일은 있다. 하지만 굉장히 특별한 경우다. 대다수는 그렇지 못한 게 현실이다. 일부만 맡아 진행한다. 아무튼, 자신의 역할을 정확히 이해하는 게 필수적이다. 제품 디자인을 하는 사람도 크게 둘로 나뉜다. 하나는 스타일 디자인, 또 하나는 기능 디자인을 하는 사람이다. 양자 간에는 분명한 차이가 있다. 기능 디자인을 하는 사람은 제품의 사양과 기능에 집중한다. 이들의 결과물은 캐드 도면과 재료 스펙으로 나타난다. 하지만 스타일 디자이너는 제품의 외형적 디자인 요소에 치중한다. 많이 다른 것이다. 결과물이 다른 만큼 제품을 바라보는 시각도 다를 수밖에 없다.

스타일 디자이너는 주로 세 가지 요소를 고려한다. 첫째는 제품 이미지, 둘째는 소비자 트렌드, 셋째는 제품의 디테일이다. 제품 이미지는 외형을 어떻게 잡아갈지 고민하는 것에서부터 일이 시작된다. 기존 제품이 있다면 이미 스펙이 정해져 있으므로 그에 맞추면 된다. 신제품이라면 기능 디자인 이후 만들어진 스펙을 보고 작업을 한다. 스펙에 얼마나 조응하냐가 핵심이다. 철저하게 점검해야 한다. 그래야 온전한 디자인이 나온다. 이후 컬러링 작업을 한다. 외형 디자인에 따라 색감에 확연한 차이가 드러나기 때문에 주의를 요하는 일이다. 소비자 트렌드를 분석하고 반영하는 것도 중요한 부분이다. 이는 디자이너가 독자적으로 행할 게 아니라, 철저하게 마케팅 관련 부서의 조사에 의존해 진행한다. 물론 디자이너가 선도적으로 분명 새로운 것을 만들어 낼 수도 있다. 하지만 그것은 일종의 도박이다. 기업화된 경우일수록 피해야 할 일이다. 마케팅 조사 결과에 근거해야 하고, 그 내용을 제품에 어떻게 제대로 적용할지 심사숙고해야 한다. 이제 하나 남은, 제품 디테일을 살리는 일은 제품 디자인의 마무리 작업이다. 제품을 만들다 보면 놓치는 부분이 있기 마련이다. 마무리 단계에서 살피고 또 살펴야 한다. 그것을 찾고 조정하고 들어내고 하면서 디테일을 살려야 한다. 디테일이 떨어지면 제품이 허접해 보인다. 사소한 부분이 전체를 망치는 것이다. 아무리 좋은 영화라도 옥의 티 하나가 영화 전체의 아우라를 죽일 수 있다. 디테일을 제대로 마무리하는 스타일 디자이너가 능력 있는 디자이너다.

기능 디자이너는 할 일이 많다. 제품의 기반기술을 철저히 알아야 한다. 기반기술을 꿰고 있는 게 기능 디자이너의 일이냐고 반문할 수 있다. 디자인만 잘 하면 그만이지 굳이 왜 생산에 이르기까지 모든 과정을 알아야 하느냐고 물을 수도 있다. 하지만 제대로 제품을 만들어 내기 위해서는 기능 디자이너가 다 알고 있어야 한다. 한국이 세계적인 브랜드 제품들을 만들어 내지 못하는 결정적인 이유는 이런 기능 디자이너가 없기 때문이라고 생각한다. 교육 기관조차 거의 없다. 실제 이런 교육 기관을 모 대학교 내에 만들려고 시도했지만, 허사였다. 기성 교수들의 반대로 하지 못했다. 그들에게는 무슨 말인지 이해가 안 되는 분야기 때문이다. 기능 디자이너가 포커스를 맞추는 과제는 세 가지다. 하나는 가용 기술 활용에 관한 기술응용 부분, 둘째는 사람에게 맞는 최적의 3차원 치수를 찾는 인간공학적 접근, 셋째는 생산과 관련된 프로세스 엔지니어링의 관점, 이 세 가지를 동시에 살펴야 한다. 기술응용은 기존의 회사 내 축적된 기술을 기반으로 한다. 기술 담당자들의 의견을 충분히 반영해야 한다. 그런데 이때 주의할 게 있다. 현존 기술을 중심에 놓아야 한다. 기능 디자이너가 미래 기술을 보고 디자인하면 실패하기 쉽다. 기술 개발 때문에 진행이 더뎌지는 것이다. 인간공학적인 기능 개발은 사람에 맞추는 기술이다. 생각보다 쉽지 않다. 단순해 보이는 치수 안에도 수많은 노하우가 들어간다. 비슷해 보이는 신발도 어떤 건 편하고 어떤 건 불편함을 느끼는 게 이 때문이다. 이는 기능 디자이너만의 주요한 노하우다. 확실히 경험 많은 기능 디자이너가 잘 맞춘다. 그리고 프로세스 엔지니어링의 관점은 품질관리 수준 이해와 생산공정 이해로 대별된다. 좋은 시제품을 만들었고 소비자의 반응도 좋지만, 생산을 하지 못하는 경우가 의외로 많다. 불량률이 너무 높은 경우도 있다. 이런 걸 사전에 걸러 내고 스펙 작업을 정확히 해두어야 기능 디자이너로서 제 역할을 다한 게 된다.

제품은 스타일 디자이너의 작업과 기능 디자이너의 작업에 의해서 완성된다. 분명 두 가지 작업을 동시에 할 줄 아는 사람도 있다. 앞에서 언급한 제품 프로젝트 매니저 같은 경우다. 이런 사람도 일이 많아지면 분업으로 전환한다. 자신이 잘하는 부분을 전담하고 모자라는 부분은 전문가로 채우는 것이다. 스타일 디자인과 기능 디자인 중 어느 쪽에 무게 중심을 둘 건지는 상황에 따라 다르다. 기술 중요도에 따라 다를 수밖에 없다. 스타일 디자이너가 주도권을 쥐고 가는 게 좋은 경우는 기술 중요도가 낮은 제품을 만들 때다. 기술로 승부해야 하는 제품은 기능 디자이너가 주도권을 쥐어야 한다. 즉 그 기준이 다른 것이다. 제품의 개발 방향도 스타일이냐 기능이냐, 이것부터 가르는 작업이 필요하다. 하지만 분명한 건 제품 미학을 완성하기 위해선 성격이 다른 두 디자이너 작업이 최적의 결합을 이루어야 한다는 점이다. 하나만 잘한다고 완성되는 게 아니다. 제품 미학은 내부적 기술과 외부적 아름다움의 결합이다.

일관된 컨셉과 품질이
제품 미학을 실현한다

◆

요리에도 철학이 있다. 어떤 재료를 쓰고 어떤 프로세스로 갈 것인지에 따라 그 요리의 철학이 결정된다. 요리사가 되어 사찰음식을 만든다고 가정해 보자. 누구나 알다시피 고기는 재료로 쓸 수 없다. 가장 손쉬운 단백질원을 취할 수 없는 상황이다. 영양 균형을 위해 단백질 충족이 안 되면 곤란하다. 식재료마다 영양소 함량을 꿰고 있지 않은 한 고민이 깊어질 수밖에 없다. 아마 채식주의자들의 식단에 먼저 눈이 갈 것이다. 이렇듯 무엇을 참고하든 필요한 영양소를 골고루 취할 수 있는 재료들부터 선정하기 마련이다. 그런데 여기에도 주의를 요한다. 자연식에 적응된 스님들은 모든 게 예민할 수밖에 없다. 일반인에게는 전혀 문제 될 게 없는 인스턴트

식재료나 인공 감미료 등에 과민 반응을 일으키기 십상이다. 따라서 유기농 채소나 친환경 농산물에 많이 의존해야 한다. 요리 과정에서 태운다거나 소금이나 조미료를 많이 넣어도 안 된다. 여러모로 많이 생각하고 신경을 써야 한다. 게다가 사찰음식은 먹는 절차나 예법도 있다. 이 또한 동일한 조건과 과정으로 이루어져야 한다. 그래야 먹는 사람에게 사찰음식의 정수를 고스란히 전달할 수 있다. 일관된 정신과 철학이 깃든 게 사찰음식이다. 재료부터 요리법, 그리고 먹는 과정까지 모두 일관성이 있어야 사찰음식으로 그 가치를 인정받을 수 있다.

부분적으로만 전통성을 지켜 빈 구석이 있는 상태라면 사찰음식이라는 이름에 걸맞지 않은 음식으로 볼 수밖에 없다. 전달하고자 하는 의도조차 전해질 리 없다. 처음부터 끝까지 일관된 모습을 지니고 있지 않으면 안 된다. 부분적으로 응용되거나, 기술적 한계나 재료의 한계, 또는 환경 조건의 한계로 인하여 어쩔 수 없이 그 정신에 위배 되는 재료를 사용할 수도 있다. 하지만 전체적인 형식이나 모양은 한 방향이어야 한다. 즉 일관된 전형성을 지니고 있어야 사찰음식이라고 할 수 있다. 이는 제품에서도 마찬가지다. 처음부터 끝까지 고유의 특성을 일관되게 지켜야 그 제품에 미학적 요소가 담긴다. 미학은 전체의 어울림이지 한 부분만 보는 게 아니다. 제품을 관통하는 통일된 컨셉이 분명해야 제품만의 독특한 아름다움이 드러나는 법이다. 컨셉은 제품을 만드는 장인이나 디자이너에 의해 관철된다.

또한, 제품은 판매로만 끝나는 게 아니다. 때로는 사용법을 제대로 알게 해서 사용자가 제품을 올바르게 사용해야 목적하는 컨셉이 드러나는 예도 있다. 그래서 제품 미학은 서비스 미학과도 연결된다. 수단이든 방법이든 컨셉을 전달하려는 노력이 동반돼야 받아들이는 사용자도 그것을 이해할 수 있다. 이는 제품 컨셉뿐만 아니라, 제품 자체에도 해당하는 얘기다. 판매부터 사후 품질문제까지 일관된 모습을 지닐 때 제품에 대한 사용자의 인식이 바뀌고, 감각이 바뀌고, 감동이 생긴다. 감동은 인식의 문제다. 물론 제대로 한 게 없는데 인식의 문제만 탓할 수는 없는 노릇이다. 철저히 기본부터 지킬 때 인식의 문제는 해결된다. 일관된 품질을 유지하는게 쉬운 일은 아니다. 외부에서 조달하는 원재료 문제로 인해, 공정상의 에러로, 또 다른 이유로, 품질에 문제가 생기는 경우도 있다. 하지만 품질에 대한 사명감 또는 완결미를 가지려는 노력이 한번 쓰고 버리는 제품이 아니라, 삶 속에 기억되는 제품으로 자리 잡도록 만든다.

사실 컨셉과 품질을 일관되게 지키려면 의외로 비용이 많이 든다. 사찰음식이 고기를 쓰지 않는다고 값싼 음식이 아니다. 그에 맞는 재료를 구해야 하니 비용이 든다. 게다가 나름의 노력과 정성을 쏟아야 한다. 유·무형의 비용이 동반되는 것이다. 이처럼 제품 컨셉과 품질을 제대로 지켜 내자면 비용이 따른다. 완결성 면에서 10% 정도 소홀한 제품이, 단지 그로 인해 나머지 90%의 가치까지 날려버릴 수 있다. 사용자들은 냉혹하다. '옥의 티' 하나를 묵과하지 않는다. 티 하나로 전체를 매도하는 일도 흔하다. 억울하더라도 그것은 냉정한 사용자의 평가이기 때문에 끝까지 일관된 모습을 보여야 한다. 늘 노심초사하는 마음으로 완결미를 추구해야 한다. 철두철미하게 원재료를 검수하고 공정을 살피고 개선해야 한다. 다 비용이 늘어나는 일이다. 만들고 지키기는 힘들고, 처음에는 인정받지 못할 수도 있지만, 제품 미학을 완성하려면 견지할 부분이다. 그래야 고객도 감동한다. 사용자들이 다시 찾고 소문을 낼 때, 그 보상은 몇 곱절로 돌아올 수 있다. 처음부터 끝까지 지키는 통일된 컨셉과 품질이 중요한 이유다.

제품 개발은
감성 개발이다

◆

엔지니어들이 제품을 개발하는 예도 적지 않다. 엔지니어들은 메커니즘 이해도는 높지만, 감성에 대한 이해도는 낮다. 그런데 특이한 사람들이 있다. 공학박사 학위를 가진 공대 교수가 작곡을 하는 예도 있고, 심지어 싱어송라이터인 공학박사도 있다. 아인슈타인이나 슈바이처 박사는 음악가로도 유명하다. 그런데 이들은 엔지니어링에 대한 접근방식도 남다르다. 거기에서도 감성적인 부분을 찾아내는 것이다. 사실 엔지니어링의 끝에는 감성이 있다. 주변의 모든 건축물은 엔지니어링의 최종 결과물이다. 그런데 우리는 건축물을 평가할 때도 감성적으로 한다. 공학적 토대나 기술은 관심 밖의 일로 치부된다. 최종 평가는 그냥 그 건축물이 '아름답더라' 또는 '멋있더라'다. 세계 최고 수준의 엔지니어링에 기반한 건축물이라 해도 그 끝엔 감성만이 남는 것이다. 다시 말해 감성을 자극하지 못하는 엔지니어링은 실패한 엔지니어링이 되는 것이다.

제품 개발도 건축물과 다르지 않다. 엔지니어링의 관점으로만 보고 접근하면 사용자의 감성을 자극할 수 없다. 당연히 판매나 수익에도 불리하게 작용한다. 실제로 최고의 엔지니어링은 사용자를 만족시킬 만큼 아름답고 감성적이다. 창공을 멋지게 질주하는 새들의 날갯짓이나 아름답게 날아가는 곤충의 모습은 최고 엔지니어링의 산물이다. 생체역학, 유체역학, 구조역학들의 결합물인 것이다. 자연에는 가장 자연스러우면서도 엄청난 엔지니어링 기반이 존재한다. 자연모방 공학 분야가 새롭게 각광받는 이유다. 최고의 수준에 도달하면, 자연스러울 뿐만 아니라, 감성적이기도 하며 사용자를 만족시킬 수 있는 법이다. 결국, 제품 개발도 최종적으로는 사용자가 느끼는 자연스러움에 도전하는 일이다.

오래 사용해도 불편하거나 성능이 떨어지면 안 된다. 사용할 때마다 만족감을 주고 부족함이 없도록 해서 마치 사용자의 일부인 것처럼 만들어야 한다. 그렇게 제품을 개발하려면 프로세스도 달라져야 하고, 그 결과물 또한 달라져야 한다. 제품 개발의 최종 평가는 엔지니어링 수준에 달린 게 아니다. 사용자를 만족시키는 감성 수준에 있다고 할 수밖에 없다. 아무리 공학적으로 좋은 것이라고 우겨도 실제 사용자의 만족감을 줄 수 없다면 결국 실패한 개발이다. 감성적으로 성공한 제품은 우길 필요가 없다. 사용자 스스로 자각해 자연스럽게 받아들인다.

그럼 어떻게 하면 이런 감성 개발이 가능할까? 출발은 바로 사용자 눈높이에 있다. 사실 모든 공학적인 기술이 완비되어 있다면 걱정할 게 없다. 뭐든 가능하다. 하지만 현실은 그렇지 않다. 기술개발이 이루어져야 하는 분야가 너무 많다. 현재의 최고 기술도 10년 후면 낡은 기술이 되고 만다. 그러니 기술의 완비란 있을 수 없는 일이다. 다만 현재 사용할 수 있는 적정 기술이 존재할 뿐이다. 모든 제품은 가용 기술을 기반으로 시작해야 하기에 항상 부족함을 느낄 수밖에 없다. 하지만 사용자의 눈높이에만 맞으면 기술의 수준 여하는 중요치 않다. 감성 개발에 집중하면 된다. 즉 사용자의 눈높이를 파악, 그에 맞는 적정 기술을 찾아 사용 가능한지를 판단하면 되는 것이다. 그럼 충분히 성공적인 감성 개발을 이룰 수 있다. 한편, 사용자의 눈높이를 너무 높게 잡아도 문제가 된다. 비용이 과도해지고 기술개발 기간이 길어질 수 있기 때문이다. 사용자의 눈높이를 너무 낮게 잡아도 문제다. 사용자들의 불평·불만이 늘테고, 당연히 판매를 기대할 수 없다. 적정 기술과 사용자 눈높이를 판단하는 능력이 바로 개발자가 가져야 할 가장 중요한 덕목이다.

또 하나 중요한 것은 오감을 자극하는 스토리 구조를 가져야 한다는 점이다. 제품에 적용된 다양한 디자인에 스토리가 담겨야 사용자들이 감성적으로 받아들인다. 일종의 상징코드라도 나름의 스토리를 지녀야 한다. 중국인은 빨간색을 좋아한다. 하지만 한국인에게는 선호도가 떨어지는 색상이다. 색상을 선택하고 기호 하나를 붙이더라도 그 속에 이유를 담아야 한다. 이를 설명하여 사용자들의 공감을 얻는다면 감성 개발에 성공한 것이다. 제품 디자인 또는 장식 하나라도 스토리가 있어야 한다. 이유와 근거 그리고 스토리가 있다면, 사용자들이 제품을 바라보는 느낌이나 시각이 달라진다. 비록 성능은 약간 떨어져도 좋게 받아들이는 것이다. 화석원료 사용을 줄이기 위해 원재료에 재활용 플라스틱을 혼합했다고 치자. 이를 제품에 표기하고 그 이유를 자세히 설명해 두는 게 좋다. 사용자가 그것을 사용하다가 문제가 생겨도 원인과 상관없이, 환경을 보호하기 위해 재활용한 플라스틱 때문에 생긴 일이라고 생각할 수도 있다. 즉 제품 제조자에게 불만을 품지 않는다. 이미 그런 취지에 동의하고 선택했기 때문이다. 하지만 아무런 표기가 없다면 순수한 의도마저 매도당할 수 있다. 폐플라스틱을 사용한 불량제품이라고 항의할 것이다. 그저 원가 부담이나 덜려고 저질 원료를 사용한 엉터리 제품으로 전락하기 십상이다. 즉 스토리 유무에 따라 사용자의 대응 방식이 완전히 바뀔 수 있는 것이다. 어떤 방식이든 스토리를 만들 수 있다. 다만 어떤 스토리가 더 강력한 메시지가 될는지는 고심해야 한다. 분명한 것은 제품을 개발할 때는 늘 스토리를 염두에 둬야 한다는 점이다.

마지막으로 중요한 건 미학적 접근이다. 제품에서의 미학은 보기 좋고, 써보니 좋고, 오랫동안 사용해도 질리지 않는 것을 의미한다. 엔지니어링이 미학적 수준으로 갈 수 있을 때 빛이 난다. 그리고 진정 오랫동안 남게 된다. 스페인의 유명한 건축가 가우디는 건축 공학적으로도 미학적으로도 최고의 건축물을 많이 디자인했다. 특히 사망할 때까지 40여 년이나 설계와 건축에 몰두한 '사그라다 파밀리아 성당' 건축은 가우디 건축의 백미로 꼽히는 역작이다. 아직도 건축 중이다. 그 스스로 이 성당의 완공에는 200년 이상의 세월이 걸릴 것으로 생각했다고 한다. 얼마나 난해하고 까다로운 건축인지 능히 짐작할 수 있는 대목이다. 현재까지 건축 중인 이유이기도 하다. 공학적인 부분이 더 정교해지고 좋아지기를 기다려 가며 건축을 하고 있다. 완성도를 높이는 방편이다. 분명 미학적인 접근에 기반을 두고 공학이 이를 뒷받침하는 방식이다. 제품 개발도 미학의 기준이 명확하면 때를 기다려 가면서 완성도를 높여도 된다. 사실 그럴 정도의 미학적 기준도 없이 제품 개발만 서두르는 게 더 문제일 수 있다. 미학의 기준이 높으면 분명 어려움이 존재한다. 0.3㎜ 두께의 플라스틱 사출이 안 되는데, 미학적으로 필요하다고 이를 요구하면 난항을 겪을 수밖에 없다. 새로운 설비나 기술이 필요하다. 대부분 비용과 기술의 한계에 직면하게 된다. 그런 벽에 부딪힐 때, 어떻게 이를 극복하는가에 따라서 최종적으로는, 전혀 새로운 형태의 제품이 탄생하는 것이다. 아이폰도 이 벽을 넘었기에 세상을 바꾸는 새로운 제품이 되었다. 바로 알루미늄 테두리가 그런 벽을 극복한 기술이었다. 이제는 별로 대단한 게 아닐지 모르지만, 개발 당시에는 하나의 벽을 뛰어넘는 훌륭한 기술이었다. 그 벽을 넘었기에 지금과 같은 아이폰만의 독특한 모습을 갖춘 것이다. 제품 개발은 분명 감성 개발을 통해 완성되고, 그런 제품은 성공할 수 있다. 사용자의 눈높이와 스토리, 그리고 미학적 기준을 근거로 할 때 분명 이 세상에 없는 제품을 만들어 낼 수 있을 것이다. 이 땅엔 그런 감각을 지닌 엔지니어들이 많이 필요하다.

샘플 제작은
간단치 않은 작업이다

◆

샘플 제작은 생각보다 쉽지 않다. 디자이너가 설계를 잘해도 샘플이 제대로 나오지 않으면 그 결실을 볼 수가 없다. 이때 필요한 게 장인의 손길이다. 디자이너의 생각과 장인의 손이 만나야 제대로 된 제품이 나온다. 물론 제품 양산과는 별개 얘기다. 순화과정, 즉 최적화와 상업화 단계를 거쳐야 한다. 그렇더라도 샘플 제작 단계의 목표는 최고의 샘플을 만드는 데 두어야 한다. 디자이너와 장인의 노력으로 최고의 제품에 도달하고 그것이 최고의 미학적 기준이 될 수 있게 만드는 게 핵심이다. 따라서 어떤 방법 어떤 재료로 만들든, 이는 중요하지 않다. 핵심은 바로 최고의 샘플을 만드는 데 있기 때문이다. 최고의 샘플을 만들어 내면 이 제품이 대량생산으로 갈 수 있을지 없을지가 결정된다. 때에 따라 한두 샘플을 만들고 말 수도 있다. 하지만 만들어져야 평가 여부나 가능성도 결정된다.

샘플 제작에는 사전에 결정해야 할 것들이 많다. 세세하게 점검하지 않으면 샘플이 엉망이 되기 쉽다. 디자이너가 샘플 만드는 장인들을 신경 쓴다거나, 오랫동안 함께 손발을 맞춰가며 팀워크를 다져온 사람들을 중심으로 샘플실을 따로 운용하는 이유도 여기에 있다. 사소한 부분 하나하나가 샘플 만들 때 중요하게 작용한다. 샘플 제작에 필요한 자재나 부품, 또는 몰드들은 생각보다 비싸다. 실수든 착오든, 큰 비용을 쓰면서 만드는 샘플에 문제가 생긴다면, 이를 되돌리는 데는 비용과 시간 낭비가 커질 수밖에 없다. 샘플 제작 프로세스가 그만큼 중요하다. 점검하고 또 점검하고 신중에 신중을 기해야 한다.

샘플은 두 종류로 나뉜다. 하나는 컨셉 샘플이고, 또 하나는 양산용 샘플이다. 양산용 샘플을 때로는 세일즈 샘플이라고도 한다. 컨셉 샘플은 주로 디자이너가 만든 설계도에 따라 처음 만드는 샘플을 말한다. 바람직하진 않지만, 비용을 감수하면서 두세 차례 수정을 거치는 경우도 있다. 컨셉 샘플을 만드는 동안에는 디자이너가 만든 설계도의 실현 가능성을 검토하게 된다. 새로운 기술이나 자재, 또는 방법에 대한 연구를 중심에 놓고 진행하기 때문에 기술적인 부분에 대한 고려가 많다. 이후 나름대로 거른다거나, 전적으로 새로운 시도를 해보거나 하면서 샘플을 만든다. 이때는 극한까지 가볼 필요도 있다. 동원 가능한 기술 수준을 최대한 끌어올려 만들어 봐야 한다. 그렇게 만들어진 샘플이 판단의 잣대가 된다. 분기점을 가르는 척도가 될 수 있다. 제품의 시장 가능성을 판별하는 기준이 되는 것이다. 만일 판단이 안 서면 계속 샘플을 만들어 보는 수밖에 없다. 이런 과정을 거치면서 가능성이 열려야 그다음 단계인 양산 샘플로 넘어가는 것이다.

양산 샘플은 출시 시기와 기본 스펙, 그리고 가격대 등등을 어느 정도 계획하고 만드는 샘플이다. 제품에 자신이 있는 경우가 아니라면, 이런 것들을 충분히 계획하고 여러 가지를 고려해야 한다. 그렇다고 이것이 최종 샘플은 아니다. 이 샘플을 놓고 마케팅 담당자와 함께 마지막 점검 기회를 갖는 게 좋다. 판매 및 마진 예측도 하면서 시장성을 면밀히 검토하는 것이다. 상업화 과정의 일환이다.

하지만 이 샘플이 없으면 다음 단계로 넘어가지 못한다. 또 하나, 양산 샘플에서 중요시해야 할 건 시각적 디자인 요소다. 이때부터 취향이 반영되기 때문이다. 대상이 되는 국가나 사용자에 따라 취향이 다르므로 문양, 장식, 색상들을 이에 부합하게 결정해야 한다. 이는 마케팅 담당자나 거래처 사람들에 의해 결정되는 예가 많다. 그 판단 기준이 사용자, 즉 고객의 취향으로 넘어가는 것이다. 제품 미학을 수용자 기준으로 살펴봐야 한다. 제품 미학은 만드는 측보다는 사용자가 어떻게 느끼는지가 중요하기 때문이다.

시간이 가장 많이 소요되는 것도 샘플 제작 과정이다. 새로운 자재, 신기술이 필요하다면 더 큰 어려움을 겪기 마련이다. 원재료부터 기술과 공정에 이르기까지, 모든 게 개발되기를 기다려야 하는 때도 있다. 시간과 비용을 줄이고, 어떻게 효율적으로 만드느냐에 따라 제품의 승패가 좌우되기도 한다. 쉽게 가려 하면 평범해지고, 고도의 기술을 접목하려 하면 그만큼 난관이 따른다. 제품 디자이너가 마케팅과 기술을 알아야 하는 게 이 때문이다. 기업에 따라서는 프로젝트 매니저를 두기도 한다. 모든 판단을 제품 디자이너에게 맡길 수 없어서다. 하지만 프로젝트 매니저는 대부분 마케팅을 담당했거나 제품 디자이너 출신일 가능성이 크다. 그래야 판단을 정확히 할 수 있기 때문이다.

제품 디자이너는 최고의 디자인과 느낌을 창출해야 하는데, 그 결과물이 샘플이다. 그래서 샘플 만들기가 쉽지 않다. 샘플은 기업의 수준을 판단하는 구실도 한다. 샘플만 봐도 제품 디자이너와 엔지니어들의 능력과 기술 수준을 파악할 수 있다. 현재 시점에서 어디까지가 한계이고, 어디까지 극복 가능한지를 고찰하고 이를 밝힐 필요가 있다. 하여간 샘플만은 열과 성을 다해 최고로 만들어야 한다. 그래야 제품 디자이너가 원하는 제품 미학을 완성할 수 있다.

제품 미학을 확장하는 데는 품질 항상성이 중요하다

◆

제품은 가만히 있지 않는다. 단종이 되기 전까지는 계속 변한다. 현대자동차의 히트 상품이라고 할 만한 승용차, 소나타를 살펴보자. 이 차는 생산연도마다 구조나 품질, 그리고 디자인이 다르다. 조금이라도 바뀐다. 어딘가는 계속 개선되고 좋아지기도 하고, 때로는 실패를 겪는다. 소나타의 예가 아니라도, 단종되기 전까지 계속 바뀌는 게 제품이다. 사용자의 욕구 때문이다. 제품을 변화시키는 힘으로 작용한다. 욕구는 크게 세 가지다. 저렴한 가격, 높은 가치, 좋은 품질에 대한 욕구다. 이에 따라 제품이 바뀐다. 어떤 제품이라도 이 세 가지 욕구에서 벗어날 수는 없다. 그중에서 특히 품질에 대해 분석해볼 필요가 있겠다.

품질은 제품이 가지고 있는 항상성이다. 항상성이란 제품이 설계된 대로 만들어져야 한다는 걸 뜻한다. 여기엔 품질 저하를 막아야 하는 것도 있고, 품질 수준을 높여 가는 과정도 있다. 더 중요한 건 품질 저하를 막는 일이다. 실제 제품을 생산하기 시작하면 다양한 요인에 의해서 품질이 떨어질 수 있다. 가장 실수가 많이 야기되는 곳은 생산 공정 부분이다. 대부분의 품질 불량이 여기서 발생한다. 품질 관리에 의해 불량제품이 걸러지기도 한다. 하지만 걸러 내는 능력이 없으면 품질을 유지할 수 없다. 품질을 확인하고 불량품을 골라내는 능력도 기술이다. 막연히 생산라인을 지켜보고 있다고 해서 불량품을 거를 수 있는 게 아니다. 육안으로 확인 안 되는 것도 많다. 불량을 분석해 내는 기술이 따라야 한다. 또 한가지, 기본 원자재의 품질 관리도 중요하다. 품질을 유지하는 바탕이다. 아무리 생산 공정 관리를 잘하더라도 원자재 자체에 문제가 있으면 품질 유지는 불가능하다. 그러므로 원재료부터 품질 관리가 되어야 한다. 품질 수준을 유지하는 것은 사용자와의 약속이고 신뢰의 원천이다.

품질 수준을 높이는 일도 소홀할 순 없다. 품질 수준은 양산에 진입하면서 결정된다. 사실 양산 시작단계에서 완벽한 상태를 기대하긴 쉽지 않다. 사용자들이 문제없이 받아들일 수 있는 수준으로 생산을 시작한다. 본격 생산에 돌입하면서 설비도 좋아지고 공정도 표준화되면서 품질 수준이 높아지는 것이다. 초기 생산과는 다른, 더 좋은 제품이 만들어질 가능성이 크다. 대량 생산이 가지는 효과 중 중요한 대목의 하나다. 품질 개선이 지속될수록 사용자들의 만족도도 향상되기 마련이다. 제품 불량률도 줄어 수익도 더 많이 창출할 수 있게 된다. 이때는 제품도 좋다. 그래서 자동차의 경우, 그 모델이 출시된 지 3년 정도 지났을 때가 품질이 가장 좋다고 한다. 그사이 공정오류나 품질 문제들이 해결되었기 때문이다.

제품 미학의 완성은 품질에 의해 결정된다. 명품은 불량품이 없다. 명품이 되기 위해서는 불량률 제로에 도전해야 한다. 그런 의지가 있어야 한다. 불량품이 유통되면 그 파급력은 상상을 초월한다. 타격이 클 수밖에 없다. 아무리 좋은 설계, 완벽한 디자인이라도 불량품이 유통되면 아무런 의미가 없다. 명품은 100만 개 중 몇 개 정도로 불량률이 낮다. 그래야 명품이라고 할 수 있다. 품질도 제품 미학의 기반이다. 이 역시 하늘에서 뚝 떨어지는 게 아니다. 준비하고 연구하고 진정으로 불량률과 싸울 태세를 갖출 때라야 가능한 일이다. 개발자의 불량품에 대한 눈높이부터 달라져야 한다. 그 지점에서 출발해야 한다. 제품 개발자의 눈높이만큼 품질 수준도 제품 미학 수준도 따라가기 마련이다. 만들어 놓고 비교해 보면 그 차이가 바로 보인다.

패키지도
제품 미학이다

◆

제품 미학의 완성은 패키지에서 기대할 수도 있다. 사용자가 처음 받아보는 순간의 이미지는 제품 패키지에서 출발한다. 고급 제품 일수록 패키지 디자인에 많은 노력을 쏟는다. 그만큼 제품에 대한 첫인상을 결정짓는 역할로 중요하기 때문이다. 무조건 비싼 패키지가 좋은 게 아니다. 과포장은 오히려 더 나쁜 경험을 초래할 수 있다. 패키지는 제품의 성격에 맞아야 한다. 친환경을 내세우곤 과대 포장을 했다면 제품 이미지마저 훼손될 수밖에 없다. 그러기에 제품 패키지는 제품 디자인 철학과 맞아야 하고, 제품 미학으로도 확장되어야 한다.

사용해 본 패키지 중에 독일산 캔디를 담아두는 양철통이 있었다. 이 양철통의 뚜껑은 몸체와 너무나 잘 맞아서 밀폐성도 뛰어났다. 그런데 더 특별한 건 뚜껑을 닫을 때의 묘미다. 가만히 올려 두어도 스르륵 닫히는 것이었다. 천천히 눈이 내려앉듯이 닫히는 것이다. 그렇다고 그 캔디의 가격이 비싼 것도 아니다. 캔디 한 통의 가격은 3,000원이고, 그 양철통의 가격은 500원 이내일 것이다. 그 양철통의 뚜껑을 여닫으면서 패키지에 대한 희열을 느꼈다. 그것만으로도 만족감이 들었다. 심심할 때면 괜히 열었다 닫으면서 그 느낌을 즐기는 것이다. 손끝에 느껴지는 감각이 감동적이기까지 했다.

그냥 손으로 쓰다듬어 보기만 해도 만족하게 되는 패키지도 많다. 그런 패키지 디자인이 좋은 디자인이다. 눈으로 보는 것뿐 아니라 손으로 만져서도 느껴지는 그런 감각이 좋다. 그런 패키지를 보고 느끼는 것만으로도 감동스러운 것이다. 그런 패키지 디자인을 만나기란 쉽지 않다. 제품 디자인을 제대로 마무리하는 데 집중하지 않아서 그렇다. 그게 비용문제라고 변명하지만 그렇지 않다. 비용문제가 아니라, 생각의 문제이고 디자인 철학의 문제이다. 신경 쓴 패키지 디자인일수록 그만큼 감동스럽게 다가온다. 정성을 쏟은 만큼 느껴지는 게 패키지다.

패키지 디자인의 성공 여부는 언박싱에서 드러난다. 즉 포장을 풀어볼 때다. 포장을 풀어보는 과정은 제품을 느끼는 과정이다. 그 과정을 통해 제품의 첫인상이 결정된다. 마치 맞선을 보는 것과 같다. 포장을 푸는 과정을 유튜브 동영상으로 많이 볼 수 있는데, 그런 동영상은 제품을 어떻게 느끼는지 잘 보여준다. 포장을 푸는 과정 자체가 일종의 UXUser Experience(사용자 경험) 디자인이다. 따라서 이런 부분에 제품 디자인 철학이 반영되어 있다면 포장을 푸는 과정이 즐겁기 마련이다. 하지만 그런 고려 없이 기능적으로만 이루어진 경우는 포장을 풀면서 제품에 대한 기대마저 사라지기도 한다. 패키지 디자인은 결국 물건을 받아 박스를 푸는, 그 과정에서 느끼는 경험 디자인이다. 그러니 어떻게 디자인되어 있는가에 따라 감동이 완전히 달라진다. 제품 미학의 측면에서 보면 패키지도 미학이다.

예술 미학과 제품 미학

당신은 그림을 보고 울고,
나는 제품을 보고 느낀다

　예술 미학과 제품 미학은 관점 자체가 다르다. 미학이라는 말이 붙어 있어 비슷하게 느낄 수 있다. 하지만 철학적 출발이 다르다. 예술 미학은 형이상학의 관점에서 출발한다. 예술 미학이 궁극적으로 추구하는 건 예술품 속에 담긴 미의 실체이다. 이 미의 실체는 마치 완전한 원을 찾는 것과 같다. 원이 이론적으로는 둥글다. 그 원을 미학의 대상으로 삼는다. 제품 미학 혹은 생활 미학에서 추구하는 본질은 감각이다. 어찌 보면 형이하학적 감각일 수 있다. 느끼는 것이 바로 미학인 셈이다. 그 속에 완전함이란 없다. 제품 미학에서 추구하는 절대미는 없다. 감각하는 그 자체를 진실로 인정하는 것이다.

　예술 미학은 그 예술품을 감상할 수 있는 사람을 기준으로 한다.

예술품이란 사실 쉽게 느낄 수 있는 대상은 아니다. 예술품을 제대로 감상하기 위해서는 예술 철학과 그 감상법을 배우지 않으면 안 된다. 쉽지 않다. 예술 미학책을 보면 어려운 말 투성이다. 예술 미학적 접근이란 대중적 접근이 아니다. 하지만 제품 미학은 그런 공부가 필요한 미학이 아니다. 사용해 보면서 느낄 수 있는 미학이다. 사용해서 만족하고 감동하면 된다. 감각한다는 건 상당히 어려운 경험 과정이다. 그런 감각을 통해 감동한다는 것은 그만큼 더 어렵다. 제품 미학은 결국 사용자의 오감의 감동이 목적이다. 절대미를 추구하는 게 아니라, 철저히 감각하는 것을 추구한다. 사용 경험을 가장 중요시하는 것이다. 경험한 것이 철학인 것이다.

그렇다고 예술 미학과 제품 미학이 완전히 동떨어진 건 아니다. 예술 미학도 감각적 작동원리를 가지고 있다. 예술품을 감상하는 행위 자체가 감각 활동인 것이다. 그러니 이 부분에서는 제품 미학과도 연결점이 있다. 감각이란 인식의 문제다. 원효 대사가 목이 말라 들이켠 물에서 느낀 청량감과 해골 물인 걸 알고 나서 느끼는 구토 사이에는 인식의 차이만이 존재한다. 감각의 인식 차이로부터 비롯된 것이다. 제품이든 예술품이든 어떻게 바라보는가에 따라서 감각의 작동원리가 달라진다. 하지만 분명한 건 예술품과 제품을 느끼는 감각 과정에서 닮은 점이 많다는 것이다. 따라서 예술 미학과 제품 미학은 완전히 다른 게 아니라, 감각 경로는 같다는 사실을 알고 넘어가야 한다. 바로 오감을 통해서다.

작품이냐 제품이냐
그것이 문제로다

◆

제품 디자인을 하는 사람들은 새로운 것을 만들어 세상에 내보내고 싶어 한다. 그리고 세상 사람들에게 인정을 받고 팔리기를 원한다. 더 나아가 많이 팔리고 지속적으로 확대되기를 원한다. 이와는 달리 예술은 하나의 작품밖에 없다. 사진이나 영화, 또는 문학작품이 대량으로 소비될 수도 있지만, 작품 자체는 하나다. 예술은 오로지 하나의 작품으로만 남는다. 업데이트되거나 수정되는 게 아니라, 그냥 하나만 존재한다. 그런데 그게 복제되는 순간, 그것은 예술품이 아니라 상품이 된다. 그때부터 그 가치는 예술품으로 평가되는 게 아니라, 상품으로 평가된다. 하지만 예술품으로만 존재하는 것과 상품으로 바뀔 수 있는 것에는 분명한 차이가 있다. 바로 대중성 유무다. 즉 대중들이 좋아하고 이해하기 쉽고 느낄 만한 뭔가를 가졌는지 여부다. 그게 없다면 예술품이 상품으로 바뀌지 않는다. 사실 예술품은 대중성을 기반으로 하지 않고, 오히려 탈대중적이다. 다시 말해 대중 속에 있는 게 아니라, 대중들이 접근하지 못하는 곳에 있다. 누구나 좋아하는 예술은 어쩌면 예술이 아니고 상품이다. 예술은 작가의 정신이다. 누구나 작가의 정신을 이해할 수 있다면 그 예술가의 수준이 낮거나, 아니면 의도적으로 예술가가 상품화시킨 것이다. 예술은 절대로 대중에게 친근하지 않다.

비록 많이 팔 수 없어서 돈을 벌지도 못하고, 예술가를 고독하게 만들긴 해도, 예술은 그 정신과 권위를 인정받는다. 후대에는 위대한 명성도 같이 얻는다. 제품 디자이너의 처지에서는 예술가가 부러울 수 있다. 유명해지고 싶고, 어쩌면 예술가로 평가받고 싶어 할지도 모른다. 하지만 길이 다르다. 제품 디자이너가 가야 할 길은 대중적이다. 같은 행위를 하더라도 방향이 다르면 그 결과도 다르다. 굳이 같은 길을 고집하는 디자이너라면, 아마 후대에는 좋은 평가를 받을 수 있을지는 몰라도, 그 시대에는 힘들다. 그리고 예술가적 삶을 살아야 한다. 인정받지 못할 수도 돈을 제대로 벌지 못할 수도 있다. 이상한 사람으로 치부될 수도 있다. 온갖 어려움을 극복해가면서 디자이너가 아닌 예술가의 길을 가야 할 뿐이다. 성공한 예술가의 지위와 성공한 디자이너의 지위를 동시에 가지고 싶어 하는 것은 욕심이다. 설사 그런 평가를 받는다 해도 그것은 아부에 지나지 않는다. 길이 다르면 경유지도 종착지도 다르다. 다른 길을 놓고 같은 길이라 우기면 둘 중 하나다. 물정 모르는 바보이거나 자기도취에 빠진 사람이다.

그런데 제품 디자이너는 예술가적 기질 또는 예술성을 자신의 디자인 속에 담고 싶어 한다. 예술이 가진 울림이 있기 때문이다. 예술적 감동이 있기 때문에 그 감동을 누리고 싶어 한다. 많이 팔아야 하는 상품이라 해서 감동을 얻는 데 문제가 있는 건 아니다. 사용자와 제품의 교감이 제대로 실현된다면 감동이 생긴다. 제품 디자이너는 그걸 포착해야 한다. 사용자가 감동할 수 있는 요소가 무엇인지 찾아내고, 그것을 제품에 담아야 하는 것이다. 그러면 제품 미학도 발현된다. 제품 미학은 예술 작품을 만들라는 게 아니다. 제품 속에 감동을 불러오는 그 무엇을 담아 내는 것이다. 생산 과정 속에서 본질이 변형되지만 않는다면, 제품 디자이너의 의도가 고스란히 사용자에게 전달된다. 감동 요소가 무엇인지 찾아내고, 어떻게 하면 그런 감동을 재현할 수 있는지 탐구하는 게 제품 미학이다.

제품 디자이너에게는 예술 작품을 남기고 싶은 욕구가 분명히 있다. 단 하나뿐인 제품을 만들고, 단 하나뿐인 사용자의 감동을 자아 내게 하고 싶어 할 것이다. 엄청난 개발비에도 불구하고, 시제품만 하나 달랑 만들거나, 대량 생산은커녕 즉시 생산을 중단하는 제품도 있다. 그런데 그것이 예술품 수준이라는 평가를 받기도 한다. 제품이라는 외피만 둘렀을 뿐, 실상은 예술품이나 진배없다. 단지 제품과 같은 개발과정을 거쳤을 뿐이다. 이런 제품을 제품 디자이너라면 누구나 꿈꾼다. 단 하나만으로 자신이 생각하는 모든 것을 창조해 내고 싶기 때문이다. 분명 이런 제품 디자인도 그 나름의 역할이 있다. 새로운 제품 디자인의 세계로 인도하는 가이드가 되기 때문이다. 그때는 성공적이지 못했어도 이후 수많은 사람이 따라 하고 응용하는 제품 디자인이 되기도 한다. 제품 디자인 역사에 길이 남을 제품이 되기도 하지만, 그렇다고 상품이 된다는 보장은 없다. 지나치게 창조적일수록 그만큼 사용자가 받아들이기 힘들 수도 있기 때문이다. 히트 상품은 시대와 함께 탄생한다. 당대의 사용자 요구에 보조를 맞추어서 출시된다. 하지만 당대의 히트 상품이 나중에 보면 참 어이없는 것들도 많다. 예술품은 시대를 초월한다. 제품과 예술품이 다른 이유다.

제품 디자이너에게 예술은 아예 꿈도 꾸지 말라는 얘기가 아니다. 오히려 예술을 권장한다. 스스로 미적 감각을 높이기 위해 예술 활동을 하면 된다. 히트 상품을 만드는 제품 디자인을 하면서 예술품을 만들려 하지는 말아야 한다는 뜻이다. 예술의 감각과 깊이를 더하는 것은 제품 미학을 높여 주는 일이기도 하다. 충분히 훈련된 예술 감각이 필요하다. 제품 디자이너에게 필요한 건 예술품 자체가 아니다. 예술 감각이 제품 디자인에 스며들게 하는 능력을 갖춘 제품 디자이너가 제품 미학을 높은 수준으로 끌어올릴 수 있다. 제품이 예술품을 앞설 수는 없다. 제품은 예술의 그림자를 따라가야 한다. 같은 정도는 아니어도 그만치 쫓아갈 수는 있다. 제품과 예술의 간격이 그리 크지는 않다. 하나의 목표를 가지고 있기 때문이다. 예술이 예술을 이해하는 사람들을 감동시키기 위한 것이라면, 제품은 사용자 모두를 감동시켜야 하는, 그 역할이 다를 뿐이다. 다만 제품도 그 깊이가 깊을수록 사람들은 그것을 예술의 경지에 올랐다고 말하는 데 주저하지 않을 것이다. 그때 우리는 제품 미학이 완성되었다고 판단하는 것이다.

기준이 다르면
느끼는 것도 다르다

◆

예술 미학에 대한 관점은 몇 차례 변화의 과정을 거쳤다. 하지만 중요한 분기점이 된 것은 낭만주의 예술이 등장했던 시기이다. 이때 낭만주의 예술 미학은 인간의 감성에 초점이 맞추어졌다. 즉 감각하는 것에 초점을 맞추니 인간이 느끼는 오감에 대해서 보다 깊은 생각을 하게 된 것이다. 이전에는 예술이 절대적인 미를 완성하는 것에 초점이 맞춰져 있었다. 그것은 신의 영역이기도, 신이 투영된 모습이기도 했다. 예술은 신의 형상을 드러내는 목적으로 사용되었다. 초기 원시시대부터 신이라는 절대적인 존재에 대한 제사나 강림 또는 찬양의 도구로 예술이 사용되었기 때문에 완전한 미, 즉 신의 미학을 중요한 관점으로 제시했다. 이를 인간의 관점으로 내려놓는 과정에서 탄생한 게 바로 낭만주의 예술이다.

낭만주의 예술의 관점은 간단하다. 바로 인간의 감각에 근거한 황홀함이다. 즉 감동이다. 이점은 그전에 추구했던, 고전주의적인 관점인 미의 균형이나 질서와는 완전히 다르다. 신의 질서라는 이름으로 인간의 감정을 지배했던 주류적 시각을 뒤집는 예술 관점이었다. 그렇다고 낭만주의가 모든 영역을 지배한 건 아니다. 하나의 관점으로 새롭게 등장한 것뿐이다. 낭만주의는 인간 중심의 감각에 근거한다. 예술 미학의 중심에 지배 질서가 아닌, 인간의 자리가 만들어진 건 18세기 말부터 나타난 낭만주의의 결과다. 예술 미학이 신의 미학에서 인간의 미학으로도 확장된 것이다.

이에 반해 제품 미학은 그 출발 자체가 인간의 미학이다. 철저하게 인간의 감각에 의존한다. 오감이 느끼는 미학을 기반으로 하고 있다. 제품은 사물이다. 사물에 대해서 느끼는 것은 현재화된 실체다. 신의 이야기가 아니다. 이미 존재하는 것에 대한 이해가 아니고, 그것으로부터 느끼는 감각으로부터 시작된다. 출발이 인간의 감각이기 때문에 신의 질서는 의미가 없다. 오랫동안 논의되었던 예술 미학의 완전미, 절대미의 문제가 제품 미학에서는 등장하지 않는다. 인간이 느끼는 것이 미학인 셈이다. 느끼고 감동하고, 그 감동을 전달하는 과정이 미학이다. 이는 바로 생존의 문제다. 다만 그 시기에 따라 역할이 바뀌는 경향을 보였을 뿐이다.

제품 미학의 근거가 되는 제품의 속성은 발전단계에 따라 세 가지로 구분된다. 첫째는 생존 필수품이다. 이는 없으면 안 되는 것이고, 이 속에는 절대적인 필요성에 의한 감각만이 존재하다. 안경이 없던 시절에 안경이라는 새로운 제품이 등장했다고 치자. 품질의 좋고 나쁨, 디자인에 대한 고려가 있을 리 없다. 그것을 사용할 수 있는가 없는가만이 중요해진다. 이 단계에서 제품 미학의 관점은 범용적 감각, 즉 다양한 쓰임새를 통해 느끼는 게 전부다. 둘째는 계급적 차별 속성이다. 이는 제품 사용자의 특성과 관련된 문제다. 제품을 귀족이나 상류층이 쓰느냐, 아니면 하층계급이 쓰는가에 대한 문제다. 이때의 관점은 얼마나 많은 노력이나 비용을 들여서 계급적 차별성을 드러낼 수 있는가에 포커스가 맞춰진다. 목적자체가 인간의 감각에 있는 게 아니라, 계급적 차별화에 있다. 지금보면 이상한 형태이지만, 그때는 불가피했던 사회적 현상이다. 셋째는 최근에 두드러진, 사용자 중심의 욕구이다. 사용자들이 세분되고, 세분된 욕구를 중심으로 얼마나 그 욕구에 맞는 제품인가를기준으로 한다. 감각하는 실체의 존재에 대한 물음에서 시작된다.누가 무엇 때문에 어떻게 사용해서 어떤 감각의 경험을 할 것인가가 핵심 관점이다.

분명한 것은 예술 미학도 인간의 감각에 중심을 두는 관점으로발전해 왔다는 점이다. 하지만 수없이 많은 관점을 두루 가지고 있는 게 예술 미학이라면, 제품 미학의 관점은 출발부터 명확하다. 바로 인간 중심, 경험 중심, 오감 중심이라는 사실이다. 이 점에서 예술 미학의 관점으로 바라보는 사람들의 시각은 곱지 않다. 너무 수준 낮은 게 아니냐는 태도를 보인다. 예술을 하는 사람의 입장에서는 그것은 기술이지 미학이 아니라고 본다. 미학의 기준을 완전미의 관점으로 바라보던 고전주의 전통을 이어 오고 있기 때문이다.이 점에서 제품 미학과 예술 미학의 갈림길이 존재한다. 미학은 대상을 바라보는 관점의 다양한 경로일 뿐이다. 어느 하나가 완전히 맞다고 하는 것도, 틀렸다고 하는 것도 말이 안 된다. 그저 하나의 관점 또는 시각이 있을 뿐이다. 제품 미학의 인간 중심 관점은 하나의 관점이다. 그러나 제품 미학에서는 가장 중요한 관점이라 할 수 있다.

제품 미학과 예술 미학의
동일성과 차이

◆

제품 미학과 예술 미학의 출발이 되는 공통점은 황금비율이다. 이 황금비율은 제품 미학에서도 중요한 지표가 되고 예술 미학에서도 중요한 기준이 된다. 황금비율이 맞지 않는다고 예술품의 가치가 떨어지는 것도 아니고, 제품의 수준이 낮은 것도 아니다. 하지만 황금비율은 일종의 컨셉을 만들어 내는 출발점이 된다. 황금비율이 중요한 이유는 그것이 진화의 산물이기 때문이다. 인간이 생존하는 데 필요한 가치 기준으로 황금비율이 필요했던 것이다. 즉 사물이 존재하는 방식을 어떻게 바라볼 것인지를 놓고 그 기준을 찾아낸 것이 황금비율이다. 그 비율에 대응하는 인간의 본능적 심리가 작동한다는 의미다.

대표적으로 사례를 드는 것이 허리와 엉덩이 비율이다. 이 비율에 의하면 황금비를 이루는 경우는 임신하지 않는 여성이고 그렇지 못하면 임신을 했다는 것이다. 즉 진화 심리학적으로 보면 황금 비율의 허리와 엉덩이을 가진 여성은 남성들로부터 훨씬 매력적으로 보이게 된다는 의미가 된다.

또 한 가지 중요한 제품 미학과 예술 미학의 공통점은 바로 대칭이다. 좌우 대칭은 일종의 균형을 의미한다. 그런 균형은 진화 심리학적으로, 대상을 바라볼 때 느끼는 편안함의 기준이 된다. 균형은 불균형보다 편안함을 주기에 균형에 대한 선호도가 훨씬 높다. 그렇다고 모든 예술이 균형을 맞춰야 한다는 의미는 아니다. 다만 인간이 느끼는 감각의 본질상 균형에 대해서는 안정감을 느낀다는 사실에 주목해야 한다. 진화 심리학에서 이런 균형감을 느끼는 근본 원인으로 꼽는 것은 바로 신체의 균형이다. 균형이 맞는 사람은 장애가 없는 것이고, 균형에 어긋나면 장애가 있다고 판단하기에 균형감이 없는 대상은 짝짓기 대상에서 멀어졌다는 것이다. 즉 매력이 없다는 것이다. 그런 잠재적인 이유가 균형을 바라보는 안정감의 바탕이 된 것으로 본다. 이런 원리는 제품 미학에도 예술 미학에도 적용될 수밖에 없다.

하지만 제품 미학과 예술 미학의 차이는 분명하게 존재한다. 첫째, 예술 미학은 예술가로부터 시작되지만, 제품 미학은 사용자로부터 시작된다. 아무리 제품 디자이너가 스스로 만족해도 사용자의 만족감을 충족하지 못했다면 그건 제품 미학의 완성도가 떨어진다는 의미다. 예술 미학은 예술가가 만들어 내는 그만의 세상이기 때문에 어떻게 만들든 그 세계는 존재한다. 다만 새로운 예술 작품의 세계에 열광하는 사람들만 느낄 뿐이다. 그렇지 못한 사람들에게 예술 작품이 친절할 이유는 없다. 예술가는 자신만의 작품 세계를 이해하는 사람을 기다릴 뿐이다.

둘째, 판매되는 가격을 형성하는 기준이 다르다. 예술품의 가격은 대개 작가가 매긴다. 그 가격으로 유통이 되거나 말거나 한다. 물론 예술품 경매장에서 가격이 매겨지기도 한다. 하지만 예술품은 기본적으로 희소성과 원형성을 토대로 가격이 매겨진다. 즉 가치를 평가하는 기준이 다르다. 그러니 그 근간이 되는 미학의 기준도 다르다. 제품은 원가와 사용자가 구매하고자 하는 가격에 의해서 결정된다. 제품 미학이 사용 가치와 사회적 가치를 평가하는 기준으로 작동한다면, 예술 미학은 작품 속에 담긴 작가의 예술 가치와 역사적 가치를 평가하게 해주는 것이다. 평가 기준이 다르니 제품 미학과 예술 미학의 출발점 자체가 다르게 인식되는 것이다.

작가나 디자이너에게 보다 더 좋은 작품이나 제품을 창작해 낼 수 있는 사고방식을 훈련하게 만드는 게 제품 미학과 예술 미학의 첫 번째 역할이다. 그리고, 만들어진 작품에 대한 평가, 또는 제품을 사용하면서 느끼는 만족감을 알아보는 잣대를 제공하는 게 두 번째 역할이다. 제품 미학과 예술 미학은 비슷해 보이지만 바라보는 관점이 다르기에 전혀 다른 이야기를 할 수 있다. 궁극적으로는 둘 다 인간의 감각을 다룬다는 측면에서는 동일한 주제로 이야기를 한다. 존재보다 감각이 우선한다고 표현할 수 있다.

미술은 관점의 미학이고, 제품은 경험의 미학이다

◆

미술 작품을 보면 많이들 미학적으로 해석을 한다. 미술에 대한 시각이 달라진 것이다. 바로 미술을 관점의 미학으로 보는 시각이다. 어떻게 바라보는가에 따라서 미학적 가치가 달라진다. 과거의 역사를 보면, 이는 두 가지 측면에서 드러난 현상이다. 첫째, 사진의 등장이다. 과거 그림에 대한 미학 기준은 형상화나 재현에 초점을 맞추었다. 그러기 위해 다양한 도구들을 사용한 것이 미술의 발전 과정이었다. 다양한 미술의 기법도 이로 인해서 탄생한 것이다. 하지만 사진의 등장으로 상황이 달라졌다. 사진보다 더 재현을 잘할 수가 없었다. 따라서 사진을 넘어서는 미적 기준을 만들지 않으면 안 되었다. 둘째, 물리적 현상을 파헤치면서 우리가 바라보는 세계가 빛의 반사에 의해 재현된다는 사실을 알기 시작한 것이다. 결국, 영원히 존재한다는 개념보다는 모든 걸 찰나의 순간으로 보는 경향까지 생겨났다. 그로 인해 전혀 다른 접근법들이 꿈틀대기 시작했다. 과거에는 당연하게 인식되던 것들을 다시 분해하고, 해체하고, 혹은 새롭게 들여다보기 시작한 것이다.

미술의 근대적 발전은 관점의 발전을 통해 이루어졌다. 어떻게 바라보아야 하는지가 가장 중요한 문제로 등장한 것이다. 여러 관점이 모여 특정 흐름을 형성하는 미술사상이 되었다. 다양한 관점의 대립이 사조로 나타나고, 수많은 논쟁이 벌어졌다. 미학적 관점의 차이에서 비롯된 일이었다. 관점에 따라 아름다움을 해석하는 것도 달라진다. 미술에 대한 해석이 관점의 미학으로 바뀐 것도 근대에 들어서면서다. 사물을 바라보는 각도나 색상, 분해 또는 재조립의 과정을 거치면서 최종적으로는 개념 그 자체가 미술이 되는 단계까지 왔다. 사실을 묘사하는 능력이 중요했던 시절은 가고, 이제는 어떤 개념을 어떻게 새로 만들어 내는가가 중요해진 시대다. 많은 미술가가 혼란스러워했다. 화가의 능력을 평가하는 잣대가 달라졌다. 사실에 대한 묘사 능력보다는 새로운 관점, 즉 미학적 관점을 어떻게 구축해 낼 수 있는가가 그 척도였다. 뛰어난 화가는 남들이 보지 못한 관점을 찾아내고 이를 작품에 담아낼 수 있는 사람으로, 정의조차 바뀌었다. 마치 물리학자가 자연 속에 담긴 물리 법칙을 공식화해내듯이, 화가들은 사물 속에 내재한 미학적 관점을 먼저 찾아내야 했다.

반면 제품은 다르다. 제품은 보는 것과는 다르다. 아무리 아름답게 색상이 매칭되고, 디자인이 잘 돼 있다 해도 한번 사용해봐야 진가가 드러난다. 평가 기준이 완전히 다른 것이다. 예술은 오로지 하나의 작품으로 끝나지만, 제품은 그렇지 않다. 제품은 무한한 복제를 전제로 하고, 수없이 많은 사람이 사용할 것을 전제한다. 사용이 전제되어 있기에 사용자의 평가가 기준이 된다. 사실 사용자의 관점도 변해왔다. 세 가지 측면에서 차이가 난다. 미술에서 나타난 양상과 비슷하다. 첫째는 생존 필수품의 관점이다. 이는 제품의 미학을 논할 이유가 없다. 그저 생존을 위해 사용해야만 하는, 절박한 순간이라 최소의 욕구라도 충족되면 그것으로 충분했다. 그런 제품 대부분은 같은 기능의 유사 제품이 존재하지 않을 때 등장한 것들이다. 절대적인 필요 때문에 만들어진 것이라 미학의 관점이 필요 없었다. 존재가 바로 미학이었다.

두 번째는 공급이 잠재 수요까지 충족하지 못해 선택 범위가 제한적일 때의 관점이다. 이때는 선호도나 인지도에 의해 구매가 결정된다. 그 차별성도 그렇게 크지 않다. 선택의 여지가 없기 때문에 미학이니 철학이니 거론할 필요가 없었다. 적어도 기본 기능과 가격이 맞는 정도라면 만족하는 단계다. 본질적인 미적 기준이 아닌 현상적으로 드러난 것만을 갖고 이야기한다. 따라서 이때 제품의 미학을 논하면 아주 기능 중심으로 빠지기 쉽다. 다만 생필품과는 달리, 이 단계에 이르면 선택의 확장이나 추가적인 잠재 욕구에 대한 것은 기대치가 높았다.

  하지만 셋째 단계가 되면 완전히 달라진다. 셋째는 바로 사용 경험의 관점이다. 이때는 선택의 범위가 무한대로 확장된다. 사용자의 욕구도 무한대로 확장되는 것이다. 이것이 모든 제품에 적용되는 기준이 된다. 사용평가에 따라서 제품의 존립 여부도 결정되고, 선택의 범위나 확장, 축소 여부도 결정된다. 제품 미학에 대한 논의가 필요한 것도 이 단계에 이르러서다. 제품 미학은 미적 기준의 극한에 있는 것이다. 기본적인 성능이나 필요에는 미학적 관점이 필요 없다. 하지만 이 단계에서는 미학적 관점이 제품의 수준을 결정하게 된다. 미학적 깊이가 깊으면 깊을수록 좋은 제품으로 인정받고, 지속적으로 확장·발전하면서 만들어 낸 사람도 평가를 받게된다. 물론 개발 단계부터 제대로 되어 있지 않으면 과정 중에 도태되고 만다. 결국, 사용자 경험을 만족시켜야 제대로 된 제품으로 인정받게 되는 것이다.

  미술이 관점의 미학으로 평가받기까지 오랜 미술사적 변화가 있었듯이, 제품도 경험 기준으로 평가를 받기까지 오랜 시간이 걸렸다. 현대화 단계가 진행될수록 그 경험 평가 욕구는 강화되었다. 경험치가 분명해야 제품 미학이 완성된다. 품질과 성능, 디자인 또는 색상, 문화적 요소의 반영 등등, 이 모든 것을 기준으로 경험 평가를 하게 되어 있다. 그러니 하나의 관점으로 평가한다는 건 불가능하다. 하지만 각각의 사용자는 자신의 경험을 기준으로 삼는다. 모든 사람을 만족시킬 순 없다. 그래도 제품을 개발하는 사람이라면 대다수 사람이 만족할 만한 미학을 추구해야 한다. 미술의 관점이나 제품의 경험 평가는 분명 가장 현대적인 미학의 기준이 된다. 물론 시간이 흐르면 또 다른 미학적 기준이 등장할지도 모른다. 하지만 현재는 그렇다. 경험이 미학의 기준이 되었다.

제품 미학은 사용자를 지향하고 예술 미학은 관객을 지향한다

◆

지향이라는 말은 가리키는 방향을 뜻한다. 즉 누구의 눈높이로 문제를 바라보느냐의 척도를 제시한다. '제품은 사용자를 지향한다'는 말은 제품을 사용자의 관점으로 평가한다는 의미와 동일한 개념이다. 예술이 관객을 지향한다는 것도 관객의 눈높이에 맞춰 예술이 창작되고 구현된다는 의미다. 지향점이 분명하다는 것은 좋은 의미일 수도 있고 나쁜 의미일 수도 있다. 목적이나 목표가 분명해서 결과를 만들어 내기 좋다는 측면에서는 좋은 거고, 그 이상의 사고확장이 불가능할 수 있다는 뜻을 내포하므로 나쁜 의미를 띤다. 따라서 지향한다는 뜻은 관점을 가지고 바라보되 그 정도의 수준으로 평가를 한다는 의미도 된다.

제품이 지향하는 것과 제품 미학이 지향하는 바는 다르다. 제품은 가치적 의미와 사용적 의미를 동시에 추구해야 한다면, 제품 미학은 제품이 가지는 미학적 의미만 추구한다는 점이 다르다. 제품 미학이 사용자를 지향한다는 말은 사용자의 미학적 관점만 본다는 의미다. 그 이상의 가격 또는 가치적 요소를 보는 게 아니라, 철저하게 사용자가 사용하고 느끼는 감동 또는 만족감만을 보고자 한다. 그것만 지향하는 것이다. 그래서 때로는 가격적 요소는 고려하지 않는다. 하지만 제품만 놓고 보면 다르다. 제품은 가격과 기능을 가진 외적 존재다.

예술과 예술 미학도 동일한 조건으로 비교가 된다. 즉 예술이 작가의 만드는 행위와 관객들의 수용행위 그리고 예술의 본질적인 개념을 함께 추구한다면, 예술 미학의 관점은 작가주의적이거나 관객 또는 관람자 중심의 수용 미학적 관점으로 대별된다. 그렇다고 예술 미학이 추구하는 내용과 형식이 달라지는 건 아니다. 수용 미학적 접근은 작가가 만들어 놓은 내용과 형식의 개념 틀을 어떻게 완벽하게 이해하는가에 달려 있고, 작가주의적 접근은 작가 스스로 내용과 형식의 통일을 어떻게 구현해 낼 수 있는가에 초점이 맞춰져 있는 것이다. 그러나 최근 들어서는 예술 미학의 평가가 작가주의적 개념에서 수용 미학적으로 바뀌고 있다. 결국, 작품을 통해서 느끼는 관객이나 관람객들이 없다면 예술은 존재할 수 없다는 가장 기본적인 전제를 인정하기 때문이다. 예전의 예술은 신에게 종속되어 있었기에 인간은 중요하지 않았다.

제품 미학도 예술 미학도 결국 최종 소비자, 즉 사용자나 관객들의 기준으로 바라봐야 한다는 게 현대 미학의 관점이다. 최종 소비자가 느끼는 감동이 최종 목표가 돼야 한다고 보는 것이다. 그 감동의 가능성을 평가하고, 결과를 평가하는 것이 제품 미학이고 예술 미학이 되어야 한다는 것이다. 현대 미학은 감동을 평가하는 방법론이다.

예술가가 제품 미학을 실현하는 방법

◆

예술가들이 제품 디자이너와 콜라보레이션으로 작업을 하기도 한다. 많은 예술가가 상업적인 성공을 위해 이런 작업을 하고 싶어 한다. 기업 역시 이미지를 개선하고, 광고도 제대로 하고 싶어한다. 그런데 서로 잘 안 된다. 제품 디자인의 핵심을 건드리기보다는 껍데기만 다룬다. 왜일까? 무엇 때문에 그런 일이 벌어질까? 예술가들도 잘하고 싶어 하고 기업들도 마찬가지다. 그런데 이런 시도들이 그렇게 성공적이지 못하다. 근본적으로 그 출발이 다른 각도에서 이루어지기 때문이다. 출발이 다르니 당연히 결과도 다를 수밖에 없다.

첫째, 예술가들의 작업은 사용자를 고려하는 작업이 아니다. 예술가는 자신을 표현하는 데 치중하기 쉽다. 사용자가 중요하지 않다. 그런데도 예술가들은 이런 작업을 갈구한다. 더욱 많은 사람이 자신이 표현하는 것들을 제대로 이해해주기를 바라기 때문이다. 사용자를 고려하지 않으면서 사용자들의 이해를 바란다? 모순이다. 그래서 문제가 생긴다. 실제로 이런 일은 계속 일어난다. 이때의 예술가는 자신의 예술을 위해서 모든 것을 거는 이기적인 사람이다. 그들에게는 사용자들의 욕구가 보이지 않는다. 그러니 기본적인 방향이 틀린 것이다.

둘째, 예술가에게 기대는 기업의 그릇된 태도 때문이다. 실제 기업이 기대하는 것은 예술가들의 명성이나 사회적 영향력이다. 예술가가 나서서 작업한다고 하여 새로운 게 나올 거로 기대하지 않는다. 오로지 예술가의 작업 결과물이 사용된 광고나 이미지에만 관심이 많은 것이다. 특히 이런 과정이 예술을 지원한다는 기업의 이미지를 강화시켜 주는 측면도 있다. 예술가들도 이런 사실을 잘 알기에 기업이 요구하는 수준으로 대응하는 것이다. 그러니 당연히 결과가 좋을 리가 없다.

셋째는 제품 디자이너의 태도 때문이다. 이들과 예술가들은 서로 맞지 않는 성격의 소유자들이다. 예술가에게는 디자인하는 사람들이 하수로 보이고, 디자이너들에게는 예술가들의 요구가 귀찮

게 느껴진다. 그러니 협력이 쉽지 않다. 제품 디자이너는 적당히 둘러대면서 예술가의 요청을 회피할 가능성이 크다. 제품 디자인에 반영되지 않도록 하는 것이다. 그런 태도를 보일 수 있는 건 예술가들이 너무도 제품 디자인에 대해 모르기 때문이다. 제품 디자인 프로세스를 모르니 기업의 결정권자들조차 제품 디자이너의 손을 들어주는 예가 많다. 제품 디자이너는 예술가가 자신의 일을 방해한다고 생각하고, 예술가는 디자이너가 자신을 무시한다고 여기는 일이 생긴다. 그러니 제대로 된 콜라보레이션이 불가능한 것이다.

그러면 어떻게 해야 콜라보레이션이 가능할까? 핵심은 예술가들이 사용자의 관점을 가지는 것이다. 예술가들은 예민하고 감성적인 사람들이다. 오히려 이를 적극 활용하는 것이다. 예술가들의 관점이 제품에 반영되도록 하는 것이다. 그러면 완전히 달라진다. 몇가지 방법을 모색해 볼 수 있다. 첫째, 예술가를 제품 검증에 참여시킨다. 사용자의 관점을 갖게 돕는 일이다. 사용자로서 평가하도록 하고, 사용자의 경험을 공유하게 하면 더 좋다. 즉 예술가의 참여 자체에 방점을 두는 게 아니라, 사용자로서 평가하고 그 결과가 반영되도록 하는 게 중요하다. 예술가들은 일반 사용자들이 보지 못하는 것을 끄집어낼 수 있기 때문이다. 그것을 토대로 그림으로나 작품으로나 문제시되는 부분을 설명하고, 이를 반영하도록 하면 된다.

둘째, 미학적 관점을 제시한다. 미학의 관점이 제품에 어떻게 반영될 수 있는지 예술가에게 제시해 줄 수 있다. 기본적으로 미학적 관점의 논리를 세워주어야 한다. 예술가들에게 제품 미학적 개념들을 설명해 주어야 하는 것이다. 예술가들은 미학과 통하는 사람들이다. 자신이 만든 작품의 미학을 충분히 설명해 낼 수 있는 사람이 예술가로서 영향력이 있는 사람이다. 그런 예술가와 작업해야 새로운 방식으로 제품 미학이 제시될 수 있다. 유명 예술가라고 하여 그런 미학적 관점을 다 가지고 있는 건 아니다. 제품 미학의 관점을 제시할 수 있는 예술가와 협력해야 가능한 일이다.

셋째, 예술가들이 무엇을 하든 그들이 제품을 들고 작업하게 한다. 즉 제품을 소재로 자신의 작업을 할 수 있도록 한다. 제품은 사라질지 모르지만, 예술 작품은 영원히 남는다. 작품이 남는 것으로 오히려 제품이 알려지는 것이다. 현실에서도 제품은 사라지지만 예술은 영원히 남는다. 단 하나의 작품으로 남기 때문에 그 효과는 크다. 앤디 워홀의 작품 중에 그런 예가 있다. 그 제품은 광고도 없이 전 세계에 알려진다. 좋은 예술 작품은 어떤 광고보다도 효과적이기 때문이다.

이런 과정을 통해서 단순한 제품 디자인이 제품 미학의 수준으로 바뀔 수 있다. 이는 제품 이상의 그 무언가가 사용자들에게 만족을 주는 것이다. 바로 미학적인 아름다움을 주는 것이다. 중요한 역할을 예술가들이 할 수 있다. 예술가가 자신의 역할을 제대로 알고, 기업도 그런 사실에 눈뜬다면 상호 협력은 더욱 강화될 수 있다. 분명 예술가들의 작업이 기업들과 협력이 이루어진다면 서로가 좋은 일이다. 기업도 스토리를 만들 수 있고, 제품도 제품 미학적 공백을 메울 수 있다. 예술가들도 성공적인 콜라보레이션을 통해 자신의 예술적 이해와 명성을 드높일 수 있다. 물론 어떤 예술가와 기업이 결합하는가가 핵심이다.

5 제품 미학의 형성 원리

알고 보면 별 것 아닌 것 같은

멋스러움

　제품 미학의 형성 원리를 이해하는 게 필요하다. 다양한 형성 원리가 있지만, 중요한 건 사용자들이 어떻게 오감 체험을 하고 감동할 수 있는가 하는 점이다. 인간이 느끼는 오감 체험은 쉽지 않은 인식 과정이다. 감각은 총체적인 인식 과정이다. 하나의 감각기관만이 아니라, 입체적이고 복합적인 감각의 작동 기제에 의해 이루어진다. 그래서 감각 인식 과정 자체가 어떻게 되어 있는가에 따라 감각의 강도나 감동 정도가 결정된다. 제품 미학의 형성 원리를 이해하는 건 바로 이점을 극대화할 방법을 알아 가는 것과 같다. 이는 제품을 디자인할 때 도움 되기도 하며, 디자인된 제품에 대해 어떻게 평가하고 체험할 수 있는지도 알게 해준다.

　제품을 사용하고 구매하는 모든 사람은 제품을 평가할 수 있는 사람이다. 원리를 모르면 모르는 대로 자신의 느낌으로 평가를 할 것이고, 원리를 알게 된다면 그 기준으로 보다 강하게 느끼는 것과 약하게 느끼는 것들의 차이를 찾아낼 수 있다. 알면 알수록 그 감동의 깊이는 깊고 넓다. 아는 만큼 보이는 게 제품 미학에서도 다르지 않다. 제품 미학이라는 영역 자체가 생소한 분야이기 때문에 그만큼 쉽게 접할 수 있는 건 아니다. 쉬운 것부터 시작해야 한다. 최종적으로는 미학 원리적인 접근이나 철학적 접근이 필요하다. 때로는 심리학적 원리도 추가될 수 있다. 하지만 제품 미학이라는 영역에서 모든 걸 한 번에 해결할 수는 없다. 원리 이해와 체험 또는 오감 인식을 통해서 알아 가는 과정이 필요하다. 깊이 있게 알아 가면 갈수록 제품의 기반을 튼튼하게 만드는 길이 보인다. 사용자든 디자이너든 다 필요한 학습이라고 생각한다.

여백을 선사하라,
기술과 기능을 강조하면 지겹다

◆

한국 미술과 서양 미술 사이에 차이가 두드러지는 지점이 있다. 여백이다. 그 대표적인 예가 수묵화. 서양 미술은 공간을 분할하고 곳곳을 꽉 채워서 의미 있게 만드는 작업이 강조된다. 하지만 동양 미술, 구체적으로 한국 수묵화는 비운 공간을 그대로 둔다. 여백으로 그림을 채우는 것이다. 여백의 미다. 공간을 남겨 두는 걸 서양인들은 이해하기 힘들다. 흰색이라도 칠해야 한다고 본다. 서양의 많은 그림 중에 흰색으로 바탕칠을 하면 했지, 그대로 내버려 두는 경우는 드물다. 여백 그 자체를 그림이라고 생각하지 않기 때문이다. 하지만 한국에서는 다르다. 빈 공간도 자연의 공간이고, 자연과 인간이 합쳐지는 지점에서 새로운 예술이 탄생한다고 보는 게 한국의 예술 관점이다. 그러니 여백이 존재한다. 여백은 바로 여유다.

현대 사회를 피로 사회라고 한다. 피로의 근원은 경쟁이다. 누군가 뒤처져야 하고, 누군가는 죽어야 하는 경쟁이다. 사회가 고도화될수록 경쟁 또한 심화된다. 최고만이 살아남고 1등이 아니면 무시된다. 경쟁에서 낙오하면 도태되고 만다. 씁쓸하기 짝이 없지만, 현실이다. 제품 속에도 경쟁의 문화가 담긴다. 긴장감이 흐르고, 꽉 채워진 제품들이 많이 보인다. 더 많은 기능이 채워져야 뭔가 새로워 보이고, 진보한 기술인 양 인정받는다고 생각한다. 그래서 답답하다. 초고층 아파트에서 느끼는 새장 같은 느낌을 지울 수가 없다. 채워진다고, 고도화된다고, 그것이 사용자가 만족하는 최고의 제품이 되는 건 아니다. 사용자들도 피로 사회에 살고 있다. 그러니 이들도 분명 너무 곽곽한 제품은 싫어한다. 오히려 여유가 있고, 멋스럽고, 필요한 기능만 사용하기 편하게 정리돼 있기를 원하는 것이다. 제품 미학에 담겨야 할 요소다.

먼저, 여유가 있어야 한다. 여유란 다른 것들을 쳐다볼 수 있는, 그런 마음이 생기게 한다는 뜻이다. 다른 제품과 비교해 이 제품이 더 여유롭고 편하게 보여야 한다는 의미다. 너무 기능적이지도 않고 그렇다고 특출나지도 않는다. 하지만 보면 볼수록 나름의 매력을 느끼는 그런 제품을 말한다. 이런 제품들의 공통점은 오랫동안 사랑받아 왔다는 것이다. 기술이 집약된 제품도 아닌데 꾸준히 사랑을 받는다. 알게 모르게 끌리는 여유가 있기 때문이다. 다른 제품에 견줘 기능적으로 약간 떨어져 보이더라도 친근감 있고 부담스럽지 않은 것이다. 사용자 대다수가 최종적으로는 이런 제품을 선택한다. 색상이 화려한 제품이 널려 있어도 마지막으로 택하는 게 검정 제품인 것처럼 말이다.

둘째, 멋스러움이다. 멋스러움이란 그것 자체로 멋스럽다는 뜻이 아니다. 어울림이다. 다른 제품과의 어울림이고 사용자와의 어울림이다. 제품 자체는 좋은데, 막상 사용하려니 다른 제품과 어울리지 않아 부담스러운 것들이 많다. 그럴 때 필요한 게 어울리는 멋스러움이다. 사실 '멋'이란 참 어려운 말이다. 멋이 무엇을 의미하는지, 해석하기에 따라 다르다. 그러니 정의도 어렵고 그것을 제품에 심는 일은 더욱 힘들다. 하지만 분명 멋스러운 것은 어울린다. 멋스럽지 못한 것은 어울리지 않고 동떨어진 느낌을 준다. 왜 그런지 몰라 막연하기 짝이 없지만, 그렇다는 걸 인정할 수밖에 없다. 이 기준을 만들어 내는 사람은 제품 디자이너이다. 제품 디자이너가 그 멋을 찾아서 어울리게 만들어야 한다. 그게 사명이다.

셋째, 기능의 편의성이다. 사용하기 편해야 한다. 제아무리 고도의 기술이 담겼어도 제품을 사용하기 힘들고 기능을 익히는 데 힘이 든다면 소용이 없다. 최근 들어 2G폰이 각광을 받고 있다. 나이든 사람들이 스마트폰을 사용하기에 너무 어려운 기능들이 많다고 한다. 오히려 단순화된 사용법으로 충분히 기능을 활용할 수 있도록 만들어진 제품이 편리한 것이다. 기술과 기능은 사용자들에게 인식되고, 편리하게 사용될 때 의미가 있다. 그래서 단순하지만 편한 기능을 찾는다. 그렇다고 기술 수준이 떨어지는 것을 용납하는 건 아니다. 기술 자체는 높아져야 하고, 사용 편의성이 강화되어 충분히 기능을 사용할 수 있는 제품을 찾는 것이다. 사용자가 편리하게 인식하고 사용하는 것과 기술의 진보는 다르다. 애플이 최고의 제품으로 인정받는 것은 편의성이 강조되어 있어서다. 터치 한두 번으로 작동할 수 있기 때문이다. 그러나 그것을 뒷받침하는 기술은 상당하다. 사용자가 사용하는 순간과 기술은 철저하게 분리되어 있다. 사용자가 어려운 사용법을 익히도록 하지 않는다. 그것이 애플 제품의 매력이다.

이런 세 가지 요소가 제품에 담겨야 한다. 그래야 사용자에게 친숙해진다. 효율과 기능만을 강조하면 오히려 역효과를 부를 수 있다. 좋은 기술이 접목될수록 얼리어댑터들은 열광할지 모른다. 자기만 아는 기능으로 자랑을 할 수도 있다. 하지만 거기까지다. 그들에게 필요한 건 제품 자체가 아니라, 그 속에 업그레이드된 기술이다. 보는 관점이 다른 것이다. 이들의 의견만을 모아보면 착각하기 쉽다. 사용자들의 관점에 맞춰야 한다. 먼저 친근감을 가질 수 있어야 한다. 기술이나 기능 위주의 제품은 부담스러워한다. 오히려 여유가 필요하다. 여백의 미를 강조한 수묵화나 여백이 담긴 백자의 모습을 원한다. 화려한 청자보다 백자가 조선 시대를 관통한 것은 바로 여유 때문이다. 여유로우면 편하고, 모든 것을 담을 수가 있다. 어쩌면 한국의 이런 여유를 담을 때 한국만의 독특한 제품 미학 체계를 구축할 수 있을지도 모른다. 세계화 시대, 꼭 이루어져야 할 제품 미학의 과제다.

제품 미학에서의
유사성과 차별성

◆

같은 용도의 제품을 비교하다 보면 외형적으로 비슷비슷하게 느껴지는 경우가 많다. 비슷하다는 건 다른 제품과의 차별성이 없다는 말이다. 제품이 비슷하게 느껴진다면 그 제품의 제품 미학은 생각도 못 하게 된다. 예술 작품이 복제되거나 표절되었다는 의미와 똑같아져서 제품 미학을 논할 여지도 없게 된다. 제품 디자이너들이 카피하는 순간 표가 나기 마련이다. 그런데 디자이너 자신이 의도치 않게 카피를 할 수가 있다. 어디선가 본 좋은 디자인이 무의식적으로 투영될 수도 있기 때문이다. 그래서 조심해야 한다. 카피하지 않고 나름의 차별성을 가지기 위해서는 나름의 절차와 원칙에 따라 제품을 디자인하는 게 옳다.

첫째, 핵심 기능 컨셉을 찾아내고 그것을 개선하는 것이다. 사실 이 세상에 새로운 발명이란 없다. 많은 학자의 연구에 따르면, 모든 발명이나 기술은 이미 자연 속에 있다고 한다. 그것을 발견하고 응용하면서 새로운 기술들이 만들어지는 것이다. 여기서 핵심 기능 컨셉을 찾아내는 대상이 중요하다. 그 대상이 자연에 존재하면 문제가 없다. 인간이어도 문제는 없다. 하지만 다른 디자이너가 만든 제품에 주목하는 순간, 카피의 유혹에서 벗어나기란 쉽지 않아진다. 좋은 제품은 들여다보면 볼수록 카피하고 싶은 생각에 사로잡힌다. 따라서 아예 처음부터 자세를 가다듬을 필요가 있다. 단지 참고자료를 본다는 마음가짐이다. 그 컨셉을 만든 디자이너의 사고방식을 배우는 건 좋다. 제품이 아니라 사고를 배우는 게 더 유용하고, 카피도 피할 방법이다. 제품의 기능보다는 그 제품을 만들어낼 수밖에 없었던 환경을 분석하는 게 더 중요하다. 그럼 새로운 제품의 기능을 창출해낼 힘이 생긴다. 제품의 기능을 카피하는 순간, 많은 경우 그 제품이 가지고 있는 단점도 같이 카피된다는 걸 꼭 명심해야 한다.

둘째, 이미지 카피는 금물이다. 기능은 사용해봐야 알 수 있지만, 이미지 카피는 바로 표가 난다. 눈에 익으면 따라 하게 되는 게 인간의 시지각이다. 그래서 알게 모르게 따라 하는 예가 많다. 사실 과거에는 외국 제품들의 이미지를 갖고 와 그대로 국내 시장에 론칭하는 일이 비일비재했다. 무언가 새로워 보였기 때문에 의미가 있다고 생각했다. 하지만 오리지널이 있는 건 결국 다 드러나기 마련이다. 요즘과 같이 인터넷과 SNS가 발달한 상황에서 모방이나 유사품은 설 자리가 없다고 생각해야 한다. 최근 들어 빅데이터 시장의 중요한 흐름 중 하나가 바로 이미지 검색이다. 특정 이미지를 검색하면 쉽게 그와 유사한 이미지를 찾아 준다. 이런 서비스가 이미 포털 사이트에서도 등장했다. 빅데이터 활용까지 원활해지면 유사 디자인마저 검색이 가능해지는 것이다. 해외 어디에 있든, 유사

이미지를 찾아내고 그것과 유사한 정도까지 비교해 주는 순간, 그 디자이너는 고개를 숙일 수밖에 없을 것이다. 그런 시대가 이미 눈앞에 와있다. 기존 방식의 짜집기식 이미지 창조로는 안 된다. 스스로 만들어 내는 훈련을 하지 않으면 완전히 무너지는 길밖에 없다.

셋째, 전시 또는 상황적 유사성도 극복해야 한다. 제품은 분명 차별적이고 독자적인 디자인을 갖췄더라도 외생변수에 의해 빛을 잃는 경우가 있다. 제품이 출시되고, 전시되고, 소개되는 과정이 유사할 때 벌어지는 일이다. 사람의 인식 구조 안에는 전체 공간과 시간의 유사성을 일치시키려는 경향이 있다. 같은 공간에 놓인 다른 제품들을 두고 인식을 평가해 보면, 그런 조건에서는 두 제품의 유사성을 찾지 차별성을 찾으려고 하지 않는다. 여러 브랜드 제품들을 함께 모아놓은 편집숍 같은 델 가보면 쉽게 깨닫게 된다. 서로 다르게 디자인되고 전혀 다른 컨셉으로 만들어진 제품들이라 해도 그곳에 있는 한 비슷하게 느껴지는 것이다. 그런 이미지가 형성되고 나면 그걸 지우기란 쉽지 않다. 하여간 어떻게 소개되고 어떻게 전시되는가에 따라 유사성과 차별성을 인식하는 사용자의 지각은 완전히 달라지는 것이다. 왜 제품의 컨셉부터 최종적으로 제품의 소개에 이르는 전 과정이 일괄 디자인되지 않으면 안 되는지, 그 이유가 분명해지는 대목이다. 소규모업체가 이렇게 하기는 어렵다. 그래서 작은 브랜드는 주로 디자이너의 문화적인 이미지로 접근하는 예가 많다. 디자이너의 생활과 결부시켜 그의 삶의 방식이 사용자들에게 전해지도록 하는 것이다. 디자이너 혼자만의 독특한 세계이기에 유사성이란 애당초 존재하지 않는다. 하지만 브랜드업체라면 늘 유의해야 한다. 디자이너 혼자의 작업이 아니기에 정말 제대로 된 전체 디자인 계획이 있지 않으면, 언제라도 모방이나 유사성의 유혹에 빠질 수 있다. 그런 것을 막아 주는 핵심 디렉터로 요즘은 CCOChief Creative Officer를 두기도 한다. 즉 크리에이티브 책임자가 이런 최종 역할을 담당한다. 다른 대형브랜드와의 차별성을 지켜 주는 보루가 되는 것이다. 그 사람의 수준이 회사의 제품 미학 수준을 결정하기도 한다.

제품 미학에서 유사성이 발견되면, 그 기업의 미학적 수준은 거의 바닥으로 떨어진 거나 진배없다. 새로운 형태로 차별성을 가진 독창적인 제품 미학을 만들어 내야만 생존이 보장된다. 그런데 쉽지 않은 문제다. 한국의 제품 디자인 교육에는 맹점이 있다. 기능주의적 접근을 중시한다. 너무 쉽게 카피의 유혹에 사로잡힐 수밖에 없다. 그 뿌리는 디자인에 대한 가치를 낮게 평가하는 데 있다. 디자인의 중요성을 도외시하고 원가를 낮추는 데만 급급하니 당연히 유사한 것들에 시선을 두게 된다. 한국도 달라져야 한다. 제품 생산 규모도 유통하는 규모는 점점 커져 왔다. 과거부터 지금까지, 모방이나 차용이 세계 시장에서도 통했을 수 있지만, 이제는 아니다. 디자인 비용으로 100을 쓰면 최종적인 마케팅 규모의 확장은 그 100배의 효과를 볼 수가 있다. 디자인 비용을 줄이고 싼 것만 찾다

간 경쟁력을 갉아먹게 된다. 그런 수준의 디자이너들이 양산되면, 제품도 경쟁력도 그 수준을 벗어날 수 없다. 기업도 디자인에 대한 가치를 깨닫고, 제품 디자이너들도 매너리즘에서 벗어나 창조적인 디자인으로 제품 미학을 완성해야 살아남을 수 있다. 대다수가 카피나 하면서 연명하더라도, 독창적인 제품 미학을 완성해 내는 디자이너가 10%만이라도 있으면, 바뀐다. 그런 사람이 많아지기만을 기다린다. 디자인이 진정한 미래가치라는 걸 잊지 말아야 한다.

쓸데없는 요소가 없어야
제품 미학이 드러난다

◆

인물 그림을 그리는 사람들이 연구하는 분야가 있다. 그것은 바로 해부학이다. 뼈를 보고 근육을 볼 수 있어야 한다. 인물을 구성하는 기본이 뼈와 근육이기 때문이다. 물론 그것으로 감정을 표현하는 건 아니다. 하지만 감정의 바탕에는 뼈와 근육이 있다. 웃거나 달리거나 분노하더라도, 결국 그 모든 게 뼈와 근육의 바탕 위에 있다. 피부와 살만 보면 이런 근육과 뼈가 보이지 않는다. 하지만 그 기초를 보려면 뼈를 보고 근육을 봐야 한다. 그래야 가장 기본적인 인물에 대한 그림을 그릴 수 있다. 실력 있는 화가일수록 피부와 살 너머의 뼈와 근육을 볼 수 있다. 그래야 바탕이 되는 기초를 다질 수 있는 것이다. 이미 형상화된 인간을 그릴 때는 분명 뼈와 근육을 봐야 한다. 하지만 새로 만들어야 하는 제품은 다르다. 뼈와 근육을 맞추고, 근육의 운동 방향까지 찾아내야 한다.

제품에서의 뼈와 근육은 바로 구조다. 건물로 치면 콘크리트나 철골 구조, 이런 걸 말한다. 제품 구조는 두 가지로 대별된다. 고정구조와 변동구조다. 이 둘의 차이를 알아야 튼실한 제품 구조를 만들어 낼 수 있다. 제품에는 고정구조만 필요한 것도 있고, 변동구조를 필요로 하는 것도 있다. 쓰임새에 따라 다르다. 쓰임새가 동적인 제품은 변동구조가 중요해진다. 대표적인 것이 책상 조명등이다. 각도 조절이 요구된다. 변동구조가 중요할 수밖에 없다. 생각 외로 변동구조가 중요한 제품이 많다. 자전거가 그렇고 자동차도 그렇다. 부분이든 전체든, 움직이는 모든 제품에는 변동구조가 중요하다. 고정된 것으로 보는 책장도 변동구조를 어떻게 가지는가에 따라 제품이 완전히 달라진다. 레일을 깔고 커다란 책장을 움직여 줄줄이 세우는 장치도 있다.

고정구조에도 기본 원리가 존재한다. 바로 역학이다. 보통 정역학이라는 영역이다. 고정돼 있어도 오랫동안 구조를 유지하기 위해서는 하중을 계산해야 한다. 하중을 견디는 소재를 찾고 지속성을 검토해야 한다. 그래야 기능을 유지한다. 정역학적 구조를 해석하지 않고 만든 구조물, 즉 제품은 오래 사용할 수가 없다. 때로는 대단히 위험한 제품이 되기도 한다. 하중과 외부적 충격에 견디는 힘까지 계산해야 한다. 그래야 제대로 고정구조를 유지할 수 있기 때문이다. 고정구조에서 또 하나 고려해야 하는 것은 최적화하는 일이다. 정역학적 만족도를 높이려면 단순화하는 게 좋다. 구조가 복잡하면 제품의 방향성을 잃기 쉽다. 게다가 제품이 가져야 할 미학적 가치마저 훼손할 수 있다. 그래서 최적화에 초점을 맞춰야 한다. 없으면 안 되고, 그렇다고 부가하자니 오히려 방해가 되는, 그 지점이 최적화 지점이다.

변동구조에서는 동역학이 중요해진다. 때로는 유체역학도 고려해야 한다. 자동차 디자인에서 특히 중요시하는 게 유체역학이다. 자동차의 성능과 깊은 연관성이 있기 때문이다. 주행속도에 있어 경제적 효율과 안전성을 동시에 추구하기 위해서는 공기의 유체역학을 계산해야 한다. 움직이는 제품에는 이런 동역학의 원리가 숨어 있다. 움직이는 순간 역학적 변화가 일어나는데, 이를 충분히 고려해야 하는 것이다. 여기에 오류가 있으면, 결국 동역학적 이유로 제품의 성능은 급속도로 떨어지게 된다. 선풍기 날개도 믹서기의 칼날도 그냥 만들어지는 게 아니다. 이 모든 것을 계산하고 연구한 후에야 비로소 그 구조가 결정되는 것이다. 변동구조에서도 추가적으로 고려해야 할 게 있다. 바로 고정구조와의 균형이다. 고정구조 자체로는 문제가 없지만, 변동구가 붙으면서 문제를 일으키는 제품이 많다. 변동구조가 고정구조에 영향을 미치는 것이다. 따라서 변동구조의 최대 변동 폭이 장기적으로도 고정구조에 영향을 미치지 않아야 한다. 예를 들어, 회전자를 지탱하기 위해 모터에는 베어링이 들어있다. 회전속도 기준을 3,000rpm에 맞춘 모터가 50,000rpm의 속도로 돈다면, 베어링이 견디지 못한다. 베어링을 교체하지 않는 한 오래 사용할 수가 없다. 즉 고정구조와 변동구조의 동시적인 해석이 없다면 문제가 생기는 것이다.

구조는 단순할수록 좋다. 고정구조와 변동구조가 최대한 단순하면서도 요구되는 성능을 만족시켜야 한다. 즉 슬림화되고 최적화되어야 한다. 일종의 미니멀리즘이 강조되는 것이다. 쓸데없는 구조물이 부가될수록 더 불편하고 무겁고, 제 기능을 발휘하지 못한다. 구조는 철저하게 심플하면서도 강력하게 디자인해야 한다. 마치 피부와 살 속의 뼈와 근육을 볼 수 있는 화가의 능력처럼 꼭 필요한 뼈와 근육을 제품 속에 심어 넣을 수 있는 그런 디자인 능력이 필요한 것이다. 그럴 때라야 군살 없는 날렵한 모양새를 갖출 수 있다. 거기에 제품 미학의 아름다움이 존재하는 것이다. 제품 미학은 철저히 구조의 아름다움에 기반한다. 구조가 제대로 구축되지 않은 제품은 그 미학적 수준이 낮게 평가된다. 이유는 바로 기능의 문제 때문이다. 사용을 통해 기능을 검증 하기 때문에 구조가 중요한 것이다. 예술 작품과 제품이 다른 이유다. 예술 작품은 다양한 경로로 구조화되고 해석되기도 한다. 제품 미학에서는 구조에 대한 명확한 기능해석 없이는 가치를 인정받을 수 없다. 사용을 통해서 오랫동안 검증되는 게 제품이다. 구조는 단순하고 강력해야 한다. 그게 제품 미학의 기초다.

제품 미학은 내용과 형식이 통일될 때 완성된다

◆

뚱뚱한 사람이 멋진 옷을 원한다면 어떤 옷을 추천하는 게 옳을까? 멋진 모델이 입고 있는 옷? 90kg의 체중을 엄청 감량해야 입을 수 있을 것 같은데도? 아니면 빅사이즈 옷 전문가게에서 파는 옷을 추천해야 할까? 어려운 문제다. 먼저 그런 요청을 한 사람의 옷을 봐야 한다. 그는 자신이 입은 옷보다는 좀 더 좋은 모습으로 비추어지기를 원할 테고, 더 좋은 디자인과 피팅이 맞는 옷을 원할 것이다. 즉 기준의 출발점은 사용자의 욕망에 있다. 최소한 그 욕망은 충족되어야 할 것이다. 그 욕망을 뛰어넘는, 더 새로운 옷을 입게 된다면 감동할 수도 있다. 실제 사용자는 경험하지 못하면 알지 못한다. 막연한 욕망만 있을 뿐이지 그 이상이 없다. 욕망 너머에 있을 그 무엇을 제시해 주는 게 제품 디자이너의 일이다.

사용자의 욕망에 기초한 내용과 디자이너의 형식이 결합할 때 제품 미학이 완성된다. 어느 것 하나 소홀할 수 없다. 제품의 용도부터 살펴야 한다. 그다음 제품 용도에 맞춰 크게 세 가지를 고려해야 한다. 이는 욕망의 밑바탕을 이루는 내용이기도 하다. 의자의 예를 들어보자. 첫째는 기본 성능이다. 적어도 그 제품의 생명력을 유지하는 데 요구되는 최소한의 성능을 말한다. 높이를 가진 의자가 되기 위해서는 좌판을 통으로 지지하거나, 세 군데 이상의 지지점이 있어야 한다. 좌판과 지지대가 기본이다. 이럴 때 우리는 의자라고 부를 수 있다. 둘째는 사용자의 편의성이다. 사용자가 구입 후 즉시 사용할 수 있어야 한다. 또한, 앉았는데 부서진다든지, 앉을 수 없을 정도로 작다든지, 좌판이 기울어진다든지 하는 예는 사용자의 편의성을 무시한 것이다. 편의성을 위해 등받이나 이동을 위한 부속품이 고안될 수도 있다. 셋째로는 제품의 특징이다. 이 의자의 특수성을 말한다. 교정용 의자인지 사무용 의자인지, 이를 구분 짓는 특징이 필요하다. 제품을 구성할 때는 내용 부분을 충실히 정리하고, 이것이 디자이너에게 전달되거나 이해가 되어야 한다.

제품 형식의 출발지점은 디자이너의 감각이다. 표현하고 싶은 그 무언가를 디자인하는 것이다. 분명 들어가야 하는 내용을 참조한다. 하지만 그것으로 그치는 게 아니다. 디자이너가 자신만의 감각을 동원해 제품으로 형상화할 때 형식이 완성되는 것이다. 형식도 세 가지로 대별된다. 첫째는 구조다. 구조란 가장 기본적인 내용을 담아내는 틀을 말한다. 내용을 구조로 형상화해 내는 것은 어려운 작업이다. 하지만 고기 정형사가 뼈를 발라내듯이 내용 중에서 필요한 구조를 발라내야 한다. 둘째는 장식이다. 구조가 만들어지면 부수적인 장식을 붙여야 한다. 이때의 장식은 항상 내용을 보완하는 요소를 지녀야 한다. 의자가 고급스러워야 한다면 가죽을 사용하는 등의 방법이 이에 해당한다. 셋째는 이미지인데, 주로 시각적인 부분을 정리하는 것이다. 색상이나 터치, 마감처리 등과 같은 것이다. 이런 형식을 갖추게 되면 제품의 외형이 나타난다.

마침내 내용과 형식의 통일을 보게 된다. 이는 내용이 외화되어 형식이 되고, 형식의 틀 안에 내용이 맞춰졌다는 뜻이다. 사실 이 말은 이해가 어려울 수 있지만, 실제 그렇다. 몸에 영양분이 많아지면 살이 찐다. 그러다 뼈의 구조가 바뀌기도 한다. 하지만 한계에 달하면 더는 영양분을 몸에 저축할 수 없게 되기도 하는데, 그때가 되면 자연스럽게 더는 살이 찌지 않는다. 게다가 그 상황으로 끝나는 게 아니라, 다음 세대로 넘어가면 큰 체형의 자손이 태어나게 된다. 내용과 형식이 동시에 변하는 게 아니라, 중심이 어디에서 시작하는가에 따라서 달라진다. 내용이 채워지면 형식의 변화를 촉발하고, 형식의 틀이 잡히면 내용이 채워지는 것이다. 이 둘의 관계는 상호 보완적이지만 상호 대립적이기도 하다. 따라서 그 상황에서 어느 측면이 중심인가에 따라서 달라진다. 제품 미학에서도 이 대목이 중요하다. 내용과 형식의 통일이 중요하지만, 그 순간에는 어느 한 주도적인 측면이 있다는 것이다.

제품 미학의 발현은 충실한 내용과 그것을 제대로 담아내는 형식에 의해 이루어진다. 무엇이 더 중요한지는 논하기 어렵다. 평가는 최종적으로 두 개념이 결합된 제품에 달렸기 때문이다. 내용과 형식은 동떨어져 있는 게 아니다. 동전의 양면처럼 불가분의 관계에 있다. 하지만 어느 한쪽이 심하게 부실하면 그 부실한 측면이 보인다. 그때는 제품의 미학적 가치가 떨어지는 것이다. 제품 미학은 내용과 형식의 틀에 의해 미학적 평가를 받게 되어 있다. 분명한 것은 통일된 균형감이다. 초기에는 안 드러날 수 있다. 한 번에 그치는 게 아니라, 반복적으로 내용과 형식을 맞추어 가면 결국 최고의 균형점을 찾게 되는데, 그때 만들어진 제품이 그 카테고리 제품의 전형이 된다. 마치 시대의 표상처럼 알려지게 되는 것이다. 그 시대의 내용을 형식적으로 가장 맞게 표현한 제품이 되는 것이다. 한번 그렇게 만들어진 제품은 오랫동안 사랑받는다. 이미 미학적으로 검증되었기 때문이다. 제품 미학의 역할이 바로 여기에 있다. 내용과 형식이 통일된, 시대의 전형적인 제품을 만들어 내거나 찾아내는 것이다. 거기에 답이 있다.

제품 미학은 형태, 색상, 개념의 순으로 평가하는 게 좋다

◆

제품의 미학적 평가는 세 가지 평가로 이루어진다. 형태, 색상, 개념에 대한 평가다. 이 세 가지로 통합된 정체성을 평가할 때, 비로소 제대로 평가를 할 수 있다. 하지만 이들은 동일 선상에서 평가되는 게 아니다. 형태, 색상, 개념 순으로 상향 평가를 한다. 이 말은 형태가 기본이 되어야 다음 단계로 색상을 평가받고, 색상 평가 이후에 개념으로 평가를 받는다는 뜻이다. 개념은 가장 마지막 단계에서 논의되는 항목이고, 보다 깊이 숨겨진 평가 요소가 된다.

제품이 만들어지면 가장 먼저 평가되는 항목은 형태이다. 형태는 두 가지로 구분된다. 하나는 그 제품의 목적을 유지하는 구조, 또 하나는 부수적인 장식이다. 제품에는 자체 기능을 수행할 수 있도록 극대화된 구조가 존재한다. 그 구조가 기능을 결정한다. 제품은 기본적으로 기능을 유지할 수 있어야 한다. 만일 기능이 사라진다면, 그 제품은 존재 이유가 없다. 다만 참고할 수 있는 골동품 수준으로 떨어지는 것이다. 그래서 구조가 우선이다. 구조가 좋을수록 기능이 뛰어나다. 가장 중요한 기초는 바로 구조다. 구조에는 다시 그 구조를 보완하는 장식이 붙어 있다. 어쩌면 이런 장식은 필요 없는 것일 수도 있다. 많은 디자이너가 장식을 최소화하려 한다. 하지만 제품을 향유하는 사용자의 성격에 따라 장식이 필요할 때도 불필요할 때도 있다. 구조와 장식이 사용자의 유형에 맞추어 제대로 디자인될 때 그 제품의 기본이 형성되는 것이다. 장식이 많이 붙을수록 여성 취향적이거나 고전적이라 할 수 있고, 장식이 최소화된 것일수록 현대적이고 실용적이라 할 수 있다. 그 제품의 사용자에 맞추어서 구조와 장식의 비율이 결정된다.

두 번째 평가 항목은 색상이다. 색상은 생각 외로 요소가 다양하다. 색상은 크게 두 가지로 구별되는데, 색상 그 자체와 무늬가 그것이다. 또한, 자연상태로 바라볼 것인지, 인공적인 요소를 넣을 것인지도 잣대가 된다. 색상이 들어가기 시작하면 제품에 형태 이상의 무언가가 생긴다. 제품에 감정을 불어넣는 효과가 생기는 지점이다. 색은 그 색이 가지고 있는 고유의 느낌이나 특징이 있다. 이것이 제품에 입혀지면, 제품은 기본적인 모습과는 다른 느낌으로 다가온다. 이때부터 선호도가 갈리게 된다. 제품의 형태와 색상의 조합이 제대로 되면 제품에 대한 매력이 증가된다. 하지만 형태와 색상의 조화가 부적절해지면 그 제품은 퇴출당하기 쉽다. 그래서 구조가 결정된 후 디자이너들이 가장 많이 신경을 쓰는 부분이다. 형태는 주로 엔지니어들에 의해서 결정되기 때문에 구조가 결정된 후에는 디자이너의 역할이 커진다. 장식과 색상 결정은 주로 디자이너가 해야 하는 일인 것이다. 디자이너가 구조를 만들기도 하지만, 그가 엔지니어링 기반을 갖추고 있을 때나 가능한 얘기다. 하여간 색상의 중요한 기준은 바로 사용자의 감성이다. 그 감성에 맞추어 제품에 색상을 입혀야 한다. 잘 맞춰진 색상이 사용자의 감성을 자극한다. 색상은 사용자의 초기 감성을 자극하는 데 가장 효과적인 수단이다.

마지막 평가 항목은 개념이다. 새로운 개념이 출시되었을 때 증폭된다. 신제품이라 해도 대부분 개념을 바꾸기보다는 형태나 색상을 바꿔 리버전하는 경우가 많다. 개념이 바뀌어야 제품 자체가 전적으로 다른 것이 된다. 구조부터 시작해서 전부 바꿔야 한다. 물론 연속적으로 생산하는 제품은 개념을 바꾸는 게 쉽지 않다. 게다가 시기별로 확실하게 바뀌는 경우야 분별이 가능하지만, 조금씩 바뀌면 잘 알지 못한다. 실제 기본적으로 개념을 바꾸었지만 알리지 않는 경우도 있다. 이유는 기존 것에 익숙해진 사용자가 새로운 개념을 거부하기도 하기 때문이다. 하지만 그런 제품도 오래 쓰다 보면 개념이 바뀌었다는 걸 깨닫게 된다. 제품이 근접확장을 통해서 천천히 변해가면, 개념이 바뀌어도 알아보지 못하는 경우가 많다. 개념 변화의 기본은 바로 구조 변화에 있다. 구조의 변화는 언뜻 보아서는 잘 모른다. 바뀐 부분을 구체적으로 설명해주어야 알아채는 경우도 많다. 어쨌든 개념의 변화가 가장 상위에 있다.

제품 미학은 이 세 가지의 평가에 의해 좌우된다. 이 세 가지는 서로 떨어져 있는 게 아니다. 존재하는 모든 제품은 나름의 평가 기준이 있다. 형태가 중요한 제품이 있고, 어떤 제품은 색상이 중요하다. 때로는 개념을 중요하게 평가해야 하는 것도 있다. 제품 미학도 어떤 방식으로 제품을 보는가를 기준으로 삼고 있다. 하지만 이는 제품의 성격마다 다르다. 중요 포인트가 다른 것이 제품의 성격을 의미하기 때문이다. 항상 형태, 색상, 개념의 순으로 평가해 보는 훈련이 제품 미학 평가에 도움을 준다. 단계별로 평가를 하면 보다 구체적으로 제품 미학의 수준이 드러난다.

제품 미학은 기능, 구조,
형태의 통합이다

✦

제품에 중요한 요소가 세 가지 있다. 기능, 구조, 형태다. 기능은 핵심기능과 종속기능으로 나뉘고, 구조는 고정구조와 변동구조로 구분된다. 쉽게 얘기해, 의자의 예로 보면, 편하게 앉을 수 있는 것, 이것이 의자의 핵심기능이다. 등받이가 기울어지는 건 종속기능이다. 핵심기능과 종속기능이 조화를 이뤄야만 좋은 의자로 평가받는다. 구조 구분에 대해서는 앞에서 이미 살펴봤으니 생략하고, 여기서는 기능과의 관계를 논하기로 하겠다. 형태는 구조적 형태와 스타일로 구분된다. 구조적 형태란 기능을 담보한 구조에 꼴이 덧입혀진 것을 말한다. 스타일은 주로 선과 색상에 의해서 만들어지는 이미지를 말한다. 이 세 가지 핵심 요소가 제품을 구성한다. 그래서 이들의 조화가 제품 미학을 구성하는 핵심이 된다.

구조는 기능을 만들어 내는 핵심이다. 그렇기에 먼저 고려해야 하는 게 기능이다. 어떤 기능을 사용자가 체험하게 할 것인가가 중요하다. 사용자는 자신이 목적하는 기능이 있기도 하고, 때로는 한 번도 경험하지 못한 기능도 있다. 느끼지 못하면 이해하지 못하는 기능도 많다. 바둑을 둘 줄 모르면 그 바둑이 어떤 상황인지 모르는 것과 같다. 누가 이기는지 지는지도 모르고, 어디가 위험한지도 모르는 것이다. 하지만 기능을 만들어 낼 때 디자이너는 사용자가 그것을 어떻게 경험할지를 충분히 고려하고 디자인해야 한다. 좋다는 기능을 넣으려고만 하면 안 된다. 목표하는 기능을 사용자가 누릴 수 있게 디자인해야 하는 것이다. 충분히 만족할 만한 성능이나 기능을 부여했지만, 사용자가 모르는 경우가 많다. 너무 복잡한 전자제품이 오히려 외면당하는 것과 같다. 사용자가 원하는 건 단순성이다. 그 단순함으로 모든 게 가능하길 원한다. 이런 마음을 가장 잘 알아차리고 만든 제품이 애플의 휴대폰이다. 단순하게 터치 한두 번으로 작동할 수 있도록 만든 것이다.

기능이 정해지면 구조를 결정해야 한다. 구조는 기능을 표현하기 위한 가장 기초가 되는 부분이다. 기능은 구조로부터 발휘된다. 최상의 상태로 기능을 체험할 수 있는 구조를 만들어 내야 한다. 구조는 내부적인 것이다. 하지만 구조가 제품의 존재 이유를 만든다. 건축물의 골격을 이루는 구조와 다르지 않다. 건축에서는 이 구조에 의해 크기나 층고, 면적, 안전성 등등 기본적인 목적이 드러난다. 아파트나 공장이 되기도 하고 공연장이 되기도 한다. 바로 기능을 표현하기 위해서 구조가 탄생하는 것이다. 하지만 이 구조는 쉽게 드러나면 안 된다. 건물의 구조가 겉으로 드러나면 건축물의 기능에 한계가 있듯이 구조가 드러나면 기능을 제대로 수행하기 어려운 경우가 많다.

구조가 결정되면 형태가 덧붙여진다. 철골에 벽이 붙고 문이 달리고 벽지가 발리는 것처럼 구조 위에 형태가 덧씌워지는 것이다. 구조와 형태는 함께 간다. 구조가 없으면 형태를 만들 수 없고, 형태가 없으면 구조가 의미를 갖지 못한다. 앞에서 말했듯이 형태는 구조적 형태와 스타일로 구분되어 있다. 구조적 형태는 기능을 담보한다. 이로 인해 나름의 기능이 원활하게 발휘되는 것이다. 건물에 어떤 문이 달리는가에 따라 성격이 달라지는 것과 같다. 방화문인지, 나무로 할 것인지, 목적과 소재에 따라 달라진다. 형태에서 더 중요한 건 스타일이다. 스타일은 선과 색으로 형성된다. 선 중심의 디자인과 색상을 중시하는 디자인은 나름의 특징이 있다. 제품 디자인을 선 중심으로 가져갈지, 색 중심으로 정리할지는 디자이너의 성격에 달렸다. 장식적 요소를 다양하게 구사한 화려함을 추구한다면 선 중심의 디자인이 유리할 테고, 미니멀리즘에 기능주의적인 태도를 좋아하는 디자이너라면 색상에 집중하는 경향을 보일 것이다. 디자이너 스타일은 형태를 구성하면서 차별성이 더 두드러진다.

제품 디자인에서는 기능, 구조, 형태가 통일적으로 드러난다. 유기적으로 맞물리면서 그 결과가 최종 제품 디자인으로 나타나고, 제품 미학도 완성되는 것이다. 즉 세 가지 요소가 통합돼 제품 미학이 드러나게 된다. 어느 하나라도 이런 총체적 접근에서 어긋나면 미학의 완성도가 떨어진다. 제품마다 이 세 가지가 배합되는 비율이 다르다. 같은 패션이라도 기능과 구조, 형태의 중요성이 다르게 나타나는 것과 마찬가지다. 이에 따라 디자이너의 역할에서도 차이가 난다. 디자이너가 유념해야 할 것은 세 요소의 균형감이다. 서로 이질적이어서 총체적인 미학적 관점을 상실하는 것도 문제지만, 한쪽으로 치우치는 것도 문제다. 제품의 특징을 제대로 반영하지 못하는 건 물론이고, 강조되지 않아도 되는 부분이 강조되고, 강조되어야 할 부분은 덜 강조되어 총체적인 균형감이 떨어지는 경우도 있다. 그래서 배합 비율을 잘 간파해야 한다. 따라서 제품 디자이너가 자신의 전문 분야를 확보하는 게 좋다. 전문성을 갖춘 제품 디자이너라야 통일성과 균형감으로 제품 미학이 드러나게 하는 데 우위에 설 수 있다.

제품 미학도
재료가 반이다

◆

음식을 만들 때 가장 중요한 게 재료다. 식재료가 어떤가에 따라 맛도 영양도 완전히 달라진다. 나쁜 재료로 맛을 내려면 특별한 가공법이 있어야 한다. 그렇지 않으면 맛을 속일 수밖에 없다. 겉으로는 맛있지만 계속 먹으면 독이 되는 음식이 되는 것이다. 그래서 음식은 재료가 반이다. 재료의 선택이 맛을 좌우하기 때문이다. 제품 미학에서도 재료가 반이다. 어떤 재료를 선택하는가에 따라서 제품이 완전히 바뀐다. 재료가 가진 성질과 질감이 그 결과물에 영향을 미칠 수밖에 없다. 화가가 선택하는 채색재료, 먹이나 물감이 전혀 다른 느낌의 그림을 만들어 내는 것과 같은 이치다. 화폭도 마찬가지다. 캔버스냐 석회벽이냐, 천이냐 종이냐에 따라서도 질감과 느낌이 확연히 달라진다. 이는 컨셉이나 능력과는 별개로, 재료 그 자체가 제품 미학의 바탕이 될 수 있음을 뜻한다.

재료가 반이기 때문에 어떤 기준으로 재료를 선정하는가가 중요해진다. 기준은 크게 세 가지다. 하나는 재료의 목적이다. 둘째는 재료의 물성이다. 셋째는 재료의 디테일이다. 이 기준을 따르되 어느 재료를 택할지는 전적으로 디자이너의 몫이다. 이후 선택한 재료를 잘 활용하는 것도 디자이너의 역량에 달렸다. 재료를 가공하고 변형하고 조립하는 과정을 통해 디자이너가 원하는 이미지와 제품을 만들어 내는 것이다. 사실 디자이너의 작업은 재료에 종속된다. 그래서 디자이너는 자신이 잘 아는 재료를 사용한다. 재료를 통해 디자이너의 성격이 드러나는 것도 이 때문이다.

제품 미학의 재료 선정 기준의 첫째는 바로 재료의 목적이다. 이 재료로 무엇을 만들 것인가 하는 문제다. 자전거를 만들고자 하는데 나무를 선택할 수는 없다. 물론 역사적으로 보면 나무로 자전거를 만든 적이 있다. 초기 자전거는 나무로 만들어졌다. 이후에는 주로 장식용 자전거의 경우에 나무를 사용하기도 했으며, 때로는 부분적으로 나무를 사용해 고전적인 느낌을 주기도 했다. 즉 무엇을 만들고자 하는가에 따라 재료를 선정해야 한다. 기술의 벽을 넘는 방법으로 전혀 엉뚱한 재료를 선택하기도 한다. 자동차를 만드는 데 플라스틱을 선택한 예도 있다. 특별한 물성을 만족시키는 재료 기술이 뒷받침되었기 때문이다. 기존의 재료와 새로운 혁신 재료 사이에서 디자이너가 선택을 해야 한다. 혁신적일 수 있는 재료를 선택하는 게 능사는 아니다. 개발 초기의 재료는 실패의 가능성도 높인다. 그 재료의 특징에 따라 결과가 좌우되기 쉽다.

둘째로는 재료의 물성이다. 재료의 물성을 정확히 알고 사용하는 디자이너는 별로 보지 못했다. 하지만 알아야 한다. 철은 수백 종류가 있다. 우리가 아는 수준을 넘어서는 다양한 종류의 철이 있다. 어느 철 재료가 어떤 용도에 좋은지 알아내기란 쉽지가 않다. 철 소재의 선정은 극한의 조건일 때 달라진다. 간단히 생각해도 철을 깎는 절삭공구에 쓰이는 철은 웬만한 철보다 강해야 한다. 직접 철에 닿는 부분이 적을지라도 특별한 초경합금이 사용되어야 하는 것이다. 이처럼 재료가 목적하는 부위나 특수조건에 따라 필요한 재료의 물성이 다르다. 철을 사용해야 하는 조건이라도 요구되는 물성은 천차만별이다. 물성에 대한 이해가 필요하다. 특히 가혹한 조건을 견뎌야 하는 경우는 더욱 그렇다. 물성은 반복사용을 전제로 필요한 것이다. 재료 선택에 앞서, 물성에 대한 이해부터 시작해야 한다. 재료 불량도 물성 기준으로 걸러내야 한다. 기준 물성을 넘어서면 사용할 수 있지만, 그렇지 않으면 사용할 수 없는 법이다.

셋째로는 재료의 디테일이다. 어쩌면 마감처리라고 하는 게 맞을 지도 모르겠다. 표면의 질감이나 무늬, 또는 재료만의 고유한 특징을 의미한다. 나무엔 옹이가 존재한다. 옹이를 그대로 살려 제품을 만들 수도 있고, 완전히 제거해 사용하기도 한다. 디자이너의 마음이다. 옹이를 살리면 하나밖에 없는 제품이 만들어진다. 그 옹이를 없애면 똑같은 표준품이 될 것이다. 이런 디테일을 디자이너가 선정하고, 살려내기도 하고 죽이기도 해야 한다. 그러면서 재료를 통해 디자이너의 생각이 묻어나는 것이다. 가죽 역시 그렇다. 가죽 표면에는 흠집이 있기 마련이다. 자연에 존재하기에 모든 게 같을 수는 없다. 유럽의 디자이너는 이런 흠집을 자연스럽게 여겨 그것을 살려내려고 한다. 그런데 표준품을 강조하는 한국이나 일본의 경우는 이런 걸 허용하지 않는다. 불량으로 처리하는 것이다. 다양하게 처리된 디테일에 따라서 재료의 느낌이 달라진다. 이를 디자이너가 감각적으로 어떻게 배치하는가에 따라 그 제품 미학이 드러난다.

재료가 제품 미학의 반을 차지한다. 그만큼 재료가 제품에서는 중요한 의미를 지닌다. 특히 마감처리를 어떻게 해주는가에 따라서 완전히 달라진다. 도장을 할 수도 사포질을 할 수도 있으며, 아니면 열처리를 할 수도 있다. 그 모든 출발이 재료에 달려 있다. 재료를 알아야 제품 미학을 완성할 수 있다. 재료만 바꾸어도 느낌이 확 바뀐다. 동일한 디자인에 동일한 가공법이지만 재료만 바꾸어도 달라진다. 좋은 제품도 싼 재료를 사용하면 그 느낌이 확 바뀐다. 싸구려라는 느낌을 주는 것이다. 재료가 가지고 있는 힘이다. 재료를 모르면 제품을 디자인할 수가 없다. 종이, 나무, 흙, 가죽, 섬유, 금속, 유리, 플라스틱 등등 알아야 하는 재료가 수없이 많다. 많은 재료를 경험한 디자이너가 더 좋은 제품을 만들어 낼 가능성이 크다. 그만큼 재료를 잘 알아야 한다. 재료의 완성도가 제품 미학을 완성하기 때문이다.

비례가 중요하지만
그게 전부는 아니다

◆

그림을 그릴 때 중요한 두 가지가 있다. 하나는 원근법이고, 또 하나는 황금비다. 이 두 가지가 비례의 기본이고, 이것만 제대로 반영해도 무언가 완성된 느낌을 준다. 그런데 원근법과 황금비는 서양에서 비롯하였다. 이런 기법이 생긴 건 철학적인 영향이 아닌가 싶다. 바로 수數가 만물의 근원이고, 그것이 이상 세계를 반영하는 것으로 본 피타고라스 학파의 영향이라 본다. 실제 비례에 따라 음악도 만들고 건축물도 세웠기 때문이다. 하지만 동양화에서는 다르다. 비례가 있는 것도 있지만, 오히려 비례가 깨진 그림도 많이 본다. 원근법보다는 역원근법을 사용한 것도 많다. 또한, 황금비율보다는 드러내고 싶은 부분을 더 강조해 비율이 깨지기도 했다. 즉 바라보는 시각이 다른 것이다. 시각이 다르면 비례에 대해서도 다른 생각을 한다는 뜻이다. 왜 동양과 서양의 사고에 차이가 날까? 가장 큰 원인은 건축 재료의 차이에서 기인한 게 아닐까 생각한다. 서양은 주로 돌을 사용하기 때문에 비례나 비율이 중요하고, 이를 잘 맞춰 무게를 버텨야 무너지지 않는다. 동양의 경우는 나무나 흙을 주된 건축 재료로 삼았다. 상대적으로 무게가 덜 나가 비례가 어긋나도 잘 버틴다. 그런 모습을 전형적으로 보여주는 게 한국의 기와집이다. 기와집은 비례가 어긋나 있다. 위가 크고 웅장한 반면, 하부는 기둥만 서 있는 모습인 것이다. 나무를 사용하기 때문에 가능한 모습이다. 만일 돌을 사용한다면 불가능한 구조다.

제품 디자인을 하는 사람들은 분명 비례를 먼저 생각할 것이다. 하지만 동양과 서양의 차이처럼 시각이 달라지면, 다르게 보인다. 그것부터 알고 비례를 바라봐야 한다. 절대적이라고 생각하는 순간, 그 이상을 생각하기란 어려운 법이다. 비례의 원리를 제대로 이해하고 거기서부터 시작을 해야 한다. 사실 인간의 인지 심리학은 두 가지 사실을 알려준다. 수치보다는 비례를 먼저 생각하게 만든다는 것이다. 크고 작고를 판단하는 게 치수 판단보다 훨씬 더 빠르다. 이는 동물의 세계와 다르지 않다. 상대를 판단할 때, 순간적으로 나보다 큰가 아닌가를 판단하는 것과 일치한다. 크면 도망가고 작으면 잡아먹으려 하는 게 야성이다. 인간에게도 야생의 기본적인 원리가 작동한다. 또 하나는 명암이다. 어두우면 판단하기 어렵다. 즉 어두우면 상대 동물의 크기를 판단하지 못한다. 미지의 세계 속에 어떤 동물이 숨어 있는지 판단하지 못하면 두려움까지 느끼게 된다. 그래서 밝은색에서 편안함을 느끼고, 어두운색은 공포감을 느끼게 만드는 것이다. 진화 생물학적 견지에서 살펴보면, 인간이 사물을 인지하는 데 비례와 명암이 한층 더 중요해진다는 사실을 알 수 있다. 무거운색 위에는 밝은색이 있어야 하고, 수평이 수직보다 길어야 안정되는 것이다.

또 하나의 중요한 비례인 원근법은 진화 생물학으로 보자면, 바로 거리감이다. 즉 어느 정도의 거리를 두었을 때 어느 정도의 크기인지를 판단하는 능력이다. 멀리 있으면 작아 보여도 가까이 오면 커진다는 사실을 진화 과정에서 깨우친 것이다. 실체를 알 수 없던 대상이 거리가 가까워질수록 실체가 뚜렷해진다는 사실을 체득하는 과정이다. 먼 거리의 맹수에겐 경계심을 늦출 수 있을지언정 다가온 맹수에겐 온 신경을 집중해야 한다. 거리감은 곧 위험을 감지하는 능력이다. 거리감이 없으면 생존에 즉각적인 위협이 된다. 그래서 거리감이란 크기를 판단하는 기준이 된다. 원근법이 중요한 것도 이런 진화 생물학적 판단이 작용하기 때문이다. 원근법을 사용한 그림에서 안정감을 느끼는 데는 이런 측면이 존재하는 것이다. 원근법의 이론체계가 만들어진 시기는 르네상스 때다. 구체적으로는 레오나르도 다빈치 시대다. 하지만 그 바탕은 아주 오랜 과거에 이미 인간의 내면에 깃들어 있었다. 이처럼 황금비와 원근법은 그 출발 자체가 본능에서 시작되었다. 본능적 이해 방식이 이런 수식화된 모형이나 형태로 드러난 것이다.

그런데 왜 동양에서는 이런 비율을 무시하게 되었을까? 본능적이라면 동양에도 그런 흔적이 있을 것이다. 이런 흔적들은 분명히 존재한다. 황금비율과 원근법을 적용한 사례들이 있다. 하지만 동양에서는 그림이나 예술품을 만들 때 사상적으로 접근했다. 예술이 상류 사회 지식인의 전유물이자 자신의 신분을 나타내는 도구로 쓰였던 것이다. 자신의 세계를 사상적으로 표현하는 데 더 중점을 두었다. 서양과는 예술에 대한 접근방식이 달랐다. 서양은 장인이 중심에 있었다면, 동양은 상류 사회의 지식인에 의해 이루어진 것이다. 지배계급의 예술이었기에 철학에 가까웠다. 현대에 와서는 달라졌다. 오히려 동양은 장인을 대우하고, 서양은 철학으로 바뀐 것이다. 그러면서 서양예술에 원근법과 황금비를 무시한 작품들이 등장했다. 잘 그리기보다는 철학을 잘 표현하는 예술가들이 더 높은 평가를 받게 되었다. 즉 동양의 과거 모습을 닮은 것이다. 이런 경향은 제품 미학에도 반영된다. 분명 제품은 황금비와 원근법이 적용돼야 안정감을 준다. 하지만 그 속에 제품 디자이너의 철학을 담기 위해서는 기존의 양식을 파괴하거나 해체하는 시도가 필요하다. 최근 들어 등장한 해체주의적 접근도 필요한 것이다. 그런 관점을 어떻게 제품 속에 담아내는지가 관건이다. 제품 디자이너로서 넘어야 할 하나의 벽이다. 남들과 같이 만들면, 다시 말해 비례에 집착하면 특별함이 없다. 특별함과 안정감을 조화시키는 게 디자이너의 창의성이다.

색상은 제품의
상징이다

◆

반타블랙Vanta Black이라는 물질이 있다. 나노튜브공법으로 만들어진 신물질이다. 빛을 99.96% 흡수하기 때문에 블랙홀처럼 완벽한 검은색을 보인다고 한다. 원래 미 항공우주국NASA을 위해 개발했다는 설도 있다. 반타블랙으로 도장한 인공위성은 눈에 띌 수가 없다. 이 물질을 바르면 음영조차 인간의 육안으로는 분간할 수 없게 된다. 울퉁불퉁한 표면이 평면으로 느껴진다고 한다. 현재 지구상에서 가장 검은 물질로 평가된다. 그런데 반타블랙으로 만든 페인트 사용 권한을 가진 예술가는 딱 한 사람이다. 바로 아니쉬 카푸어Anish Kapoor. 런던 올림픽 조형물을 만든, 세계적으로 유명한 인도 출신 작가다. 세계 유일의 색깔을 독점함으로써 자기만의 예술세계를 누릴 특권을 확보한 셈이다. 또 다른 예도 있다. 현대 미술가인 이브 클라인Yves Klein이라는 예술가의 경우다. 모노크롬 작업으로도 유명한 작가다. 이탈리아를 여행하다가 지오토의 하늘을 보고 아주 짙은 플라토닉한 청색을 개발했다고 한다. 그리고 이것을 IKBInternational Klein Blue라는 이름으로 특허를 내고 독점권한을 가졌다. 그 색을 소개한 후 더 유명해졌으며, 색 자체로 하나의 작품을 만들기도 했다. 작품을 보면 확실히 특별한 색이라는 걸 알 수 있다. 누구도 모방할 수 없는 색감을 느끼게 된다. 색을 제대로 판별하고 독점함으로써 저명 미술가의 반열에 오른 것이다.

이미지 작업에서 가장 중요한 게 색이다. 색을 잘 사용하는 것만으로도 훌륭한 작품을 만들 수 있다. 미국이 자랑하는 현대 추상화가인 마크 로스코Mark Rothko도 색상만으로 감상자와 대화를 한다. 색에 모든 느낌을 담을 수 있는 것이다. 색을 잘 쓰면 숨겨진 색의 감정이 살아나지만, 잘못 쓰면 그 감정들이 흐트러진다. 의미 없는 메시지가 되고, 결국 의미 없는 작품이 되고 만다. 동양화에서는 먹을 쓴다. 검은색의 먹은 단순할 것 같다. 하지만 실제 동양화가들에게 물어보면 먹으로 만들어 낼 수 있는 색이 너무 많아 어렵다고 한다. 색의 깊이를 알기에 그런 말을 하는 것이다. 깊이 파고들수록 감정이 깊은 색을 찾아낼 수 있다. 패션 산업에서는 색이 이미지의 반을 결정한다. 아무리 디자인이 뛰어나도 색이 안 맞으면 소비자들은 사지 않는다. 색이 곧 자신을 표현하는 가장 중요한 이미지이기 때문이다.

제품 디자인에서도 색은 이토록 중요하다. 색을 통해 제품의 이미지를 높일 수도 낮출 수도 있다. 제품의 색은 회사의 브랜드 이미지와 연결 짓고, 제품의 특징을 반영해야 한다. 한 회사에서 나온 제품이라도 색상이 모두 같을 수는 없다. 다만 브랜드의 색 이미지와 제품에 담기는 이미지가 통일돼야 한다. 다시 말해 브랜드와 제품 간에 아이덴티티를 유지해야 한다는 뜻이다. 그렇다고 꼭 제품 자체에 담길 필요는 없다. 보석 제품으로 유명한 티파니의 경우는 밝은 하늘색 포장지와 보석 케이스로 아이덴티티를 확보한다. 그것만으로 색의 통일은 이루어진 것이다. 하늘색 케이스에 담긴 보석을 팀파니 보석이 아니라고 하기에는 그 색이 너무 강한 이미지를 뿜어낸다. 포장지든 케이스든 제품 자체든, 이에 상관없이 통일된 색을 담기만 하면 된다.

하지만 거기서 끝나는 게 아니다. 매년 색깔 트렌드가 발표된다. 이를 발표하는 곳이 프랑스에 있다고 한다. 이들은 3년 이상의 색깔 트렌드를 발표도 하고, 색깔의 미래를 점치기도 한다. 이를 토대로 컨설팅까지 한다고 한다. 회사나 디자이너들은 트렌드 정보를 입수해 미래를 준비해야 한다. 히트할 수 있는 색을 찾아 제품에 반영하는 것이다. 당연히 트렌드에 영향받는 소비자들도 호감을 느끼고 구매하게 된다. 이런 정보를 등한시하는 회사나 디자이너는 시장에서 뒤처질 수밖에 없다. 변하는 트렌드에 맞춰 색깔에 변화를 주는 게 옳은지, 아니면 자신만의 색깔을 유지하는 게 좋은지는 회사나 디자이너의 철학에 달려 있다. 하지만 브랜드의 고유색, 제품 자체의 독특한 색, 트렌드를 반영한 색, 그리고 디자이너 자신만의 색, 이 네 가지가 조화를 이룰 때 제품 미학이 발현되는 것만은 분명하다.

제품 디자인에서 색은 재료의 성질에 따라 적용 여부가 결정되기도 있다. 이를테면 시간이 흐르면서 종이나 플라스틱은 색이 바래는 예가 있다. 섬유류는 세탁에 의한 탈색도 고려하는 게 좋다. 따라서 특별한 색을 독창적으로 사용하려면 제품 디자인할 때부터 준비를 해야 한다. 사용할 수 없는 색을 디자인해 제품 론칭에 차질을 빚을 수도 있다. 제품 디자이너는 색에 민감해야 하고 색 선정작업에 시간을 아끼지 않아야 한다. 막바지 단계에서 제품에 적용하려면 돌발변수도 생기고, 제품 이미지가 흐트러질 수도 있다. 제품 미학은 색상에 의해서 이루어지는 부분이 크다. 제품과 색이 조화로워야 사용자들이 호감을 느낀다. 지속적으로 연구를 해도, 하면 할수록 어려운 게 색채공부다. 인간이 구별하는 색은 2,000가지에 달한다고 한다. 그 각각의 색마다 느낌이 다르고, 색들의 조합에 의해서도 달라진다. 제품에 적용될 때는 편차가 더 커진다. 제품 디자이너는 색감을 구사하는 데 능숙해야 한다. 그래야 제품 미학을 완성할 수 있다. 색은 제품의 가장 구체적인 상징이기 때문이다.

사용자의 머릿속에 주제 색을 심어라.
70:25:5의 색 법칙

◆

색은 제품 미학의 핵심 요소로 작용한다. 색을 어떻게 쓰는가에 따라 기준이 바뀌고, 특히 느낌도 많이 달라진다. 그래서 색상 선정은 전문가가 필요한 일이기도 하다. 전문가가 아니더라도 색상을 정하는 원칙은 알고 있어야 한다. 그래야 제품 미학의 완성도를 높일 수 있다. 색상을 정하는 원칙은 세 가지 기준을 가진다. 70%의 색은 핵심 색상을 의미한다. 25%의 색은 보조 색을 의미하며, 핵심 색상의 보조적인 이미지를 구축하는 데 작동한다. 그리고 세 번째 색인 5%의 색은 강조를 할 때 사용하는 색이다. 이 색은 핵심 색상과 보조 색상과는 대비되는 지점에 있는 색이다.

첫 번째 색인 핵심 색상을 결정하는 일은 제품의 이미지를 결정하는 것과 같다. 그래서 색 결정 전에 먼저 확인해야 할 게 있다. 바로 사용자의 속성이다. 사용자들이 욕망하는 색상을 핵심 색으로 삼는 게 좋다. 가령 중국 사람들에게는 빨강과 황금색을 핵심 색상으로 제시하면 다들 좋아한다. 그런데 이 색을 한국인에게 제시하면 거부감을 일으키기도 한다. 그래서 사용자의 욕망과 일치하는 색을 선택하는 게 좋다. 대부분의 경우 그 색상은 문화적으로 만들어진 색들이 많다. 하지만 때로는 전혀 다른 차별적인 요소로 색을 선택하기도 한다. 혁신을 주장하고 싶으면 기존의 좋아하는 색을 선택하기보다는 받아들이기 어려운 색을 선택하여 특별함을 나타 내기도 한다. 물론 그것은 예외적, 자극적으로 만들기 위한 것이지 대세는 아니다.

두 번째 색인 보조 색은 핵심 색상이 구현하지 못하거나 중요도 가 떨어지는 대상을 위한 색이다. 가령 자동차의 핵심 색상으로 빨 간색이 결정되었다고 한다면, 그 보조 색으로 검정보다는 회색을 사용하는 게 자연스럽다. 검은색은 빨간색을 받쳐주는 게 아니라, 오히려 대척점에 있는 색이기 때문이다. 보조 색은 철저하게 핵심 색상을 보조해 주어야 한다. 즉 핵심 색상이 가지지 못한 감성적 측면을 보완해 주는 게 그 역할이다. 그래서 비율도 신경 써야 한 다. 사용비율이 높아지면 핵심 색상의 영역을 침범하기 쉽기 때문 이다. 그 범위가 25% 정도 된다고 본다. 그 이상, 즉 30%를 넘어서 기 시작하면 오히려 핵심 색상의 영역을 침범하게 되는 것이다. 두 드러지진 않지만, 그렇다고 존재감이 없는 것이 아닌 정도가 적당 한 수준이다.

세 번째 색은 강조 색이다. 이는 핵심 색상과 보조 색상에 대비되 는 색이어야 한다. 마치 까만 바탕에 노란색이 있는 것과 같은 느 낌을 줘야 한다. 그렇지만 이 색이 너무 두드러지면 조화를 깨기 쉽다. 따라서 가능한 한 사용량을 줄이되 꼭 강조되어야 하는 지점에 사용할 필요가 있다. 있어도 되고 없어도 되지만, 그래도 강조를 할 때는 있어야 하는 색이다. 마치 화룡점정畵龍點睛을 하는 것과 같은 색이다. 그래서 주요한 부분보다는 장식적인 부분에 많이 사용한다. 책상의 귀퉁이, 신용카드의 옆면, 자동차의 안테나 봉 색깔 등등, 우리가 알게 모르게 그런 색들을 통해 제품의 특징을 알고 있다. 다만 그 강조점이 강하게 남아서 핵심 색이 무엇인지 보조 색이 무엇인지 잊어버리는 예도 있다는 사실을 명심해야 한다. 그래도 강조 색은 필요하다. 그 적용되는 비율은 면적 대비 5% 이하여야 한다. 그래야 강조점이 두드러진다.

색을 올바로 쓰는 건 제품 이미지의 기본이다. 색에 예민한 사람이 그런 전문적인 작업을 하는 게 좋다. 하지만 그런 사람을 찾아 도움을 받기란 쉽지 않은 일이다. 그래서 나름의 비율을 맞추는 것이다. 이 비율이 절대적인 것은 아니다. 다만 면적 대비 그 정도 비율로 맞추면 아마도 색상을 적용하고 혼색을 만들 때의 어려움은 줄어들 것이라고 본다. 물론 색들의 연속성과 느낌이 살아 있는 방법을 찾아 적용해야 한다. 일시적으로 좋아하는 색은 많아도 오랫동안 사랑받는 색은 그렇게 많지 않다. 그런 의미로 본다면 좋은 색을 찾아내는 것도 제품 미학을 완성하는 일종의 기준이 되기도 한다.

변하는 색과 변하지 않을 색을
구분해야 한다

◆

제품에 색을 입히는 작업이 쉬워 보이지만 절대로 쉽지가 않다. 생각보다 고려해야 할 요소가 많기 때문이다. 색상을 다루는 사람은 인류학적 사회학적 요소를 고려하면서 색채 심리학이나 시지각 효과까지도 염두에 둬야 한다. 게다가 다음의 세 가지를 놓쳐선 안 된다. 첫째는 문화적인 동향이다. 둘째는 염료 기술이다. 셋째는 제품의 아이덴티티이다. 기본적으로 이를 고려해야만 색상을 제대로 입힐 수 있다.

첫째로 문화적 동향을 고려해야 하는 이유는 문화사적인 이해가 필요해서다. 한국에서는 색과 관련해 두 가지 큰 사건이 있었다. 이로 인해 한국의 색 문화가 크게 바뀌었다. 사건 하나는 컬러 TV의 등장이다. 컬러 TV가 공급되면서 색에 대한 사람들의 인지 능력이 급상승했다. 그리고 패션에 대한 관심도 급속도로 커졌다. 이미 60년대에 컬러 TV가 보급되었던 서구 사회에서도 같은 현상이 있었다고 한다. 그전까지만 해도 색에 대한 감각을 지닌 사람들은 상류층이었다. 외국 잡지나 여행을 통해 많이 접하고 익혔기 때문에 이들은 색에 민감했다. 반면 흑백 TV를 통해서 느낄 수 있는 색감이란 별것이 없었으므로 일반 국민은 색에 둔감한 편이었다. 판도가 바뀐 건 80년대 초에 컬러 TV가 등장하면서부터였다. 색에 대한 감각은 훈련이 필요하다. 그냥 익혀지는 게 아니다. 나름의 훈련을 통해 능력이 길러진다. 그 후 패션을 시작으로, 다양한 영역에서 색의 중요성이 강조되었던 것이다.

또 하나 중요한 사건은 빨간색 르망 승용차의 등장이다. 한국에서는 레드 콤플렉스로 인해 지나칠 정도로 적색에 대한 저항감이 있었다. 그런데 빨간색 르망이 색에 대한 금기를 깨버렸다. 거리에 회색과 검은색 차만 즐비하던 시대에 빨간 차량은 신선한 충격으로 다가왔다. 차량 색상을 다양화시키는 결정적인 요소로 작용했다. 지금이야 흔한 일이지만, 그때는 빨간색 차량을 끌고 다니는 것만으로도 관심의 대상이 되었다. 우리 안에 잠재된 레드 컬러 콤플렉스를 일깨운 셈이었다. 이제는 보수 야당도 빨간색을 쓴다. 그만큼 색에 대한 이데올로기는 변화된 것이다. 문화의 흐름에 따라 색에 대한 감응과 이해도 변화를 겪는다. 색도 문화의 상징이기에 허투루 사용할 수 없다.

둘째로 고려해야 하는 건 염료의 수준이다. 생각보다 한국의 염료와 염색 수준이 높지 않다. 이 분야는 정밀화학 부분에 해당하는데, 세계적으로 독일과 이탈리아가 시장을 주도한다. 베네통 의류를 보면 정말 새로운 느낌이 든다. 색상이 독특해서다. 이탈리아는 그런 색상을 만들어 내는 힘이 있다. 물론 후진국에 가보면 또 색상이 한국보다 못하다. 채도chroma에서 확실히 차이가 나는 것을 느낄 수 있다. 대부분 퇴색된 느낌을 준다. 바로 기술이 떨어져서 그런 것이다. 색도 서서히 산화된다. 퇴색하는 것이다. 기술이 좋으면 채도가 오래 유지되지만, 기술 수준이 낮으면 그만큼 빨리 퇴색된다. 그래서 염료와 염색 기술 수준을 잘 봐야 한다. 재료에 따라서도 다르다. 가죽에 비해 섬유가 오래 유지된다. 그런데 섬유 중에서도 면 종류와 폴리에스터는 또 다르다. 섬유보다는 플라스틱이 오래 간다. 금속 중에서도 변색이 되는 게 있다. 이런 재료의 특성을 알고 써야 한다.

셋째로 고려할 것은 제품의 아이덴티티이다. 안전용품에는 붉은색을 쓸 수 없다. 노인용품에서는 노란색을 피하는 게 좋다. 제품의 아이덴티티에 따라 금지 색이 있고 선호 색이 존재한다. 그런 조합을 잘 찾아내야 한다. 사회적으로 용인된 색만을 사용해 식상한 느낌을 불러도 안 된다. 그렇다고 너무 파격적이면 사회적으로 받아들여질 수 없을지도 모른다. 색은 브랜드, 제품 아이덴티티, 그리고 디자이너가 원하는 컨셉과 맞아야 한다. 물론 조화가 쉽지 않으니 아예 색상을 통일해버리는 예도 있다. 브랜드 특징을 고수하기 위해 색상을 지정한다. 지정된 색상 내에서만 제품에 색을 입히도록 하는 것이다. 어쩌면 그게 더 디자이너 입장에서는 편할 수 있다. 고민 없이 그 색만 적용해도 브랜드 이미지가 살아나기 때문이다.

색에 의해 제품이 살아난다. 결코 무시할 수 없는 게 색이다. 변하지 말아야 할 색과 변해야 할 색을 먼저 구분해 두는 게 좋다. 변하지 않을 색은 제품의 아이덴티티를 반영한 것이다. 색을 바꾸면 제품의 아이덴티티도 변한다. 그런 색은 변하면 안 된다. 브랜드의 아이덴티티가 바뀌지 않는 한 고수해야 한다. 변하는 색은 색상 트렌드에 맞춰야 한다. 트렌드가 반영되지 않으면 뒤떨어진 느낌을 주기 때문이다. 그러나 제품 미학의 목표는 변하지 않는 색이다. 세월이 지나도 그 느낌 그대로 살아남을 수 있는 색을 찾아서 사용하는 게 중요하다. 오래된 명품 브랜드들은 자기들만의 색을 사용한다. 그런 색으로 오래 살아남은 것이다. 색의 조화만으로도 제품의 수준이 지켜지고 유지될 수 있다. 제품 미학에서는 변하는 색에서 변하지 않는 색으로 색이 확장되면서 미학의 수준이 높아진다.

제품 미학의
스위치를 장착하라

◆

제품 미학을 이해하는 바탕은 무엇일까? 첫째, 기술 수준을 아는 것이다. 당대의 기술 수준을 알면 제품의 현재 위상을 알 수 있다. 평면 LED 텔레비전의 한계 두께는 12mm로 알려져 있다. 만일 8mm 두께가 나온다면, 그 기술 수준을 알고 있는 사람에게는 감동으로 다가올 것이다. 한계를 뛰어넘은 제품이기 때문이다. 모든 제품은 기술 수준에 어느 정도 한계를 갖고 있다. 그런데 사용자들은 자기가 쓰는 제품에 대해선 그런 사실을 알고 있을지언정 다른 제품에는 무지한 게 보통이다. 제품의 기술 수준을 알고 있다고 해봐야 자신이 관심 있는 분야에 치우치기 십상이다. 물론 얼리어댑터들은 다를 수 있다. 기술 그 자체에 집중하여 다양하게 테스트해보고 나름 기술 평가를 하는 사람들이 많기 때문이다. 제품 디자이너라면 얼리어댑터 이상으로 기술 수준의 변화를 파악하고 있어야 한다. 체험하든 학습을 병행하든 지속적으로 관련 기술을 파악하는데 노력을 쏟아야 한다.

둘째, 제품의 작동원리를 이해하는 것이다. 자동차의 예를 들어보자. 요즘 전기자동차가 속속 출시되고 있다. 시승해볼 수 있는 전기자동차와 일반 차가 있다고 해보자. 어느 쪽에 시선이 갈까? 시제품이라 외관이 똑같다 해도 당연히 전기차에 오를 것이다. 작동원리가 다르다는 사실 하나만으로 호기심을 자아내기 마련이다. 타기 전부터 다른 감성을 느끼게 된다. 모든 제품은 기능이 있다. 그리고 그 기능에 대한 나름의 작동원리가 있다. 그것을 파악할 수 있으면 비교 평가가 가능해진다. 디자인은 화려하지만, 작동원리가 진부한 것도 있고, 어떤 제품은 작동원리는 탁월한데 디자인이 걸맞지 않아 덜 알려지기도 한다. 하지만 새로운 원리를 알아보는 사람에 의해 재평가되는 예도 있다. 사라질 뻔했던 제품이 때론 이런 평가를 통해 세상에 알려지기도 한다. 초기에는 조악하기만 했던 발명품이 대기업 손에 들어가 재탄생하는 예도 많다. 작동원리가 탁월해 대기업에 특허가 팔리고 그것이 제품화되어 히트하는 것도 비슷한 경우이다. 작동원리를 알아야 이런 숨겨진 보석들이 보이는 법이다. 제품 디자이너는 이런 작동원리를 제품 속에 심는 사람이다. 물론 작동원리를 제품 디자이너가 구상하진 않는다. 그건 엔지니어의 작업이다. 하지만 제품 디자이너가 원리를 모르면 제품에 반영할 수가 없다. 제품 디자이너는 원리뿐 아니라 어떻게 제품 속에 코드화시킬지도 연구해야 한다.

셋째, 표현 방법, 즉 표현 개념을 아는 것이다. 스타일이든 색상이든 다양한 표현 방법, 즉 개념을 알고 있으면 더욱 감명을 받는다. 예술 작품을 예로 들어보자. 최근 많이 알려지기 시작한 개념 미술 같은 건 난해하기 짝이 없다. 하지만 작가의 표현 의도가 무엇인지 알게 되면 완전히 달리 보인다. 큐레이터 설명을 듣고 무릎을 치는 일도 있다. 뭔지 몰랐던 작품이 황금으로 변하는 순간을 경험하게 되는 것이다. 처음에는 잘 모르더라도 자주 보면 어느 순간 개념 미술에도 눈이 열리기 마련이다. 제품에도 다양한 표현 방법이 존재한다. 디자이너가 인지 장치를 만들어 두고, 이를 이해하는 사람에 의해서 그게 드러나면, 제품이 사람들에게 전혀 새로운 관점으로 보이는 것이다. 라이프스타일 관련 영역에 존재하는지에 따라 제품의 표현 개념에 대한 이해와 인식이 달라진다. 위치되어야 할 곳에 있게 되면 그 제품의 판단과 감흥이 완전히 달라지는 것이다. 미술관에 놓인 침대와 집안에 놓여 있는 침대가 다르게 해석되는 것처럼 다르다. 제품에 들어간 개념을 이해하는 순간 눈이 떠진다. 제품 미학에 대해서도 눈을 뜨게 된다.

제품 미학을 모든 사용자가 알기란 어려운 일이다. 초기엔 소수의 사람에 의해 제품이 받아들여지고 해석되는 예가 대부분이다. 선도적인 사용자가 제품의 진가를 알게 돼 다른 사용자들에게 알려주거나 자랑하게 되면서 사용자층이 두꺼워지는 게 일반적이다. 제품 디자이너는 이런 사실을 놓치지 말아야 한다. 선도적 사용자들이 관심 가질 부분이 무엇인지 파고들어야 한다. 그리고 그것을 제품에 담아야 하는 것이다. 선도적 사용자들이 제품에 눈 뜨면, 그 힘으로 제품이 퍼져나간다. 제품 디자이너는 제품 컨셉 기획자이다. 단순히 외형적 모습만 만들어 내는 사람이 아니다. 제품 컨셉을 제품 속에 심는 사람이 제품 디자이너인 것이다. 그리고 컨셉을 사람들이 이해할 수 있도록 효과적인 인지 장치를 만들어 두어야 한다. 마치 제품 작동 스위치처럼 선도적 사용자가 제품 미학의 스위치 역시 쉽게 켤 수 있게 만들어야 한다.

제품 미학의 기본으로서의
제품 매력

◆

제품 미학으로 얻을 수 있는 건 무엇일까? 최종 목표는 분명 사용자의 만족이다. 그것도 오감 만족이다. 특정 감각 기관만의 만족이 아니라 오감 만족이다. 감각 기관의 전일적인 만족을 얻어내는 게 제품 미학의 목표라 할 수 있다. 하지만 이런 만족을 제공하기 위해선 선택의 기회부터 마련해야 한다. 사용자가 제품을 선택하지 않으면 그 무엇도 기대할 수 없다. 선택을 해야 사용자가 제품을 체험한다. 체험을 해봐야 사용자의 만족도가 드러난다. 제품의 용도를 막론하고 모든 제품은 사용자의 선택을 받아야 존재할 수 있다. 선택을 받으려면, 먼저 제품이 매력적이어야 한다. 매력부터 풍기고 볼 일이다.

그럼 이런 매력을 어떻게 만들까? 출발점은 시지각적 매력이다. "언뜻 보니 매력적"이라는 평부터 들어야 한다. 인간의 감각 중에 자극 효과가 큰 게 시지각이다. 시지각적 매력은 관심을 유발하는 특징이 있다. 시지각적 매력을 발산하는 요소는 다양하다. 하지만 가장 강한 것은 색상과 형태이다. 동일한 색상, 동일한 스타일의 제품은 차별성이 없다. 다른 게 비슷하더라도 뭔가 하나라도 독특할 필요가 있다. 그러면 관심을 끌게 된다. 물론 시지각적 자극이 즉각

매력으로 작동하지는 않는다. 하지만 관심부터 끌어야 그다음 단계로 진행이 가능하다. 관심을 끄는 것과 제품 미학이 완성되는 것과는 상관성이 적다. 그래도 매력이라는 측면에서 관심을 유발할 만큼 특별함을 가지고 있는 게 중요하다. 시선부터 잡아야 선택을 기대할 수 있다.

두 번째, 기능적 매력이다. 자신이 원하는 특별한 기능이 제품에 담겨있는지의 문제다. 아무리 관심을 끌어도 기능이 변변치 않으면 소용없다. 제품은 그냥 벽에 걸어 두는 장식이 아니다. 기능적 소구점이 담겨야 한다. 물론 소구점이 제품 기능을 대변하는 건 아니다. 사용해 보면 의외로 초기에 느꼈던 소구점과는 다른 의미로 제품의 기능이 이해되기도 한다. 하지만 선택 단계에서는 기능적 소구점이 매력 포인트가 되기에 이점을 부각해야 한다. 이는 광고를 만드는 사람들이 가장 잘 표현한다. 기술적으로 평가와는 별개로 한두 마디의 광고 문구로 기능에 대한 이해를 도와 매력을 느끼게 만드는 것이다. 사실 혁신 제품을 사용자가 알아들을 수 있게 하는 일은 쉽지가 않다. 그런 측면에서 제품 기능을 사용자에게 단순 명확하게 전달하는 것도 중요한 과제의 하나다. 제품에는 이런 소구점이 담겨야 매력이 증대된다. 관심 단계에서 제품 이해 단계로 넘어갈 때 가장 중요한 포인트가 바로 기능 소구점이다.

셋째, 가성비다. 가성비는 가격 대비 성능이나 만족도를 뜻한다.

사용자는 가성비가 좋아야 매력을 느낀다. 구매의 결정 포인트가 바로 가성비다. 가성비가 좋으면 구매로 직결되지만, 그렇지 못하면 사용자가 포기하고 만다. 가성비가 좋아지는 시점, 즉 할인판매를 하거나 특별이벤트를 할 때까지 기다리는 예도 있다. 가성비 좋은 제품이 새로 나타나면 그 제품을 선택하는 게 인지상정이다. 매력 메커니즘은 관심, 이해, 판단의 순서로 작동한다. 가성비 효과가 발휘되는 지점은 판단 단계에 들어섰을 때다. 가성비가 명확하면 사용자는 구매를 한다. 제품을 통해 얻을 수 있는 만족감을 어느 정도 가늠한 연후의 일이다. 그런데 사실은 사용 후 가성비가 더 중요하다. 구매 당시의 기대치에 못 미치면 오히려 불만족 사항이 되기 쉽다. 게다가 구매 시점에 가성비가 명확히 드러나는 것도 아니다. 이 때문에 덮어놓고 판매를 유도하기도 한다. 그러면 사용자 불만족으로 비화되기 십상이다. 가성비는 신뢰를 주는 바탕이기도 하다.

매력적인 제품, 제품 미학이 가져야 할 기준이다. 매력이 없으면 사용자는 일단 선택을 하지 않을뿐더러 구매도 하지 않는다. 그래서 매력 포인트를 초기 단계부터 설정해야 한다. 사실 이 모든 걸 제품 디자이너가 만들어 내기는 어렵다. 기능과 가성비는 제품 전략을 입안하는 제품 기획자나 마케팅 책임자의 소관이다. 분명한 건 사용자에게는 사용 후 만족도가 매력도보다 훨씬 중요하다는 사실이다. 매력도는 높지만, 사용 후 만족도가 낮으면 그 제품은 실패작이 되고 만다. 마케팅과 제품 미학적 입장의 차이가 여기에 있다. 마케팅적 입장은 매력도를 더 중요하게 생각하기 쉽다. 하지만 제품 미학의 입장에서는 사용 후 만족도가 더 중요하다. 마케팅 책임자는 많이 팔아야 하기 때문에 매력도를 먼저 생각하는 경향이 있다. 하지만 매력도는 기본이지 목표가 아니다. 최종 사용자의 사용 후 만족도와 매력도를 비교하여 항상 제품 만족도가 높은 방향으로 디자인해야 한다.

형태는 기능을 따르고,
기능은 욕망을 따른다

◆

생명 진화의 역사를 보면 모든 생명체는 형태와 기능이 일치되어 있다. 즉 목적에 따라 기능이 만들어지고, 그 기능에 따라 형태가 만들어지는 것이다. 만일 사막과 같은 곳에서 생명체가 살아남으려면 제일 먼저 수분의 증발을 막는 구조를 만들어 내야 한다. 목적은 생존이고, 그 생존에 맞는 형태로써 가장 중요한 부분이 수분의 증발을 막는 구조다. 사막에 선인장이 많은 이유가 바로 이 때문이다. 가시는 선인장의 잎이 변해서 된 것이다. 즉 수분 증발을 막기 위한 진화의 산물이다. 수분 증발을 방지하는 기능을 한다. 형태는 기능의 역사적 산물이다. 한 번에 만들어진 게 아니라, 역사적 적응과정 혹은 진화과정을 통해서 바뀐 것이다.

제품의 기능은 그 속성 자체가 인간을 위한 것이다. 형태도 당연히 인간을 위한 꼴을 갖춘다. 형태와 기능은 끊임없이 통일 과정을 거친다. 여기서 통일 과정이란 형태와 기능이 조화를 이루는 과정을 말한다. 또한, 형태가 급격히 바뀌는 상황이 일어나면, 즉 환경 급변으로 생존을 위협받으면 형태에 맞추어 기능도 변해가는 법이다. 형태와 기능은 서로 간에 통일을 이루기 위해서 진화하는 과정을 거친다. 이 과정의 출발점이 존재한다. 자연계 내에서의 출발점은 바로 환경이다. 그러나 제품에서의 출발점은 인간의 욕망이다.

인간의 욕망은 기능을 요구한다. 자동차라면, 그 차의 최고 속도는 사용자의 속도에 대한 욕망에 근거한다. 처음에는 그리 높지 않았을 것이다. 자동차가 개발되던 당시에는 시속 $60km$ 정도면 충분한 속도였을 것이다. 그 속도도 높다고 여겼을지 모른다. 비교 기준이 된 것은 말이 달리는 속도다. 말보다 빠르다면 만족스러운 속도였을 것이다. 하지만 인간의 욕망은 갈수록 커졌다. 도로가 좋아지고 타이어가 좋아지면서 차츰 속도가 더 빨라졌다. 결국, 자동차로 도달할 수 있는 속도가 얼마나 되는지 끊임없이 시도하기 시작했다. 역학적 기준에서 보면 $500km$ 정도가 한계라고 한다. 욕망이 커지는 만큼 인간은 고속을 원했다. 시속 $500km$까지 가고자 하는 욕망은 실제 엄청난 비용을 지불해야 한다. 하지만 인간은 그 욕망을 충족해 줄 기능을 원한다. 그것을 통해 성취감을 얻고자 하는 것이다. 누구도 도달해 보지 못한 속도를 만들어 낸 인물로 남고 싶은 것이다.

욕망과 형태는 어긋나는 경우가 많다. 기능의 형태적 통일과 욕망의 기능적 현실화 사이의 괴리 때문이다. 다양한 기능적 시도는 다양한 형태를 만들어 내지만, 그렇다고 하여 욕망을 충족할 만큼 현실화하기는 어렵다. 기능의 욕망 충족은 현재화된 충족이 아닌, 미래의 시도 가능한 실험에 가깝다. 이 과정이 반복되면서 욕망의 기능적 현재화가 이루어지는 것이다. 그 격차만큼 제품에 대한 완성도가 떨어진다. 즉 제품의 감각 충족이 떨어진다는 의미다. 이런 미묘한 차이가 제품의 수준이나 미학적 이해도가 떨어지게 만든다. 좋은 제품이란 형태, 기능 그리고 욕망의 세 축이 정렬될 때 탄생한다. 이 과정은 단순한 과정이 아니라 끊임없는 반복적 과정이다. 이에 대한 이해가 충분한 디자이너가 좋은 제품을 만들어 낸다. 이 과정에서 형성된 제품 미학적 이해가 제품화가 되어 나타나는 것이다.

욕망의 출발은 사회적 환경에서 시작된다. 욕망하는 인간의 탄생은 자연 발생적인 것이 아니라 사회적이다. 귀족이 없는 사회에서는 귀족이 사용하는 물품에 대한 욕망이 없다. 하지만 귀족이 있거나 있었던 나라에서는 그 귀족이 사용하는 모든 물품이나 상품에 대한 인간의 소유 욕망이 작동한다. 바로 계급적 속성이기 때문이다. 귀족은 자신이 사용하는 제품을 욕망하지 않는다. 왕이 사용하는 물품에 대해서 욕망하는 것이다. 즉 사회적 관계로 인해서 욕망은 탄생한다. 단순한 예일 뿐이지만, 현대에서도 동일하게 작동한다. 스타들이 사용하는 물품 또는 상류 사회 유명인들이 사용하는 물품에 대해서 욕망하는 것이다. 소유하고 즐기고 싶은 게 현실이다. 그것에 더 많은 가치를 부여하고 싶은 게 인간의 심리다. 이런 욕망은 완전한 미적 체계와는 분리되어 있다. 가장 완벽한 미적 체계를 구축하는 것을 목표로 삼는 예술 미학적 체계와는 철저히 분리되어 있다. 제품 미학은 욕망의 미학이다. 그렇기 때문에 사회적 환경에 지배받는다. 민족별로 다른 욕망 체계를 가지고 있기에 제품을 바라보는 다른 시각을 갖는 것이다. 욕망은 사회적 환경에서 탄생한다.

제품 미학의 현재적 해석

누구나 느끼지만 설명하지 못한다

생활 속에서 끊임없이 제품이나 상품을 만난다. 그런 제품들 속에서 나름 느끼는 감각적인 부분이 많이 있다. 때로는 이쁘기도 하고 때로는 감동스럽기도 하며 혐오스럽기도 한, 다양한 감정들을 느낀다. 그런데 그것이 어떤 의미인지는 잘 구별하지 않는다. 광고나 홍보의 효과인지, 아니면 제품 자체의 의미인지는 구별하지 않는다. 하지만 모든 제품에는 그 제품만의 메시지가 있다. 그 메시지를 어떻게 해석하는가에 따라서 그 감각의 실체를 구성해 낼 수 있다. 제품 미학이 도움을 줄 수 있는 부분은 바로 이런 감각의 실체를 구체적으로 찾아내는 일이다. 이런 감각의 실체는 상당히 복합적이다. 하지만 제품은 제품의 기본 속성과 그것을 즐기는 사용자와의 관계 속에서 실재한다. 즉 사용자의 감각이 없다면 제품은 존재하지 않는다.

현재적인 의미의 제품 미학은 예술의 연장선보다는 오히려 수공예품의 연장선상에 있다. 이점은 예술과 제품이 다른 측면이다. 예술은 기본 속성 자체가 사용을 전제로 하지 않는다. 하지만 제품은 사용을 전제한다. 이게 수공예와 닮은 점이다. 도자기를 예술로 바라보는 것과 수공예품으로 바라보는 시각은 확연히 다르다. 달항아리는 장식용이다. 사용을 전제하지 않는다. 하지만 막사발은 실제 음식을 담아서 먹는 것이기에 사용자를 고려한 물건이다. 지금이야 막사발을 재조명하고 예술적 가치를 논하지만, 당시 만들어질 때는 사용자를 전제한 것이다. 제품도 그렇다. 사용자를 전제하지만, 그 이상의 무엇인가를 담아내고 싶은 것이다.

사용적 가치만 남은 제품은 주변에 널려 있다. 어느 제품이나 다르지 않다. 사용 가치에 충실하면서도 그 뭔가가 더 있어야 한다. 그것이 사용자들을 감동시키는 무엇이다. 제품 미학은 그 무엇을 찾아내고 그 개념을 정리하는 작업이다. 시대에 따라 그것은 달라진다. 시대적 가치가 있기 때문에 시대마다 그 가치는 다르다. 제품 미학도 현시대에 맞춰지는 것이다. 오래된 기준이 아닌, 현재의 기준으로 평가해야 한다. 물론 사람마다 그 평가 기준은 다를 수 있다. 하지만 분명한 것은 100년 전 사람과 현재에 사는 사람은 평가 기준이 다르다는 점이다. 또한, 서구의 평가와 동양의 평가도 다른 법이다. 제품 미학의 기준은 현재이고, 또한 지역적이다. 그리고 그 최종 결과는 사용자가 느끼는 감각 그 이상의 감동이다. 그 점은 변하지 않는다. 오감을 통한 감동이 결국 제품 미학의 기준이다. 그 감각의 경로가 어떻든 분명한 것은 사용자의 감동이 그 정점에 있다는 사실이다.

핵심 개념이
제품 미학의 본질이다

◆

최근 들어 세계적인 대세를 이룬 미술사조가 개념 미술이다. 그전에는 자연이나 사물을 어떻게 묘사하는가가 미술의 핵심 주제였다면, 이제는 개념적으로 어떻게 다른지, 관람객들의 상상력을 자극할 수 있는지, 이런 요소를 담아내는 작품이 더 강력한 느낌을 준다. 단순히 사물을 묘사하는 게 아니라. 사물을 바라보는 관점을 바꿈으로써 인식의 틀을 깨버린 것이다. 이는 새로운 미술의 방향을 제시했다. 이제는 자신의 차별화된 개념을 어떤 방식으로든 표현해내는 사람이 더 중요하게 된 것이다. 그리는 사람이 아니라 철학하는 사람이 미술을 해야 한다는 주장까지 나오는 이유다. 최근 들어 많은 미술가가 철학을 하는 사람으로 바뀌고 있다. 사물을 보는 관점과 인식의 관점이 바뀌는 일인지라 철학의 바탕이 없으면 표현해낼 수 없기 때문이다.

그 중심에 컨셉, 즉 개념이 있다. 제품 미학의 관점으로 보아도 모든 제품에는 고유의 개념이 있다. 진정으로 자신이 창조한 제품이라면 핵심 개념이 있는 것이다. 세계적으로 유명한 의자가 있다. 엉덩이부터 등까지 그물이 받치는 의자다. 그물이 편안하게 느껴지고 땀도 차지 않는다. 즉 핵심 개념은 바로 땀이 차지 않는 편안함인 것이다. 그걸 만든 사람은 그 의자 하나로 각종 디자인상을 휩쓸고 갑부가 되었다. 의자에 앉았을 때 이것이구나 싶을 정도로 편하고 오래 앉아 있어도 땀이 차지 않았다. 기술적으로 많은 어려움이 있었지만, 핵심 개념을 유지하면서 완성해 냈기에 미학적으로도 완성된 제품이 되었던 것이다. 물론 높이나 각도 조절도 되는 의자였다. 기본 개념 위에 남들과 차별화된 개념을 더했기에 성공할 수 있었다.

개념은 구조를 이룬다. 우선 기본 개념, 즉 적어도 기초가 되는 개념이 있다. 의자라면 먼저 사람이 앉을 수 있는 공간과 받침대가 있어야 한다. 추가적으로 높이나 등받이 각도 조절이 필요한 때도 있고, 회전이 요구되는 경우도 있다. 이를 사무용 의자로 포지셔닝한다면, 기본적으로 갖추어야 할 요소다. 하지만 더 좋은 제품을 꿈꾼다면, 다른 제품이 가지고 있지 않은 그 무엇인가 특별함이 있어야 한다. 기본 개념 위에 차별화된 개념이 세워질 때 비로소 제품은 자기만의 색깔을 가지는 것이다. 이 개념이 현실화될 때 제품 미학도 완성된다. 기본 개념만으로는 미학이란 요원한 일이다. 제품으로서의 생명력 유지도 어렵다. 차별화된 개념부터 갖춰야 한다.

차별화된 개념은 인간의 기본 욕구로부터 나온다. 가장 근원적인 욕망을 충족시켜줘야 성공할 수 있다. 인간의 욕망을 채우지 못하는 제품은 미학도 판매도 성공할 수 없다. 제품의 구매과정이 곧 욕망의 충족과정이다. 그 과정을 통해 욕망을 충족하려 한다. 욕망에 충족되는 제품이 없으면 구매를 포기하고 더 좋은 것을 기다리기도 한다. 욕망은 시대나 환경에 따라 그 성격도 변한다. 다시 말해 취향이 달라진다. 다른 취향별로 다른 욕망이 존재한다. 배가 고플 때 느끼는 근원적인 욕망에도 차이가 있다. 식욕을 채우기 위해 서구인들은 빵을 먼저 떠올릴 것이고, 중국인은 면이나 만두를, 한국인은 쌀밥을 떠올릴 것이다. 근원적인 욕망이라도 충족과정에서 달라진다. 제품도 근원적인 욕망을 충족하기 위해서 탄생하지만, 그 취향은 다르게 발전한다.

제품 미학의 핵심은 바로 차별화된 개념이다. 이는 차별화된 인간 욕망을 충족하는 과정의 출발점이다. 차별화된 개념 없이 제품 미학의 완성은 불가능하다. 과거의 히트 상품들은 그 시대의 욕망에 잘 맞는 차별화된 개념을 선보였기 때문에 성공한 것이다. 기술의 진보로, 혹은 사회적 환경이 그 제품을 선택하게 했을 수도 있다. 하지만 본질은 동일하다. 어떤 환경이든 어떤 기술적인 배경을 가지든, 그 속에서 차별화된 무언가를 창출해야 한다. 그것이 제품 디자이너의 의무다.

제품 미학은 모더니즘 기반하에
포스트 모더니즘을 지향한다

◆

제품 미학은 모더니즘에서 시작되었다고 본다. 그 이유는 모더니즘 철학과 관련이 깊기 때문이다. 모더니즘은 낭만주의 이후에 나타난 예술 사조다. 그런데 이 모더니즘의 바탕에는 근대적 산업주의가 있다. 바로 효율성이다. 이 효율성이 모더니즘 정신의 핵심가치가 되었다. 이것이 근대적 정신으로 비쳤기 때문이다. 인간의 의사결정이 효율적으로 이루어지면 모든 문제가 해결될 수 있을 것으로 봤다. 제품 미학도 분명 효율성을 기반으로 하고 있다. 효율성을 중시하는 태도는 저급 기술과 부족한 원자재에서 기인한다. 이런 조건을 극복하기 위해선 효율성을 극대화하는 길밖에 없었다. 이는 대중화라는 과정이 전제되어 있기 때문이기도 했다. 대중적 지지가 중요한 시점이었던 것이다. 과거, 예술은 귀족이나 상층 지배계급의 전유물이었다. 하지만 근대화가 이루어지면서 대중적 차원으로 예술이 확대되기 시작했다. 이때 중요한 기준이 바로 대중적 설득력이었다. 설득의 핵심이 바로 효율성이었다는 것이다. 효율성은 대중을 설득할 가장 효과적인 무기였다. 이런 무기가 20세기가 시작되면서 작동하기 시작했다. 20세기는 모든 분야의 대중화가 진행된 시기였다. 러시아 혁명을 통해 대중예술 또는 민중예술이 강조되기 시작하기도 했다.

그런데 20세기 후반에 들어서자 효율성을 강조하던 경향이 흔들리는 조짐을 보였다. 효율성이라는 근대적 절대 개념이 얼마나 비인간적인 조건이 되는지 확인하면서 균열이 생겼다. 효율을 인간에게 적용한다는 게 얼마나 무지한 일인지 명확히 알게 된 것이다. 효율성이 때로는 인간성을 말살하는 대단한 무기가 된다는 사실을 알게 된 예술가들은 효율성을 넘어서는 뭔가를 추구하는 모습을 보였다. 다원주의적 생각도 하게 되고, 때로는 구조에 대한 저항으로도 나타났다. 새로운 형태의 예술사조가 탄생할 가능성을 잉태한 것이다. 이런 모든 현상을 통틀어 지칭한 게 바로 포스트 모더니즘이다. 포스트 모더니즘은 모더니즘의 연장선에 있다. 모더니즘의 핵심 개념인 효율성을 버리지는 않았다. 오히려 효율성을 근거로 어떻게 하면 효율성이 가진 문제를 극복할 것인가에 초점이 맞추어진 것이다. 다양한 시도들이 이루어졌고, 이 시도들은 다양한 형태의 사조로 진화했다. 모더니즘이 하나의 모습이 아니듯이 포스트 모더니즘도 하나의 예술사조는 아니다. 다만 그 흐름을 지칭하여 모더니즘 이후의 모든 예술 활동을 지칭하게 된 것이다.

제품 미학에 포스트 모더니즘이 접목되기 시작한 것도 시대적 조류였다. 제품 미학은 예술 활동과는 다르다. 그 핵심은 대량생산품의 복제와 예술작품의 원형성의 대립이다. 제품 미학은 복제에 의해서만 존재하지만, 예술작품은 원본이 카피되는 순간에 오히려 그 예술적 가치가 훼손될 가능성이 크다. 그래서 이런 차이는 예술과 제품의 차이로 표현된다. 이는 곧 제품이 가진 미학적 가치를 예술 미학적 척도로는 판단할 수 없다는 걸 의미한다. 가치 판단의 기준이 다르다. 모더니즘의 제품 미학은 효율성을 근거로, 보다 많은 사람에게 가장 기능에 충실한 제품을 공급하는 게 미덕이었다. 이를 얼마나 많은 사람에게 가장 효율적으로 전달할 수 있는가 하는 기준으로 디자인이 되었고, 이는 기능주의의 기초가 되었다. 하지만 이런 경향이 한계에 부딪히면서 제품 미학도 그 방향을 달리하게 되었다. 포스트 모더니즘의 조류에 휩쓸리게 된 것이다. 물론 포스트 모더니즘이 모더니즘의 연장선상에 있었듯이 제품 미학의 포스트 모더니즘도 모더니즘 시대의 개념에서 완전히 탈피하는 게 아니었다. 오히려 모더니즘의 한계를 넘어서려는 노력이 제품 미학의 관점에서도 생겨났다. 이로 인해 제품의 새로운 해석과 접근이 가능해졌다. 이는 두 방향으로 전개되었다. 모더니즘 정신을 더욱 강조하는 슈퍼미니멀리즘이 하나라면, 모더니즘의 해체를 주장하는 경향이 나머지 하나였다. 때로는 이 모든 과정 자체를 패러디하거나 희화화하는 경향도 등장했는데, 후자의 범주로 볼 수 있다.

이런 두 경향은 제품 미학의 영역에서 다양하게 나타난다. 디자이너 나름의 사상에 따라 다른 형태로 표현된다. 포스트 모더니즘 제품 미학에서는 유희성도 또 하나의 기준이 되었다. 제품 미학의 기준이 사용자 만족에 초점을 맞추게 된 것도 이 지점에서 빚어진 일이다. 제작자의 기준에 따라 제품 디자인이 이루어진 게 모더니즘의 예라면, 포스트 모더니즘의 기준은 사용자의 관점으로 바뀐 것이다. 즉 제품 디자인의 초점이 생산자 중심에서 사용자 중심으로 바뀐 것이다. 이것이 모더니즘과 포스트 모더니즘 제품 미학의 가장 뚜렷한 차이다. 모더니즘만으로는 초점이 바뀐 제품 미학을 완성할 수 없기에 사용자 중심의 가치를 추가하게 된 것이다. 다만 사용자에 따라 그 제품 미학의 기준도 달라진다는 점은 유념해야 한다. 어떤 사용자들을 대상으로 하는가에 따라 완전히 다른 형태의 제품 미학이 적용되는 것이다.

포스트 모더니즘 제품 미학을 어떤 절대적 기준으로 판단할 수는 없다. 절대적 기준은 모든 사용자를 통틀어 적용할 기준을 말한다. 그게 아니라는 것이다. 사용자의 성향에 따라 다른 평가 기준이 필요하다고 할 수 있다. 자신을 과시하려는 성향을 지닌 사람에게는 장식적인 부분이 더 강조될 것이고, 기능주의적인 경향이 짙은 합리주의자에게는 장식적인 요소를 철저히 제거하고는 기능 중심으로만 디자인된 것을 내놓아야 할 것이다. 취향에 따라 완전히 다른 형태의 제품 디자인이 필요해진 것이다. 즉 지금은 하나의 기준으로 모든 것을 판단할 수 없는 시대다. 다원주의적 관점이 필요하다. 하나의 디자인으로 모든 사람에게 만족을 주는 건 불가능하다는 게 포스트 모더니즘의 입장이다. 모더니즘의 입장은 모든 사용자를 만족시킬 가장 합리적이고 효율적인 제품 디자인이 존재한다고 본다. 하지만 제품 디자인에서는 이 두 관점이 여전히 공존하고

있다. 어느 관점을 더 중요하게 보는지는 제품 디자이너의 성향에
달려 있다. 하나의 관점이 모든 판별 기준이 되지는 않는다. 하지만
분명한 것은 제품 미학은 모더니즘을 기반으로 포스트 모더니즘을
지향해야 한다는 점이다. 다양한 제품 미학의 관점이 공존한다. 어
느 관점을 취하든 그 기준은 사용자에 달려 있다고 본다.

제품은 라이프 스타일의
레고 블록이다

◆

제품 만드는 과정에서 중요한 부분 가운데 하나가 라이프 스타일
분석이다. 즉 사용자가 이 제품을 어떤 방식으로 사용할지 연구하
는 것이다. 그러면 제품에 필요한 게 뭔지 드러난다. 또한, 라이프
스타일 분석이 제대로 되면 표적 사용자들의 감성을 읽을 수가 있
다. 사용자들은 자신만의 문법, 즉 언어를 가지고 있다. 이 언어가
제품에 입혀진 것과 일치해야 사용자들이 알아듣고 라이프 스타일
에 맞게 사용한다. 때론 그냥 던진 제품을 사용자들이 알아서 활용
해 나름의 사용법을 찾아내기도 한다. 이건 그저 행운일 뿐이다. 제
품 기획자는 분명히 알아야 한다. 이런 행운을 기대하고 제품을 시
장에 던지면 안 된다. 제품 기획자가 조심해야 하는 건 자신의 기
획 의도와 다른 사용자의 반응이다. 기획된 내용 이상의 사용자 반

응은 좋지만, 전혀 예상하지 못한 반응이 나타난다면 이는 제품 기획 자체를 잘못한 것이다.

　제품은 라이프 스타일을 반영해야 한다. 하지만 라이프 스타일은 다양한 형태를 보인다. 직장인의 라이프 스타일이 있고, 가족과 함께 하는 주말의 라이프 스타일도 있다. 종교에 따라 다른 라이프 스타일을 즐기기도 하고, 정치적 성향에 의한 독특한 라이프 스타일을 갖기도 한다. 직업에 따라, 남자와 여자에 따라서도 달라진다. 다양한 형태의 라이프 스타일을 가질 수밖에 없는 게 사용자들이다. 그런데 이들 모두에게 만족을 주는 라이프 스타일을 찾아 그것을 하나로 묶어 내는 게 제품 기획이 아니다. 이는 가장 단순한 원칙 하나에 불과하다. 싸고 편리하게 사용할 수 있다는 명제일 뿐이다. 핵심은 다양한 라이프 스타일에 맞추어 핵심 욕구를 찾아내는 일이다. 라이프 스타일별로 욕구가 정리되면, 이것을 블록으로 삼아서 결합할 것과 버릴 것을 추려야 한다. 그리고 추려진 욕구들을 재조립해 완성한 형태가 바로 제품이다. 즉 제품은 라이프 스타일의 레고 블록과 같은 것이다. 이 레고 블록 하나하나는 사용자의 욕망에서 비롯된다. 라이프 스타일을 정확히 분석하면 욕망이 무엇인지 찾아낼 수 있다.

　이런 분석 과정은 생각보다 어렵다. 전문적인 프로세싱이 요구된다. 하지만 이런 프로세싱에도 원칙은 있다. 핵심 솔루션은 세 가지다. 첫째, 소득 수준 분석이다. 소득 수준에 따라서 구매 패턴이 바뀐다. 보다 구체적으로는 가처분 소득 분석이 유효하다. 즉 구매할 수 있고, 실제 구매를 집행할 수 있는 수준이 어느 정도 되는지 분석해야 한다. 둘째, 역할 분석이다. 역할 분석은 포괄적인 의미이고, 구체적으로는 남성인지 여성인지, 직장인인지 아니면 자영업자인지, 노인인지 청년인지 등등, 직업, 연령, 성별 등으로 구별되는 모든 것을 지칭한다. 이런 분석을 통해서 '역할'들의 사회적 행동을 분석할 수 있다. 또한, 기본적인 취향을 선별해낼 수 있다. 셋째, 사용 경험 분석이다. 이는 기존 경쟁 제품이나 이미 출시된 제품에 대한 사용 경험 분석이다. 상당히 유용한 분석이고, 아이디어도 많이 얻을 수 있다. 하지만 이것만으로는 사용자들의 반응을 제대로 파악할 수 없을뿐더러 구매로 연결되지도 않는다. 경험 만족도가 크면 해당 제품 선호도가 올라가고, 반대라면 반복 구매의 가능성이 작아지기 때문이다. 그래서 소득 수준과 역할 분석이 선행된 상태에서 세 번째 분석이 이루어져야 의미가 있다. 이런 분석이 이루어지면 모듈화시킬 수 있는 욕구가 보인다. 이런 욕구를 반영해 제품에 담아내야 제대로 사용자들의 취향에 맞는 제품을 출시할 수 있다.

제품의 욕구 블록, 즉 컨셉이 구조화되면 그다음 단계로 이것이 제품 미학으로 발전할 수 있을지 고민해야 한다. 고민의 출발점은 스펙과 외형디자인이다. 스펙이란 기능적인 수준을 의미한다. 욕구 블록이 완성되더라도 기술적 수준에 따라 실현 불가능할 수도 있어서 심도 있게 살펴봐야 한다. 하지만 이는 일차적인 판단이고, 사용자의 관점에서 만족을 느끼는 수준인가 아닌가가 중요하다. 98% 만족을 시킬 수 있는데 100%가 아니라고 출시를 안 하는 것도 문제고, 80% 만족이라도 되니 출시를 강행하자는 주장도 문제가 있는 것이다. 제품 미학적 판단이 필요하다. 외형 디자인도 동일한 이유로 중요하다. 외형 디자인이 취향을 충분히 반영하고 있는지 여부다. 하지만 욕구 블록이 다양하게 구성되기에 주된 외형 디자인과 부수적인 디자인 컨셉이 달라질 수 있다. 결국, 특정 컨셉에 맞추는 순간 다른 부분의 비중이 줄어들기 때문에 이때도 제품 미학적 판단이 중요한 것이다. 이 판단에 따라서 제품의 출시 여부와 디자인 변경 여부를 결정할 수 있다. 가격과 기능 또는 디자인적인 판단이 과거에는 우세했지만, 이제는 제품 미학적 판단이 중요하다. 이 모든 것들의 총체적 결합물이 제품 미학으로 판단되기 때문이다. 하여간 사용자에게 감동을 줄 수 있는지 없는지가 가장 중요한 제품 미학의 판단 근거다. 감동이 없는 제품은 출시하면 안 된다. 제품은 그냥 하늘에서 뚝 떨어지는 게 아니다. 철저한 제품 기획의 성과이고, 제품 미학적 판단의 결과여야 한다는 사실을 명심해야 한다.

제품 미학은 스토리 구조에서 담론 구조로 확장해야 한다

◆

제품을 디자인할 때 기본 구조 설계는 두 가지 방식으로 전개할 수 있다. 첫째는 스토리텔링 구조로 만드는 방식이고, 둘째는 담론 구조로 만들어 내는 방식이다. 사실 스토리텔링 구조가 많이 선호되고 논의되고 있다. 스토리텔링 구조는 일종의 소설과 같다. 기승전결의 구조를 가지고 독자들의 감성을 자극하면서 결과적으로 감동을 끌어내는 구조다. 이런 구조는 자기 완결성을 갖기 때문에 그 구조가 깨지면 감동도 깨진다. 스토리텔링 제품 디자인이 절반의 성공만 먹고 들어간다고 말하는 이유다. 완결적으로 감동을 주면서 제품 디자인을 하기도 쉽지 않다. 물론 다른 요소를 겸비해 제품 미학을 느낄 수 있게 할 수는 있다. 하지만 그 단계를 넘어서는 것도 존재한다. 바로 담론 구조로 감동을 만들어 내는 것이다.

담론 구조와 스토리텔링 구조에 차이가 나는 핵심은 사용자에 의해 구조 변경이 가능한지 여부다. 스토리텔링 경우는 사용자가 참여하는 순간 즉시 감동이 깨진다. 스토리가 깨지면서 감동도 사라지는 것이다. 하지만 담론 구조는 전혀 다르다. 사용자 참여가 오히려 상승효과를 부른다. 사용자 참여로 감동도 강화되는 구조인 것이다. 담론 구조의 가까운 예가 레고 블록이다. 레고 블록은 사용자의 참여에 의해 언제든 변경이 가능하다. 처음에는 주어진 모양만 만들어 보지만, 부수고 만들기를 반복하면서 진화한다. 그전에 있던 블록과 결합하면 더 다양하고 더 좋은 제품들을 만들 수가 있다. 사용자 스스로 만든 제품을 전시, 교재로 만들기도 하면서 제품이 사용자에 의해서 확장되는 것이다.

담론 구조의 유용한 측면은 다음과 같다. 첫째, 사용자들의 참여에 의한 만족감을 극대화할 수 있다. 쉽지는 않지만, 사용자들이 참여해 스스로 목표를 성취하면서 만족감을 느끼는 과정은 흡사 게임과 비슷하다. 명절에 재미 삼아, 혹은 문상객들이 상가에서 무료함을 달래려고 삼삼오오 모여 치는 화투의 예를 들어보자. 화투는 그저 48장의 그림만으로 제품이 구성돼 있다. 하지만 그림들을 맞춰가는 규칙에 따라 다양한 감정을 느낄 수 있다. 참여자들이 지속적이고 반복 가능한 경험을 할 수 있게끔 만들어진 것이다. 화투와 같은 놀이는 하면 할수록 빠져든다.

둘째, 확장성이 높다. 시대에 맞춰 변화를 이끌 수가 있다. 화투의 '고도리'도 시대마다 새로운 규칙이 생기곤 했다. 규칙이 일종의 사회적 담론을 담아내는 그릇이 되기도 한 것이다. 전두환 고도리, 김영삼 고도리 등 정치를 풍자하기도 하고, 때로는 조커처럼 다양한 패를 만들어 넣어 재미를 더하기도 한다. 그래서 지금까지 살아남은 건지도 모른다. 한번 만들어진 담론 구조가 100년 이상 지속되고 있다. 처음 화투를 만들었다는 닌텐도가 여전히 살아 있는 걸 보면 분명 알 수가 있다. 담론 구조의 핵심은 확장성이고, 이는 강력한 생존력을 지닌다는 사실을 말이다.

셋째, 플랫폼이 명확하다. 플랫폼이 명확하므로 그 플랫폼이 변경되지 않는 구조라면 지속될 수가 있다. 그리고 쉽게 깨지지 않는다. 특정 플랫폼에 의해서 경험한 사용자들은 그걸 지속적으로 찾아다니기 때문이다. 게임에 빠진 사람들이 그 게임에서 벗어날 수 없는 것과 같다. 그래서 제품 디자인의 관점으로 보면, 플랫폼을 어떻게 만드는가에 따라 승부가 갈린다고 할 수 있다. 제품의 플랫폼을 잘 만들면 그 플랫폼에 의해 제품이 담론 구조를 갖게 된다. 그럼 그 제품은 담론 구조의 핵심 제품이 될 것이고, 자연스럽게 다양한 제품 미학적 감동을 자아낼 수 있다.

하지만 모든 제품이 그렇게 변할 수 있는지는 분명 큰 숙제다. 스토리텔링 구조만으로도 충분히 감동을 줄 수 있는 것도 있고, 그것만으로는 한계가 있는 것도 있다. 분명한 건 스토리텔링을 넘어서는 다양한 담론 구조를 가진 제품들이 등장하면, 즉시 기존의 구조들은 무용지물이 된다는 사실이다. 즉 제품의 선호도가 완전히 바뀌게 된다. 자동차는 분명 스토리텔링 구조의 완벽한 조화로 이루어져 있었다. 하지만 튜닝 시장이 등장하면서 상황이 변했다. 마치 레고처럼 변경 가능한 구조가 되면서 기존의 자동차 디자인이 설득력을 잃고 말았던 것이다. 어쩌면 플랫폼만 제공하는 형태로 변할지도 모른다. 실제로 자율주행 차량 시장이 열리면 그럴 가능성이 크다고 한다. 기존의 접근방식과는 완전히 달라질 수 있기 때문이다. 자율주행으로 안전도가 높아지면 차체의 안전도 테스트 규정은 약화될 것이며, 그에 따라 기존의 구조를 넘어서는 담론 구조가 등장하게 될 것이다. 모든 제품에 적용될 수는 없겠지만, 담론 구조는 분명 중요한 제품 디자인의 화두가 될 것이다. 그리고 그를 통해서 새롭게 사용자의 감동을 불러올 것이다. 최근에 등장하기 시작한 DIY 비즈니스도 이를 근거로 하고 있다. 담론 구조가 그리 멀리 있는 건 아니라 본다.

낯설어야 새롭게 보인다
차별 짓기

◆

제품 미학을 논하는 이유는 생활 속에 있는 데도 인식을 못 하기 때문이다. 실제 그 아름다움은 시간이 지나고 세월의 때가 묻으면 드러난다. 처음에는 잘 모른다. 그것이 그냥 있는 줄로만 알기 때문이다. 새로운 제품이 디자인되어 나오면 낯설다. 좋아 보이는 예도 있지만, 혁신적인 제품일수록 이상해 보인다. 좋아하는 사람과 좋아하지 않는 사람들이 극단적으로 나뉜다. 우리가 알고 있는 많은 제품이 처음 등장했을 때는 실제 외면받았던 게 적지 않다. 하지만 제품이 사용되면서 사용자들에게 익숙해지고, 그전의 제품과는 다른 기능과 디자인상의 차별성을 보게 되고, 그러다가 결국 대중으로부터 인정받는, 그런 과정을 거친 제품들이다. 혁신 제품일수록 그만큼 오랜 기간 사용자들로부터 외면을 당했다. 하지만 결국 사용자들로부터 인정받은 건 그 나름의 차별성이 존재했기 때문에 가능한 일이다.

기존의 제품과는 다른 차별 짓기를 해야 한다. 단순히 외관을 바꾼다고 차별성이 생기는 건 아니다. 사용자들의 눈에 전혀 다르게 보이기 위해선 완전히 다른 각도에서 제품을 설계하지 않으면 안 된다. 삼성 휴대폰이 세계적인 디자인으로 인정받기 시작한 가장 중요한 계기는 폴더 타입으로 디자인했기 때문이었다. 접는다는 건 기술적으로 힘든 일이었다. 그러나 삼성이 혁신 제품을 만들어 내면서 휴대폰은 일자여야 한다는 기존 개념을 깨트렸다. 이런 디자인은 차별성도 존재하지만, 새로운 아이디어를 제공하기도 했다. 일자 휴대폰의 경우 입과 귀에 휴대폰을 대려면 불편함이 크다. 하지만 폴더는 일정 각도로 꺾이니 통화에도 더 효율적이다. 이런 연장선에서 스마트폰도 곡면을 가지기 시작했다. 물론 스마트폰의 디스플레이도 배터리도 곡면을 이뤄야 하는 기술적인 문제를 해결하면서 가능했다. 디자인의 차이가 기술의 차이를 같이 함유하고 있을 때 비로소 제대로 된 차별 짓기가 가능해진다.

차별 짓기는 출발점부터 다른 예가 많다. 수영복 디자인 사례다. 수영복에서 가장 중요한 게 물의 저항 문제라면, 어류로부터 답을 찾는 것이다. 물속 저항이 가장 적은 물고기를 찾고, 그 물고기의 특성을 연구, 물의 저항을 줄이는 가장 핵심 이유가 뭔지 알아내곤 그것을 모방하면 완전히 다른 형태의 디자인이 가능해진다. 상어가 그런 구조를 갖고 있었다. 상어의 피부표면을 연구한 학자들이 그 구조원리를 수영복에 적용했을 때 전혀 다른 형태의 수영복이 만들어졌다. 그 수영복을 입은 선수가 올림픽 금메달을 따면서 세계적인 열풍을 일으켰다. 이처럼 다른 출발점에 서면 다른 시각으로 볼 수가 있다. 기존의 사고로는 안 보이던 부분이 새로 보이기 시작한다. 미술 세계에서도 최근 들어 각광받는 형태가 개념 미술이다. 개념 미술의 핵심은 바로 다르게 보인다는 데 있다. 기존 관점을 뒤집을 때 새로운 미학이 탄생하는 것이다. 아름다움이란 단순히 형태의 아름다움만 있는 게 아니다. 제품 미학의 관점으로 보면, 기존의 제품과는 완전히 다른 형태의 차별 짓기를 통해 사용자에게 새로운 아름다움을 줄 수 있다면, 개념 미술과 같이 전혀 다른 미학을 만들어 낼 수 있다. 제품 미학의 아름다움이 신기능과 신개념에 의해 더욱 강화되는 것이다.

제품 미학의 개념은 그 출발이 새로운 메커니즘의 구축으로부터 이루어진다. 새로운 형태의 메커니즘을 만들고 그것이 완성되었을 때 시각적이고 조형적인 아름다움이 입혀지는 것이다. 와인오프너 중에 인형의 모습을 한 게 있다. 이 오프너는 알레시(Alessi)라는 회사에서 처음 디자인했는데, 기존과는 다른 개념의 디자인이었다. 와인 마개를 따기 위해 돌리면 인형의 팔이 올라간다. 그리고 그 팔을 내리면 와인의 마개가 열리도록 디자인되었다. 기존 메커니즘과 다르고 재미도 주기 때문에 선풍적인 인기를 얻었다. 오프너 중에 가장 갖고 싶은 오프너가 된 것이다. 일반적인 메커니즘을 새로운 방식으로 디자인함에 따라 사용자가 받아들이는 게 완전히 달라진 사례다. 단순할수록 메커니즘의 변화가 혁신적이 되고, 최고의 제품이 될 가능성이 크다. 기존의 사고로 보면 안 보이던 메커니즘이 새롭게 접근하면 색다른 게 보이고, 새로운 아이디어도 많이 찾아지는 것이다.

새로운 메커니즘이 만들어지면 이제는 심미성 측면에서 전체적으로 재설계해야 한다. 새로운 메커니즘, 즉 기능을 효율적으로 발휘하면서 나름의 독특한 이미지를 만들어 낼 때 비로소 완성되는 것이다. 실제 좋은 메커니즘을 갖췄음에도 불구하고 제대로 심미성을 완성하지 못해 외면당하는 제품들도 많다. 2~3% 부족한 것 때문에 시장에서 사장되는 것이다. 이런 제품들의 공통적인 특징은 메커니즘을 개발한 기술자가 오판하는 예가 많다는 점이다. 개발된 제품의 기능만으로도 시장에서 먹힐 수 있다는 기술자의 과도한 자부심이 오히려 제품의 완성도를 낮추는 결과를 초래한 것들이다. 기술자의 시각만 옳은 게 아니다. 고객은 세 가지 관점에서 최적화된 형태를 원한다. 바로 심미성과 편의성 그리고 기능성이다. 이 삼박자가 최적화된 제품을 선택한다. 좋은 제품이 나오면 사용자들은 당연히 새로운 것을 택하기 때문에 끊임없이 제품 개발을 모색해야 한다. 완성은 없다. 다만 좋은 제품을 만들기 위해서는 그전에 만든 제품과 전혀 다른 개념으로 접근하는 것이 필요하다.

감성은
이성보다 앞선다

◆

3D 모델링을 하는 사람들을 만나보면 이구동성으로 하는 얘기가 있다. "보기 좋게" 또는 "적당히"보다 어려운 게 없다는 것이다. 즉 수치로 얘기하지 않고 "보면 알잖아요? 이렇게 이쁘게 만들어 줘요"라는 요구 앞에선 어떻게 만들어 주어야 할지 난감하다고 한다. 자신도 짐작은 하면서도 그것을 컴퓨터상에 표현해내기란 쉽지가 않은 것이다. 수치로 정확히 이야기해주면 금방 끝낼 일을 감성적으로 요구하니 무엇을 어떻게 적용해야 할지 알 수가 없다는 것이다. 컴퓨터에서 구현해 내는 작업은 가장 이성적인 작업이다. 엄밀히 말해 적어도 $1/100mm$ 이상의 정확도를 요구하는 작업이다. 하나하나 정확히 해주지 않으면 3D든 시제품을 CNC로 깎든, 작동 자체가 어렵다. 감성적으로 어느 정도라는 것으로는 할 수가 없다.

아마 인공지능이 발달하면 할수록 이런 부분은 많이 줄어들 것이다. 최적화 방식에 의한, 인간이 설정해둔 나름의 미학적 시각을 기준으로 그 수치 결정이 자동적으로 될 것이기 때문이다.

제품 디자인에 있어서 이성적으로 접근해야 할 핵심 요소는 세 가지다. 첫째는 효율성 추구다. 가장 효과적으로 부품도 작업 공정도 줄이고, 때로는 선택 재료도 가장 최적화하는 작업이다. 이를 통해 현 조건에서 가장 효과적으로 제품 생산 방법을 결정하는 것이다. 그 바탕에는 기술 수준도 있다. 과거 자동차 외관은 각진 형태가 많았다. 프레스 몰딩 기법에 곡면처리를 하면서 정확히 구조를 맞출 수 있는 기술이 없었기 때문이다. 기술 부족으로 곡면이 아닌 각진 형태로 자동차를 디자인한 것이다. 요즘은 그런 기술이 확보되어 있으니 곡면 디자인을 해도 어려움이 없다. 두 번째는 기능 구조화다. 제품이 가져야 할 가장 중요한 기능적 요소를 주로 구조적 메커니즘으로 발현시키는 일이다. 사실 제품 디자인에서, 어쩌면 핵심기술이기도 하고 중요한 부분이다. 만일 의자를 디자인한다면 가장 중요한 게 앉았을 때 넘어지지 않는 것이다. 이를 위해 4발이 될 수도 있고 3발이 될 수도 있고, 다리 없이 몸체를 일체형으로 키울 수도 있다. 하지만 어떤 구조를 가지더라도 그 기본 기능은 충족돼야 한다. 기능의 구조화가 이루어지지 않은 제품은 제품으로 성립이 안 되는 것이다. 기능 구조화는 가장 단순한 구조를 지닐수록 좋다. 그래서 이성적인 접근이 필요하다. 셋째로는 재현성이다. 재현성은 말 그대로 다시 만들어 낼 수 있다는 뜻이다. 손으로 하는 작업은 실제 해보면 결과물이 똑같지 않다. 사람의 노동의 차이나 감성의 차이에 의해서 조금씩 달라진다. 예술은 그런 차이가 존재해야 의미를 갖지만, 제품은 차이가 있으면 안 된다. 설계된 대로 똑같이 만들어져야 한다. 품질관리는 물론이고, 수치 제어나 자동화를 통해 재현성을 높일 수 있다. 어려운 수치 제어의 오차를 줄이기 위해 3D 소프트웨어를 사용하면 더 좋다.

이런 이성적인 접근이 이루어지면 그 위에 감성이 입혀진다. 감성 요소 역시 세 가지로 나뉜다. 첫째는 형상이다. 시각적으로 부드럽게, 혹은 딱딱하게 느껴지는 등, 시지각과 관련된 요소다. 형상을 감각적으로 만들어 내기는 쉽지 않다. 좋은 제품으로 여기는 것 가운데는 독특한 형상을 가진 게 많다. 형상을 통해 브랜드가 보이고, 디자이너가 보이기도 하고, 때로는 생산 시기와 생산국이 보이는 예도 있다. 이 모든 게 밖으로 드러나는 형상에 의해 구별되는 것이다. 둘째는 색감이다. 제품과 어우러진 색상이 일으키는 감정을 말한다. 총체적이고 감각적이다. 하나의 색을 말하는 게 아니라 혼재된 색을 포함하며, 혹은 부분부분 패턴화된 색상이 가져다주는 느낌을 뜻한다. 개별로 보자면 하나하나 다른 색이지만, 전체가 어우러져 제품의 색감을 특징짓게 만든다. 그래서 색감이 중요하다. 셋째는 상징이다. 이 상징이 브랜드가 될 수도 있고 문양이 될 수도 있다. 때로는 디자이너의 트레이드마크가 되기도 한다. 어느 제품이든 붙여넣을 수 있는 것을 말한다. 이런 상징은 결국 디자이너가 마지막으로 남기고 싶어 하는 땀의 결정체다. 그것을 중심으로 마무리를 하는 것이다. 디자이너가 전달하고자 하는 모든 것이 담긴 게 상징이다. 그만큼 신중해야 하고, 어려운 부분이기도 하다. 상징 처리를 잘못하면 천박하게 비칠 수도 있다. 그래서 가장 많이 신경을 쓰는 부분이다.

이성의 바탕에 감성을 입힐 때 제품은 살아난다. 분명 디자이너의 마음속에는 이를 현실화시키고 싶은 욕망이 존재한다. 하지만 쉽지가 않다. 이성적인 체계에 맞춰 완결짓는 것만도 쉽지 않은 일이다. 오랜 시간 연구와 구상을 하지 않으면 할 수 없는 일이다. 감성적인 요소 역시 오랜 경험을 하지 못하면 쉽게 입힐 수 있는 부분이 아니다. 감성은 경험한 만큼 얻는다. 보지 못하고 느끼지 못하면 그런 감성의 차이가 얼마나 중요한지 알 수가 없다. 좋은 제품 디자이너로 살아남으려면 좋은 경험을 많이 하는 수밖에 없다. 경험한 만큼 제품 속에 묻어나기 마련이다. 하지만 좋은 경험이 그냥 발현되는 것도 아니다. 오랜 수련에 따른 이성적 접근이 있을 때라야 가능하다.

입혀진 감성과 이성적인 작업의 결과물이 상충하는 경우가 의외로 많다. 제품 디자이너 입장에서는 아주 난감한 경우다. 효율성에서 문제가 되는 경우가 가장 많고, 재현성에도 문제가 되는 예가 많다. 그럴 때는 이성적 작업의 조정이 필요하다. 그런데 이도 쉽지 않다. 만일 이성적 작업을 팀 단위나 여러 명이 공동 작업한 경우라면 그들은 잘 나서려 하지 않는다. 그게 최선이라고 판단하기 때문에 쉽게 바꾸려고 하지 않는 것이다. 감성을 입히는 것과 이성적 작업이 충돌할 경우 최종 판단은 감성을 기준으로 해야 한다. 사용자의 감각이 관건이기 때문이다. 사용자는 이성적 작업에 좌우되는 게 아니다. 입힌 감성에 반응한다. 사실 사용자는 이성적 요소는 어느 제품이나 마찬가지라는 생각을 하기 쉽다. 물론 가끔은 이성적 요소가 근본적으로 사용자와 맞지 않는 예도 있다. 하지만 이는 이성적 작업이 잘못된 것이지 감성을 입히는 데 문제가 있던 게 아니다. 그러니 감성을 중심으로 판단하는 게 올바르다. 이성은 이론적이고 체계적인 바탕을 만들어 주는 것이고, 감성은 그 위에 꽂는 깃발이다. 사용자는 그 깃발을 보고 따라간다. 제품 디자이너가 엔지니어와 다른 것이 바로 감성을 제품에 담을 수 있기 때문이다. 제품 미학 또한 감성이 입혀진 제품에서 발현되고 빛이 난다. 감성이 없다는 건 마치 바짝 마른, 뼈만 남은 사람을 보는 것과 같다. 기능적으로 문제는 없지만, 그것을 통해 우리가 아름다움을 볼 수는 없다. 살이 채워지고 피부도 눈매도 나름 또렷해져야 사람의 아름다움을 발견하는 것과 같다. 이성적 접근과 감성적 접근이 통일돼야 제품 미학이 살아난다.

기능은 구조와
메커니즘에 의해서 실현된다

◆

기능은 두 가지로 드러난다. 첫째는 구조다. 구조는 기능을 구축하는 움직이지 않는 형식을 의미한다. 핵심 구조와 부가적 구조로 구분된다. 핵심 구조는 말 그대로 골간을 이루는 구조를 말한다. 그 구조물 중에 어느 하나라도 없어지면 그 구조 자체가 붕괴하는 것이다. 삼각형에서 한 변이 없어지면 평면을 유지할 수 없다. 하지만 사각형에서는 한 변이 없어도 평면은 유지가 된다. 이때 평면의 관점으로는 삼각형이 핵심 평면 구조이고 사각형은 핵심 평면에서 부가된 평면이 되는 것이다. 그렇다면 핵심 구조가 바뀌면 어떻게 될까? 그러면 다른 차원에서의 핵심 구조로 바뀐다. 즉 삼각형에서 한 변이 사라지면 바로 선이라는 차원으로 바뀌는 것이다. 부가적 구조는 핵심 구조에 부수적으로 작용하여 그 핵심 구조를 증강하는 역할을 한다. 기능을 파악할 때 핵심 구조와 부가적 구조를 명확히 구분할 수 있어야 심플하게 구조를 만들어 낼 수 있다. 핵심만 명확하게 구조로 만들어도 충분히 좋은 기능을 한다. 핵심에 집중하지 않고 부가적인 기능에 집중하면 산만해지기 십상이다. 비용도 많이 들뿐더러 집중력도 떨어지는 법이다.

둘째로는 메커니즘이다. 메커니즘은 구조의 작동 방법을 의미한다. 메커니즘은 구조와 같이 움직이는 동시성을 가지고 있다. 만일 자전거의 변속기어를 만들었다고 하면, 기어의 메커니즘을 이해하기 위해서는 먼저 자전거에 부착해야 한다. 이것까지가 구조다. 메커니즘은 기어 변경이 어떻게 이루어지는지, 그리고 기어 변경 시 안전성은 어떻게 보장되는지 하는 부분이다. 메커니즘은 구조에 따른다. 하지만 메커니즘 자체가 완전히 구조에 종속되는 건 아니다. 좋은 구조라고 좋은 메커니즘이 되는 건 아니지만, 구조가 만들어지지 않으면 메커니즘이 존재할 수 없다. 구조만으로도 충분히 제품 미학을 발현하는 디자인 제품들도 많다. 냄비는 구조만 있어도 된다. 냄비에 밥을 하더라도 특별한 메커니즘이 필요한 건 아니다. 그런데 압력밥솥이라면 메커니즘이 중요해진다. 밥솥 내부의 압력이 증가하면 수증기를 어느 시점에 어떻게 배출해 뜸을 들일지 등이 메커니즘의 설계에 따라 달라진다. 안 그러면 압력밥솥이 폭발한다. 제품의 성격에 따라 메커니즘이 중요한 것들이 많다. 작동해야만 기능을 하는 제품들은 모두 메커니즘이 중요하다.

기능은 구조와 메커니즘의 상호 결합 정도와 유효성에 의존한다. 즉 보기 좋은 구조라고 좋은 메커니즘이 만들어지지는 않는다. 미국의 60년대 자동차들은 화려하고 장식적인 것들이 많았다. 에너지 효율에 대한 생각이 전혀 없었다. 그런데 70년대 들어서 오일쇼크가 나자 완전히 바뀌었다. 기름값이 올라 에너지 효율을 중시하는 쪽으로 자동차 설계가 바뀐 것이다. 다시 말해 메커니즘 자체가 중요해지기 시작한 순간부터 자동차의 디자인이 완전히 바뀐 것이다. 연비가 중요하고 순간 가속이 중요한, 그런 자동차가 되었다. 자동차의 기본 메커니즘에 부가적으로 더 중요해진 것이 연비나 순간 가속과 같은 기능들이었다. 60년대까지 유행했던 화려하고 치장이 많은 디자인은 사라지기 시작했다. 지금 그런 디자인은 클래식 카로 남아 있다. 오히려 멋진 아름다움을 제공하는 차로 아직도 살아남아 있는 것이다. 메커니즘 자체가 핵심 구조를 바꿀 수는 없어도 부가적 구조는 바꿀 수 있다. 자동차의 설계 시 유체역학적 해석이 필요해지면서 메커니즘의 목표가 바뀌자 유선형 디자인으로 외형이 바뀌었던 게 대표적이다.

제품 미학적 관점으로 보면 구조와 메커니즘은 어떤 관계일까? 그 중심에는 사용자들의 욕망이 존재한다. 사용자들의 욕망은 구조를 만들어 내고 메커니즘도 만들어 낸다. 구조도 고도화되기를 원하고, 메커니즘도 보다 효율적으로 작동하기를 원하는 것이다. 그런데 사용자들의 욕망은 단계별로 성장한다. 만일 기름값이 계속 쌌다면 미국의 자동차 디자인이 유선형으로 선회했을까? 아니라고 본다. 크고 에너지 효율이 낮은 차라도 적어도 환경 문제를 생각하기 전까지는 변하지 않았을지 모른다. 그러나 속도를 욕망하는 사용자라면 다르다. 순간 가속과 최고 속도를 희구하는 사용자는 당연히 최적의 에너지 효율을 추구하는 차량을 선호한다. 벤츠와 BMW 두 가지 차를 시속 $200km$ 이상 달려 보면 특징이 드러나는데, 벤츠는 230km에서 흔들림이 심해지고 BMW는 270km에서 흔들림이 심해졌다. 일반화할 수는 없겠지만, 고속 주행을 즐기는 젊은 층은 BMW에 대한 선호도가 높을 것이다. 사용자들의 욕망에 따라 구조와 메커니즘도 진화한다. 제품 미학은 먼저 사용자들의 욕망에 따라 그 판단 기준이 바뀌는 것이다.

그렇다고 사용자들의 욕망만으로 제품 미학의 모든 것을 판단할 수는 없다. 기능을 바라는 관점에서의 제품 미학은 핵심 구조와 부가적 구조의 결합 정도가 중요하고, 또 구조와 메커니즘의 완벽한 상호 작용을 중요시한다. 즉 취향에 따라 다를지는 몰라도 사용자들은 구조가 메커니즘을 완벽하게 뒷받침할 경우, 먼저 그 자체에 만족을 느낀다. 벤츠와 BMW 자동차를 선호하는 사람들은 자동차 자체에 대한 만족감은 높다. 하지만 시속 200km 이상 고속 주행을 해보기 전까지는 그 차이를 알지 못한다. 하여간 고속 주행은 사용자의 취향에 달렸지만, 적어도 그전에는 어느 정도 이상의 만족감을 느끼는 것이다. 세분화하기 전에 기본적인 만족감을 줄 만한 수준의 미학적 완성은 이루어져야 한다는 의미다. 이는 구조와 메커니즘의 결합도에 달려 있다. 보다 더 높은 수준의 만족감은 사용자들의 취향에 달려 있다. 또한, 디자이너가 원하는 방향에 결부된다. 제품 미학은 일정 정도 이상의 미학적 완성도, 또 사용자의 취향에 맞는 수준의 미학적 완성으로 구분되는 지점이 있다는 의미이다. 일반적인 경우는 잘 모르지만, 어느 단계 이상이 될 때 그 차이는 표가 난다. 벤츠와 BMW 차이처럼 말이다. 그러기에 구조와 메커니즘의 완성도가 제품 미학적 만족도를 제공해 줄 수 있는 단계와, 사람들의 취향에 따른 전문적인 만족도를 높여 주는 단계를 구분할 필요가 있다. 사용자 취향에 따른 만족은 기본적인 미학적 완성도 상위에 존재한다. 제품의 기능 디자인은 이 두 가지 관점을 동시에 구성해 낼 때라야 제품 미학의 완성도를 높인 것으로 볼 수 있다.

제품의 에러를 제거하는 만큼
미학이 완성된다

◆

완벽하게 제품을 개발하고 설계를 했더라도 문제는 있다. 마치 컴퓨터 프로그램과 같다. 프로그램을 만들고 론칭을 하면, 베타 버전으로 에러를 체크하는 기간을 가진다. 그때 많은 문제를 확인할 수 있는데, 그중 상당 부분은 환경 설정과 시스템 자체의 문제와 연관된다. 즉 개발실 내의 컴퓨터와 다른 사양일 경우 에러가 발생하는 것이다. 그런 에러들을 수정하고 환경에 맞게 그 운용범위를 넓혀 주면 그때 비로소 완벽해진다. 좋은 제품은 허용 범위가 넓은 것이다. 넓게 활용될 수 있을 때 그것은 좋은 제품이다. 이를 전문용어로는 Capability라고 한다. 사람에 대해서는 Ability라고 한다면

Capability는 제품 또는 기계에 적용되는 개념이다.

　이런 Capability는 제품 개발에서도 중요하다. Capability를 높이는 데는 핵심적으로 세 가지가 선행돼야 한다. 첫째, 에러테스트를 많이 해보는 것이다. 바로 컴퓨터 프로그램의 베타 테스트와 같은 것을 해보는 것이다. 실제 현장에서 다양한 사람들의 사용 경험을 듣다 보면 사소하지만 중요한 에러들을 발견할 수 있다. 에러들을 찾아내고 에러를 줄이면 Capability가 커진다. 즉 그 제품을 사용해서 만족할 수 있는 사용자들이 많아지는 것이다. 사용자들은 연령도 성별도 신체 크기도 다르다. 심지어 인종도 다르기 때문에 제품을 사용해서 만족할 수 있는 정도가 다르다. 기본적으로 생활 문화가 달라서 모두를 만족하게 만드는 건 불가능하다. 하지만 Capability는 경제성뿐 아니라 시장성에도 중요한 기준이 되기 때문에 가능한 높이는 게 좋다. 그렇다고 제품의 아이덴티티가 사라질 정도로 확장되면 좋을 게 없다. 독창적인 부분을 유지하면서도 Capability를 높일 수 있는 방향으로 에러테스트 결과를 반영하는 게 좋다.

　둘째, 트렌드와 베이직의 조화를 높이는 것이다. 간단한 예를 들자면, 대표적인 게 색상이다. 베이직한 색상은 화이트·블랙·회색이다. 이들만으로 모든 것을 해결하려고 하면 그 제품은 트렌드를 반영하지 못하게 된다. 트렌디한 색상을 반영해 구색을 갖춰야 나름의 이미지가 생기는 것이다. 실제 제품이 판매되는 걸 보면 오히려 베이직한 색상이 더 많이 팔린다. 하지만 구매자 입장에서는 트렌디한 선택사항을 만들어 주지 않으면 뭔가 허전함을 느끼게 된다. 이는 색상뿐만이 아니라 기술적인 측면에서도 동일하게 적용된다. 혁신적인 기술과 기본기술을 적절히 조화시켜야 한다. 너무 앞서가면 사용자들이 따라가지 않는다. 혁신기술만 적용하면 오히려 Capability가 떨어질 수 있다. 제품 디자인에서도 20대 80의 법칙이 적용된다. 20%의 혁신과 80%의 유지가 조화를 이루는 것이다. 다음 시즌이나 개발 단계에서 아직 변화를 주지 않은 80% 중에서 또 20%를 변화시킨다. 그렇게 해가면 결국 몇 년 내에 제품군 전체가 혁신적으로 변하게 되는 것이다. 이처럼 트렌드와 베이직, 또는 혁신과 기본기술의 조화를 이루어 갈수록 Capability가 증가한다.

셋째, 허용한계를 높이고 넓히는 것이다. 가전제품이라면 220V 전용인 제품과, 110V 220V 겸용 제품, 그것을 확장해 90V에서 360V까지 사용이 가능한 제품은 Capability에서 확실히 차이가 난다. 또한, 허용한계를 높이는 건 품질 수준과도 직결되는 문제다. 사용기한이 5년인 것과 10년인 것에는 많은 차이가 있다. 내구연한을 높일수록 그 제품의 Capability가 높은 것이다. 제품 개발 이후에 허용한계를 확장하기란 쉽지 않다. 개발 후에 허용 범위를 높이고 넓히려면 차라리 개발을 다시 하는 게 나을 수도 있다. 초기 개발 단계에서 이미 이런 개념을 적용해야 적은 비용으로 가능하다. 초기부터 허용한계를 기술적으로 도달할 수 있는 최고의 수준까지 높여 두면 그것이 Capability의 확장뿐 아니라 제품 자체의 이미지나 성능에도 큰 차이를 가져온다. 초기 허용한계를 어떻게 설정하는지 그것만으로도 제품 개발 수준을 알 수 있다. 종합적인 접근법이나 기본적인 이해와 지식수준을 그대로 보여주기 때문이다.

제품 미학의 관점으로 보면 Capability가 높은 제품이 더 매력이 있다. Capability의 확장으로 그전에는 볼 수 없던 매력을 제공하는 것이다. 사용자들도 높은 수준의 사용 경험을 하게 되고, 결국 그로 인해 제품 미학의 완성에 가까워진다. 세상에 모든 사람을 만족시키는 제품은 없다. 하지만 최대한, 아니 최적의 대상을 만족시킬 정도까지는 Capability가 높아지는 게 중요하다. 그만큼 제품 미학도 증진되기 때문이다. 제품 미학의 질적 향상은 결국 대상자들의 확장과도 연관이 깊다. 명화가 더욱 많은 사람에게 감동을 주듯이 제품도 많은 사람을 만족시킬수록 그 가치가 빛나기 때문이다.

제품은 목적 → 구조 → 전달 → 도구 → 제품
과정의 반복으로 진화한다

◆

역사의 진화를 바라보는 관점으로 나선형 역사관이라는 게 있다. 나무에 박은 나사를 한 바퀴 돌리면 제자리로 돌아온 것처럼 보인다. 하지만 나사는 같은 위치에 멈춰서는 게 아니라 한 칸씩 앞으로 나아간다. 반복하는 것처럼 보이지만 앞으로 나아가는 것, 이렇게 역사를 해석하는 걸 나선형 역사관이라 부른다. 아무리 생각해도 역사는 그런 측면이 있는 것 같다. 그런데 이 이야기를 끄집어내는 이유는 제품도 그와 유사하기 때문이다. 하늘에서 뚝 떨어진 제품은 없다. 언제나 앞엣것을 참고해 제품을 만들고, 추가적인 기능을 넣고, 또 기능 중에 시대에 맞지 않는 게 있으면 제거하고… 이런 과정을 통해 제품이 진화하는 것이다. 진화하면 할수록 그 제품은 두 가지를 충족해야 한다. 기술적 적응력과 사용자 만족도다. 사용자 만족도야 이해가 쉽지만, 기술적 적응력이란 개념은 이해가 안 될 것이다. 사회가 개발해 놓은 기술에 반응하여 제품이 어느 정도의 기술 내용을 그 속에 담고 있는지를 보는 것이다. 분야마다 다르겠지만, 기술적 적응력의 수준에 따라 제품의 기술 수준도 측정된다.

제품의 진화 과정은 목적, 구조, 전달, 도구, 제품 순으로 이루어진다. 첫째, 목적은 두 가지 정보를 기준으로 만들어진다. 하나는 사용자의 요구사항이고, 또 하나는 기존 제품에 대한 분석 사항이다. 제품의 출발점은 새로운 것을 만들어 내는 데 있지 않다. 어떤 형태든 디자이너의 머릿속에는 모델 제품이 있다. 그리고 그 제품은 현존하는 것이다. 이것으로 시작을 한다. 아예 처음부터 새로 만들어지는 건 정말 드물다. 디자이너가 할 일은 이 두 가지 정보를 기준으로 어떤 목적의 제품을 만들지 결정하는 것이다. 사용자가 요구와 기술 수준에 맞춰 나름의 목표를 정하고 만족도와 기술도를 정해야 한다. 사용자가 어떤 목적으로 사용하여 만족할지를 디자인하는 것이다. 이 단계가 디자이너에게 가장 힘든 과정이다. 그래서 디자이너 혼자가 아니라 다양한 사람들이 팀을 이뤄 진행하는 게 좋다.

둘째, 구조를 짜는 과정이다. 목적을 주목적과 부목적으로 나누고, 주목적에 충실한 구조를 짜는 것이다. 디자이너가 창의성을 발휘해야 하는 때다. 그리고 구조의 기술적인 백그라운드를 엔지니어들이 보강해주어야 한다. 수없이 반복하거나 테스트를 통해 최적화된 구조를 만들어야 하는 과정이다. 디자이너는 아이디어를 제시하고 엔지니어는 그 적합성을 테스트한다. 그런 과정을 통해서 주목적에 맞는 최종 구조를 확정한다. 이때 집중할 것은 충분한 테스트와 적합도의 검증이다. 처음에는 디자이너가 내놓은 아이디어가 좋아 보일 수 있다. 물론 그 제품을 전시만 하고 말 요량이라면 문제 될 게 없다. 창의적인 아이디어로 구조를 디자인한 그 자체로 전시하면 끝난다. 하지만 제품은 그렇게 해서는 안 된다. 사용자가 오랫동안 사용하는 게 제품이다. 그래서 끊임없이 적합성 테스트를 해야 하는 것이다. 하면 할수록 문제가 보인다. 이를 토대로 어느 문제는 감수하고 어느 정도는 극복하겠다는 엔지니어링 스펙을 만들었을 때 구조 디자인이 끝난다.

셋째, 제품을 형상화하여 사용자에게 이해되고 선택되는 외화 과정을 거친다. 즉 커뮤니케이션할 수 있도록 만드는 것이다. 사용자는 구조만으로 제품을 선택할 수 없다. 건물의 뼈대만 보고 집을 살 건지 말 건지 결정할 수는 없는 노릇이다. 내용을 잘 아는 사람이야 구조만 봐도 어떻게 처리될지 알 수 있을지 모르겠지만, 일반적인 사용자들에게는 이해할 수 있는 형태로 전환을 시켜 주어야 한다. 그렇게 변환된 것을 보고 판단을 한다. 선택할지 말지를 결정하는 것이다. 그래서 전달, 즉 커뮤니케이션이 원활할 수 있게 만들어져야 사용자가 제품을 이해한다. 제품 개념을 잘 전달하게끔 외관을 디자인해야 한다. 이는 스타일 디자인이라는 영역으로, 주로 제품의 외부 디자인에 포커스를 맞춘다.

넷째, 도구, 즉 양산 도구 또는 몰드를 의미한다. 외부 디자인까지 결정되면 제품을 대량 생산하기 위한 도구가 필요하다. 이런 도구를 일반적으로는 몰드나 주형, 또는 치공구라고 한다. 몰드는 사출

몰드, 캐스팅 몰드, 프레스 몰드 등 다양한 형태가 있다. 여기에 더해 부수적인 제작 도구들이 필요하기도 하다. 이런 것이 갖추어질 때 비로소 대량 생산이 가능해진다. 주로 부품이 먼저 만들어진다. 제품에 필요한 부품이 만들어지면 이윽고 조립단계로 진입하게 된다. 사실 디자이너들은 이런 도구들을 잘 알지 못한다. 주로 엔지니어들이 하는 일이다. 하지만 디자이너가 도구들의 효율성과 기술적 한계는 알고 있어야 엔지니어들과의 마찰이 적다. 양산을 위한 기술과 개발을 위한 기술의 차이가 결정적으로 나타나는 시기가 도구를 만들 때다. 이때 어떻게 하는가에 따라 양산 자체가 완전히 달라지기도 한다. 몰드를 못 만들면 양산할 수가 없다. 아무리 좋은 디자인과 구조 설계를 했다 하더라도 그렇다.

다섯째, 제품이다. 부품이 만들어지면, 이를 조립하면서 최종 제품을 만든다. 어쩌면 초기 제품은 디자이너의 머릿속에 있던 것과는 다를 수 있다. 하지만 제품 개발과정을 통해 나름 정리하면서 최종 제품으로 완성하는 것이다. 실제 제품 디자이너가 얼마나 양보했는가에 따라서 제품의 차별성이 드러난다. 디자이너가 지나치게 양보하면 기존 제품과 큰 차이를 못 느낄 지경이 될 수도 있다. 반면 너무 창의성만을 강조하면 기술의 한계에 부딪히게 된다. 어떤 위치에서 창의성 또는 혁신의 수준을 결정할지는 제품 디자이너의 일이다. 물론 숙련도에 의해 시제품보다 더 좋아질 수도 있다. 생산하면서 조금씩 개선되는 예도 있다.

위의 다섯 과정을 거쳐 만든 제품이 다시 다음 제품 개발을 위한 기준이 되고, 또다시 제품 개발과 디자인을 해 나가는 것이다. 그런데 디자이너나 회사에 상관없이 어느 제품이든지 항상 그 회사 제품 또는 그 디자이너의 제품이라는 느낌을 주기 마련이다. 진화한 제품도 그렇다. 이것이 제품이 가진 미학적 속성이다. 아무리 반복하고, 진화한 제품이라도 그 속엔 미학적 기준 또는 상징적 기준이 존재한다. 그것을 잃어버린 제품은 그 회사의 제품도 아니고 그 디자이너의 제품도 아니다. 사용자는 그걸 알고 있다. 그래서 그 속에 담긴 제품 미학적 포인트에 열광하는 것이다. 디자인에 소유권은 없지만, 정신은 있다. 바로 디자인 영혼이라는 정신이 스며 있어야 한다. 아무리 반복, 개발, 진화, 대량 생산을 하더라도 잃어버리지 말아야 할 것은 바로 디자인 영혼이다. 영혼이 담긴 제품은 제품 미학을 완성한다. 그렇지 못하면 자기의 정체성도 잃고 사라지기 쉽다.

제품도 총체적으로 만들어야 통일된 미학을 완성한다

◆

'종합적'이라는 말하고 '총체적'이라는 말은 다른 개념으로 사용된다. '종합적'은 개별 객체들이 모여 있기는 하지만, 나름의 특징을 가지고 있고 그 특징 간의 유사성이 존재하기도 하고 안 하기도 한 것을 말한다. 야채 샐러드로 보자면, 그 속에 있는 야채와 과일들이 개별적으로는 독립적이지만, 하나의 그릇에 담긴 상태로 인해 '종합적'이라는 표현이 가능이다. '총체적'이라는 의미는 조금 결이 다르다. 종합적이면서도 그 속에 모여 있는 개체 간에 상호 유기적 관계가 존재한다는 뜻이다. 그것들이 모여서 무엇인가 새로운 게 만들어진 것이다. 그렇다고 그 개체의 특징이 완전히 사라진 것도 아니다. 비유를 들자면 바로 잡곡밥이다. 잡곡밥 속의 개별 잡곡은 나름의 특징을 가지고 있다. 하지만 밥으로 만들어지는 순간 개별적인 특징이 잡곡밥으로, 총체적으로 연관되는 것이다. 이때는 그 속에 담긴 잡곡의 개별 특징이 중요한 게 아니라, 잡곡밥으로서의 총체적인 특징이 더 중요해진다. 잡곡밥 속에 담긴 잡곡의 개별 특징이 사라진 것도 아니기 때문이다. '총체적'이라는 말은 결국 현재의 개별적인 존재들의 특징이 다음 단계의 총체적인 특징으로 전환될 때 사용되는 말이다.

제품 미학도 이런 총체적인 미학이다. 총체적이란 말은 영어로는 holistic 또는 total이라고 하는데, 어원은 holos에서 비롯하였다. 어원적인 의미는 전체를 뜻한다. 그러나 역사적으로 이 말은 조금씩 그 의미가 바뀌어 왔다. 관념론적인 고정된 총체성은 헤겔 철학에 오면서 역동적이고 변증법적인 것으로 바뀌었고, 이는 발전이라는 개념까지 포함한 것이다. 즉 하나로 그치는 게 아니라 과거의 역사성을 인정하면서도 미래의 변화까지 수용하는 개념이었다. 마르크스는 총체성의 개념을 역사적이고 계급적인 개념으로 보았으며, 루카치에 이르면 역사적 총체성에 대한 판단은 개인 스스로 총체적 개념을 지니고 있을 때 가능하다고 봤다. 즉 총체적 형성과 총체적 수용은 같은 수준에 도달했을 때 그 의미 파악이 가능하다는 뜻이다. 제품 미학이 총체적이라는 의미는 두 가지 관점으로 볼 수 있다. 하나는 그 제품이 만들어진 과정 자체가 바로 총체적 결과물이라는 것이다. 단순히 한 개인의 산물이 아니라 주어진 환경, 역사적 배경, 제품을 만드는 회사의 비전, 그리고 의사결정자의 사고, 마지막으로 디자인하는 사람의 창조적 행위 등등, 이 모든 것이 총체적으로 형성될 때 만들어진다는 의미다. 쉽게 말해 그냥 만들어진 게 아니라, 그 역사적 기원이 있다는 뜻이다. 또 하나의 관점은 그렇게 만들어진 총체적 제품에 대해 그 평가에 있어서는 총체적인 개념적 이해를 가진 사람만이 그 의미를 파악할 수 있다는 것이다. 즉 총체적 제품에 녹아 있는 그 언어를 이해할 수 있는 사람이 총체적 미학을 경험할 수 있다.

보다 구체적으로 제품이 총체적으로 만들어지는 문제를 다루어보면, 그 출발은 역사성에 근거한다. 그 역사의 기반은 그 시대가 가진 기술에 의존한다. 중세 시대의 기술과 20세기의 기술은 현격한 차이가 난다. 똑같은 제품을 놓고 중세와 현대 기술에 대한 이해 없이 보면 별다른 차이를 느낄 수가 없다. 하지만 양 시대의 기술 수준을 안다면 평가가 달라진다. 현대의 관점으로 보면 별것 아닌 물건을 만일 중세 제품으로 판단한다면 감탄을 자아낼 수도 있는 것이다. 즉 역사성에 근거해서 봐야 그 제품의 수준을 평가할 수 있다. 또한, 어떤 역사적인 배경 하에 어떤 디자이너가 만들었는가도 중요하다. 주어진 환경 속에서 뛰어난 디자인 제품을 만들어 내는 사람이 있는가 하면 그렇지 못한 사람도 많다. 동시대에 수많은 디자이너가 있지만, 그래도 나름 자신의 세계를 구축한 디자이너는 그렇게 많지가 않다. 자신의 주어진 환경과 제약을 넘어 창조적인 제품을 디자인해 내는 사람이 많지 않은 것이다. 그런 능력을 갖춘 사람들은 환경의 제약을 뛰어넘는다고 생각하지만, 실제로는 그 환경에서 자신이 만들어야 할 것을 찾아낸 사람들이다. 즉 환경을 무시한 게 아니라, 주어진 환경에서 최고점을 찾아낸 것이다. 일반인들이 알지 못한 그 정점을 찾아냈기에 그런 디자인이 가능한 것이다. 다시 말해 총체적 관점을 지닌 디자이너가 그런 총체적인 가능성을 찾아낸 것이다. 단순히 하나의 사고로 만들어지는 게 아니다. 디자이너 자신이 그 사실을 알든 모르든, 환경과 개인의 창의성이 결합된 총체적인 힘에 의해 그 디자인이 탄생하고, 제품이 만들어진다고 봐야 한다.

만들어진 제품에 대해 제대로 파악하는 것도 하나의 총체적 인식 과정이다. 즉 총체적인 힘에 의해 만들어진 제품에 대한 총체적인 평가 또는 감지할 수 있는 능력도 총체적인 파악능력을 가진 사람만이 가능하다. 이런 인지 능력은 일종의 감각 언어다. 감각 언어는 문화적인 역사성에 근거하기 쉽다. 탁자의 경우, 우리가 과거에 많이 사용했던 소반을 외국인은 제대로 감지할 수 없다. 그들은 책상다리로 바닥에 앉아 본 경험이 없기 때문이다. 소반의 외형을 떠나 그에 대한 감지 능력이 한국인에 비해서 좋을 수가 없고, 격차가 벌어질 수밖에 없다. 그 격차 수준이 바로 인지 격차 수준이다. 이를 미학적으로 확대해 보면, 미학적 인지 능력의 차이가 나타난다고 봐야 한다. 즉 총체적인 인지 능력에는 환경적인 코드가 맞아야 하고, 또한 기본 인지 지식도 필요한 것이다. 한문이 적힌 추사 김정희의 〈세한도〉를 보고 한자를 모르는 사람은 그 그림이 가진 가치를 알 수가 없다. 인지의 기본이 되는 지적 능력에 공감이 형성되어야 정확히 인지할 수 있는 능력이 생기는 것이다. 제품 미학이 총체적이라는 의미에는 인지 과정 자체도 총체적 인식에 바탕을 두고 있다는 뜻이 담겨있다.

그럼 이런 총체적인 제품 미학적 제작과 인지 과정은 어떻게 하면 가장 효과적으로 해결할 수 있을까? 그 고민의 출발은 바로 시대 정신에서 비롯된다고 본다. 즉 그 시대 정신에 맞는 제품을 만들어 내는 것도 중요하고, 시대 정신의 흐름을 이해하고 제품을 인지하는 것도 중요한 것이다. 시대 정신이 제작과 인지의 두 과정을 통일시켜주는 연결고리인 것이다. 시대 정신의 결과물이 예술이나 제품이 되기도 하고, 콘텐츠가 되기도 한다. 시대 정신을 안다면 당연히 시대에 맞는 경향이 무엇인지 어떤 감각 언어를 사용하는지도 알게 된다. 그에 따라 시대정신의 산물인 제품에 대한 깊은 이해가 가능한 것이다. 어느 시대나 그 시대 정신은 존재한다. 동일한 이름으로 존재할 수도 있지만, 그 내용은 완전히 다를 수도 있다. 하지만 시대 정신의 질적인 면은 온전할 수밖에 없다. 시대 정신을 파악해야만 제품 제작이든 제품 인지든 가능한 것이다. 제품 미학도 다르지 않다. 시대 정신의 출발이기도 결과이기도 하기 때문이다. 60년대 만들어진 클래식 자동차를 보면, 디자인이 이상할 정도다. 하지만 분명한 것은 그때의 시대정신은 풍요였다는 거다. 효율이 아닌 풍요였기에 가능한 것이다. 당대의 제품을 미학적으로 인지하려면 당대의 시대 정신을 읽어야 한다. 제품 미학에 있어서 총체적인 시대정신의 인지야말로 그 출발이고 끝이다.

제품 미학도 서비스 디자인으로 더욱 강화된다

◆

최근 들어 중요하게 부각되는 게 서비스 디자인 분야다. 제품 미학과 서비스 디자인이 서로 동떨어진 것처럼 보이지만, 그렇지 않다. 둘은 연관되어 있다. 제품 미학이 제품으로만 오감 만족을 이루려는 것이라면, 서비스 디자인은 제품을 포함한 사용 경험과 공간 그리고 인지 경험을 공유하는 과정을 통해 오감 만족을 주려는 것이다. 서비스 디자인이 더 포괄적이고 더 어렵다. 미술관에서 주제별로 전시된 세계적인 예술 작품을 보는 것과 작품 하나를 일반 사무실에서 보는 것은 오감 만족의 차이가 극과 극을 달릴 것이다. 동일한 그림이더라도 느낌이나 만족도는 큰 차이가 난다. 경험하는 환경과 프로세스 그리고 조건들이 전혀 다르기 때문이다. 같은 작품도 어디에서 보는가에 따라 느낌이 달라진다. 물론 평범한 작품을 다른 공간에 배치한다고 감흥을 주는 건 아니다. 하지만 명작은 보여주는 조건에 따라 완전히 다른 느낌을 불러일으킨다. 그래서 제품 미학도 서비스 디자인의 입장에서 바라볼 필요가 있고, 어떻게 하면 극대화된 제품 미학을 경험하게 할 건지도 고민해야 한다.

제품 미학을 극대화시키는 서비스 디자인은 무엇을 고려해야 할까? 첫째, 제품의 핵심을 단순하고 강력한 이미지로 전달해야 한다. 서비스 디자인의 대상은 한 개인이나 전문가들이 아니다. 사용 경험을 하고자 하는, 제품에 관심이 있는 불특정 다수의 일반 대중이다. 이들은 제품에 호기심이 있는 것이지 제품을 충분히 이해하고 있는 건 아니다. 이해도가 높지 않은 상태에서 제품을 접하기 때문에 핵심 정보부터 얻으려 한다. 즉 인지심리학적으로 자신에게 임팩트 있게 다가오는 부분을 찾으려고 한다. 따라서 이 임팩트를 메시지화해 사용자들의 경험 속에 심어주려 해야 한다. 바로 이것이 서비스 디자인의 출발점이다. 그것은 마케팅의 핵심 메시지이기도 하고, 제품의 핵심 컨셉이기도 하다. 제품 핵심 컨셉 → 마케팅 핵심 컨셉 → 광고 핵심 컨셉 → 서비스 디자인 핵심 컨셉, 이런 하나의 체계가 상호 유기적으로 결합되어 사용자의 경험 속으로 녹아들어야 한다. 컨셉이 충돌하면 사용자들에게 혼란이 초래된다. 확장이든 축소든 연동이든 연결이든 이와는 상관없이 각각의 컨셉이 한 방향으로 포지셔닝될 때 사용자가 컨셉에 집중하게 된다.

둘째, 서비스 디자인은 인지, 사용, 사용 경험, 전달의 전 과정을 디자인해야 한다. 사용 경험만 디자인하는 건 맛있는 식당에서 식사만 하게 하는 것과 같다. 어떻게 식당으로 오게 할지 그리고 어떤 서비스를 제공할지, 재방문을 위한 후속 조치는 어떻게 취할지 등등, 전체 프로세스를 디자인해야 한다. 조리사가 내놓는 요리 자체도 중요하지만, 그 전후의 과정을 모두 포함한 서비스 디자인이 고안될 때 그 요리에 관한 경험이 오래간다. 제품도 가치를 최대한 끌어내기 위해서는 전 과정이 서비스 디자인에 담겨야 오감 만족에 도달할 수 있다. 제품 자체가 워낙 탁월해 다른 경험에는 신경 쓸 필요가 없다고 생각할 수도 있겠지만, 그렇지 않다. 아무리 뛰어난 제품이라도 이 과정이 제대로 관리되지 않으면 몰락할 수밖에 없다. 실제 이런 경험은 스티브 잡스에게도 있었다. 애플을 그만둔 스티브 잡스가 넥스트라는 컴퓨터 회사를 세웠다. 그러곤 당시 최고의 컴퓨터를 만들었다. 최초로 CD롬 드라이브를 장착한 그런 제품이었다. 완벽한 멀티미디어 컴퓨터를 표방하고 나왔다. 하지만 철저하게 실패했다. 오로지 성공한 것이라곤 픽사의 토이 스토리 애니메이션 제작에 그 컴퓨터가 사용되었다는 점 정도였다. 넥스트의 실패 요인은 제품이 아니라 사용자에 대한 그릇된 판단에 있었다. 결과적으로 사용 경험을 나눌 수가 없었다. 최고의 컴퓨터이기 때문에 그만큼 대우를 받아야 한다고만 생각했다. 그게 패착이었다. 스티브 잡스가 다시 애플에 들어갔을 때 넥스트 기술을 애플 컴퓨터에 적용했다. 하지만 기술을 강조한 게 아니라, 경험을 중심으로 디자인한 것이었다. 그게 혁신이었다. 사용자가 인식하는 것부터 시작해 최종적으로 평가하기까지 전 과정을 통해서 끊임없이 피드백과 오류 수정 과정을 거친 것이다. 제품 미학도 전 과정을 관통하며 드러난다. 제품 인식부터 사용 경험 공유까지 전체 과정이 연결돼 있는 것이다. 서비스 디자인이 이렇게 적용될 때 제품 미학도 더욱 빛을 발한다.

셋째, 서비스 디자인도 오류 수정 과정을 통해 철저하게 업데이트해야 한다. 사용 경험을 디자인했다고 그것 자체로 완성되는 게 아니다. 분명 지역적으로나 문화적으로, 또는 실제 사용하는 계층적 연령적 특징에 따라서 오류가 생긴다. 목표로 하는 사용 경험에 도달하지 못할 수가 있다. 목적하는 경험을 체험할 수 있도록 끊임없이 오류를 수정해야 한다. 그리고 소프트웨어 업데이트처럼 지속적으로 고도화해야 한다. 또한, 경쟁 제품보다 더욱 뛰어난 사용 경험을 할 수 있도록 만들어야 차별성도 생긴다. 그리고 제품의 업데이트와 서비스 디자인의 업데이트 과정이 함께 가야 한다. 그렇게 연동되고 상호 보완이 이루어질 때 사용 경험의 만족도는 올라간다. 사용 경험도 실제 잘 들여다보면 프로그램과정이다. 컴퓨터 게임이 사용자 경험을 극대화하는 것처럼 서비스 디자인도 그런 프로그램과정이다. 서비스 디자인이 초기에 UX라는 사용자 인터페이스를 기반으로 시작된 것도 그 때문이다. 하여간 최종 목적은 바로 제품 사용 경험의 극대화다. 제품이 가진 최고의 가치까지, 즉 제품 미학을 사용자가 느낄 수 있을 때까지 서비스 디자인을 업데이트해야 한다. 그 과정이 서비스 디자인과 제품 미학이 만나는 지점이다.

서비스 디자인이 부각된 게 단순한 트렌드는 아니라고 본다. 과거와는 달리 경영의 초점이 더욱더 사용자 경험에 맞춰지고 있다. 최종적인 제품 평가는 사용자 경험에서 비롯된다는 사실이 중요하다. 과거에는 기술 개발 수준이 중요했다면, 지금은 사용자들이 직접 느끼는 만족도가 더 중요해졌다. 예를 들어, 휴대폰의 기능을 제대로 사용할 줄 아는 사람은 아마 10% 이내일 것이다. 수많은 기능이 있지만, 사용 경험이 있는 것만 사용하게 된다. 더 깊이 들어가면 갈수록 사용자들은 오히려 짜증을 낸다. 과거와는 다른 게 바로 이 대목이다. 사용자들은 기술이 아니라, 자신이 경험한 것으로 판단을 한다. 그러니 방점은 다른 데 찍히기 마련이다. 사용자들이 사용 경험에 따른 만족도로 제품을 평가하는 것이다. 고도의 기술은 사용 경험을 고도화하는 데 있다. 제품 하나만으로는 모든 것을 이룰 수 없는 시대다. 서비스도 따라야 하는 사회로 바뀌었다. 제품과 서비스가 함께 가야 사용자의 경험은 극대화될 것이다. 서비스 디자인이 제품 미학과 만날 때 그 진가를 발휘하는 것이다.

욕망과
제품 미학

욕망을 줄일수록
미적 감각은 높아진다

　욕망은 내 것이 아니라, 타인의 것이라고 한다. 이점이 욕구와 다르다. 욕구는 자신의 것이다. 가지고 싶고 즐기고 싶고 채우고 싶은 욕구를 가질 수 있다. 욕망은 다르다. 욕망은 자신의 욕구와 타인의 욕구가 결합한 것이다. 가령 자신이 산 제품에 아무도 관심이 없다면, 그 제품이 나름 사용 가치를 가졌더라도 자랑하지 않는다. 자랑하는 순간 브랜드 인식도 없이 제품을 쓴다고, 무시당할 수 있다고 생각하는 것이다. 욕망은 자신만의 필요성이 아니다. 타인의 시선을 항상 의식하는 게 욕망이다. 이점은 제품에도 투영된다. 제품에 브랜드가 붙고 이미지가 붙고 스토리가 붙는, 이 모든 게 바로 욕망의 형상화이기 때문이다.

　하지만 염두에 둬야 할 것은 과도한 욕망은 오히려 그 제품의 속성을 망친다는 점이다. 포르노같이 드러난 욕망은 거부반응을 일으키기도 하는 것이다. 그래서 주의해야 한다. 욕망을 담아내긴 하지만 포르노처럼 과도하면 안 된다. 특정 사용자는 반응할 수 있어도, 과도한 욕망이 제품에 대한 미학적 의미를 담아낼 수는 없다. 과도한 욕망은 감각할 수 없게 만들기도 한다. 과도한 성적 표현이 오히려 외면을 초래하는 영화와 같은 것이다. 그 기준은 시대에 따라 다르다. 욕망의 표현은 사회적이다. 욕망의 표현 양식이나 형식은 사회적 관습에 따른다. 그렇다고 그것이 변하지 않고 멈춰 있는 건 아니다. 끊임없이 변하고 끊임없이 시도되고 무너진다. 시대가 변하면 그 욕망의 표현 형식도 변화한다. 다만 그 시점의 제품에 반영되어야 하는 욕망의 수준은 나름 감각적으로 알 수 있다. 그것이 그 시대의 보편성이다. 시간이 지나면 다르겠지만, 그 시대에는 그 나름의 기준이 되는 것이다. 보편성은 특수성의 등장으로 깨어진다. 욕망의 보편성은 결국 욕망하는 사람들의 특성에 의해 깨지기도 한다. 성 소수자가 거리에서 퍼레이드를 펼치는 게 이제는 자연스러운 현상이 된 것과 같다.

보편성은 절제를 중요하게 본다. 과도하지 않아야 받아들이는 사람이 부담스럽지 않다. 시대마다 그 시대를 관통하는 수준이 있다. 그 과도하지 않고 응축된 상징이 그 시대의 보편성이다. 응축되어 드러나는 욕망이 상징화된다. 시대의 상징은 욕망의 응축된 표현이다. 과하지도 화려하지도, 그렇다고 빠지는 것도 없는 상태다. 백제 건축을 표현했던 "검이불루儉而不陋 화이불치華而不侈"와 같은 상태를 말한다. "검소하되 누추하지 않고 화려하지만 사치스럽지 않다." 이 관점이 제품 미학의 기본으로 볼 수 있는 보편적 수준이다.

사용자는 욕망의 사다리를 타고 오른다,
그 끝에 제품 미학이 있다

◆

사용자들이 제품을 구매하는 이유는 자신의 욕망을 채우기 위해서다. 그 욕망은 제품이 놓인 환경에 따라 다르고, 사용자의 환경이나 조건에 따라서도 달라진다. 그렇더라도 욕망의 기본적인 사다리가 존재한다. 사다리의 가장 밑단에는 생존에 대한 욕망이 자리한다. 이 욕망은 제품이 존재하는 것만으로도 채워질 수 있다. 품질이 좋든 나쁘든 가격이 비싸든 싸든 상관없이 자신의 조건에 맞게 구매를 한다. 수요가 공급보다 많을 때 가능한 현상이다. 즉 어떻게 만들든 수요를 따라가지 못하기 때문에 그런 일이 발생한다. 하지만 70년대를 거치면서 생산 자동화에 대한 혁신이 시작되면서 이런 현상이 급속도로 줄어들었다. 즉 생산이 수요를 앞지르는 순간부터 상황이 바뀐 것이다.

두 번째는 품질에 대한 욕망이다. 만들면 팔리던 시대를 벗어나자 제품의 질을 따지기 시작했다. 사용하면서 문제점이 드러난 제품은 외면당할 수밖에 없었다. 반복 구매 시 대체재가 있다면 그걸 구매하는 것이다. 대량 생산이 이루어지면서 품질의 안정성이 중요해지고, 그 품질에 따라 사용자들의 선호도가 바뀌었다. 이미 수요보다 공급이 더 많은 상태이니 선택되지 못한 제품들은 시장에서 축출되고 만다. 기업들도 품질에 신경 쓰지 않으면 안 되는 상황이 된 것이다. 품질관리 기법도 교육되고 현장에 적용되기 시작하면서 많은 품질 개선이 이루어졌다. 이제는 사용자들이 구분하지 못할 정도로 품질이 비슷비슷한 제품이 양산되었다.

세 번째는 기능에 대한 욕망이다. 기본 기능 이상의, 뭔가 새 기능을 원하는 것이다. 새로운 기능이 부가되면 더 좋다는 의식에서 출발했다. 기능이 제품을 만든다고 주장하기 시작하면서 기능에 집중하는 것이다. 무엇이든 더 많은 기능을 장착한 제품이 더 좋다고 판단했다. 사용자도 그렇고 생산자도 개발자도 그렇게 생각한다. 그러자 제품의 기능을 제대로 한번 사용하지 못하고 버려지는 경우도 발생한다. 너무 많은 기능은 많은 사람을 오히려 기계치로 만들었다. 새로 기능을 익히는 것만도 부담스러울 정도로 너무 빨리 변하는 기능 때문에 사용자들이 불편함을 느끼기도 한다. 특히 최첨단 IT 제품들이 더욱 심하다. 모든 기능을 제대로 알고 사용하는 사람은 1% 이내일 가능성이 크다. 기능의 확장이 좋은 제품을 낳는다는 맹신에서 비롯된 일이다.

네 번째는 차별화 욕망이다. 남과는 다른 무엇이어야 한다는 것이다. 남과 같은 걸 원하지 않는다. 길거리에서 나와 똑같은 옷을 입은 사람을 만나면 동질감보다는 오히려 불편함을 느낀다. 때로는 수치심이 일기도 한다. 사람들은 차별적으로 존재하기를 원한다. 일종의 경쟁심리다. 남과 같으면 눈에 띌 수 없으니 차별화된 욕망을 추구하고 그것이 제품 선택에도 작용하는 것이다. 누구나 가진 것은 선택에서 배제한다. 더 비싸고 더 차별적인 브랜드와 마케팅을 하는 제품을 통해 자신의 차별성을 부각하려 한다. 제품 자체보다는 사회적 속성에 치중하는, 욕망 충족의 본질이 바뀌는 지점이다. 이는 바로 과시적 소비를 의미한다. 물론 과시적 소비도 사용자 욕망 중에 중요한 포지션을 차지한다.

다섯 번째는 제품 미학적 욕망이다. 사용자가 제품을 통해 오감 만족을 추구하는 걸 의미한다. 하나의 욕망이라기보다는 복합적인 욕망이고, 가장 상위의 욕망이다. 앞에서 언급한 네 가지 욕망을 다 포괄하면서 그 이상의 뭔가를 추구하는 것이다. 제품 미학은 이러한 사용자의 본질적인 욕망을 자극하고 만족감을 주는 것이다. 사용자들이 제품 미학적 욕망을 추구할 때는 욕망의 사다리 끝에 와 있는 것이다. 사회가 발달하면 할수록, 문화적 수준이 높을수록 제품 미학적 욕망은 강화된다. 소비되는 제품 미학의 수준을 보면 그 사회의 문화적 수준을 평가할 수도 있다. 그만큼 제품 미학이 가지는 상징적 의미는 크다. 제품 미학의 욕망이 확장될수록 문화적 수준이 높아진다는 걸 뜻하기도 한다.

제품 미학은 사용자 욕망의 사다리 최상단에 있다. 이미 공급 과잉 시대고, 품질 수준도 상당히 높아졌으며, 기능도 충분하고, 브랜드 파워를 가진 제품이 즐비한데도 여전히 욕망을 추구한다. 즉 앞의 욕망만으로는 부족하기 때문이다. 바로 제품 미학적 깊이다. 제품 미학이 없으면 사용자를 온전히 만족시킬 수 없다. 최고의 만족감을 주기보다는 부족함이 드러난다. 그런 부족함이 사용자의 불만으로도 작용한다. 제품 미학적 만족이 이루어진다면 사용자의 욕망 충족은 물론이고, 완전한 제품애호가를 만들어 낼 수가 있다. 제품 미학이 완성되면 사람마다 자신이 평생 소장하고 싶은 제품을 만들어 줄 수가 있다. 제품을 통해 자신의 존재가치가 만들어지기도 한다. 그 사람이 갖고 사용하는 제품이 바로 그 사람의 존재 방식인 것이다. 욕망의 사다리 끝에 있는 제품 미학까지 올라가 봐야 제품이 완성되었다고 할 수 있다.

제품 미학의 극상은 짜릿한 전율, 즉 익스트림 그래드니스(Extreme gladness)다

◆

미술관이나 전람회에서 그림을 감상할 때 거리와 각도에 따라 느낌이 완전히 다른 예가 많다. 그림을 감상하는 기준이 되는 그런 포지션이 있다. 일정 거리에서 의도적으로 눈의 초점을 맞춰야 입체 그림을 볼 수 있는 매직아이처럼 말이다. 정말 좋은 예술 작품을 보면 그런 현상이 생긴다. 그러기 위해서는 예술가가 입체적인 느낌이 들도록 작품을 구성해야 하고, 관객도 그런 각도와 위치를 찾아내야 한다. 그런데 카피한 제품들에서는 그런 느낌을 쉽게 얻을 수 없다. 사소한 차이가 입체적 현상을 느끼는 데 방해를 하는 것이다. 정말 제대로 그런 느낌을 받는 순간 감동이 밀려온다. 황홀하기도 하고, 때로는 감동으로 눈물이 나기도 한다. 예술의 힘이 바로 여기에 있고, 그 작용과정이 분석된 게 미학적 평가다.

　제품에 있어 이런 미학적 경험을 느낄 수 있게 만드는 방법으로는 크게 세 가지가 있다. 첫째는 제품 그 자체로 느끼게 하는 것이다. 그 출발은 고객이 가장 느끼고 싶은 것을 느끼게 하는 데 있다. 실제 이런 사례가 있다. 평생, 즉 45년간 구두만 만들어온 장인이 있었다. 그는 한번 신어 보면 다른 건 쳐다도 안 볼 구두를 만들어 보자고 1년 내내 밤잠을 설쳐가며 몰두했다고 한다. 사람들이 신발로 만족감을 느낄 게 뭘까 궁리한 끝에 찾아낸 게 바로 구두를 처음 신었을 때 느끼는 편안함이었다. 결국, 그런 구두를 만들어 냈다. 그리고 그 구두를 소규모로 판매하기 시작했는데, 결과는 대성공이었다. 사업으로 확장하는 시기를 기다리고 있지만, 이미 족의학에 관한 한 최고의 전문가로 꼽히는 사람에게 찬사를 받았다. 유명인사들이 이 구두가 아니면 못 신겠다고 몇 달을 기다리면서까지 줄 서고 있다고 한다. 제품 그 자체로 사용자의 만족을 극상으로 얻었기에 사용자 스스로 이 제품을 알려 주겠다고 나서고 있는 실정이다. 즉 핵심은 바로 제품 그 자체다. 제품이 극상의 만족감을 주게 되면, 사용자는 브랜드가 있든 없든 가격이 비싸든 상관하지 않는다. 제품이 사용자를 끌어당기기 때문에 그것만으로도 제품 미학이 완성되는 것이다.

둘째로는 제품을 직접 사용 경험하게 해주는 것이다. 위의 사례처럼 한번 신어 보고 경험하면 만족감을 얻을 수 있는 제품도 있다. 하지만 기술 집약 제품이거나 여러 조건이 요구되는 제품 등은 사용 경험을 어떻게 디자인해주는가에 따라 경험치가 완전히 달라진다. 직접 사용해 보게끔 하지 않으면 제품 자체가 좋아도 실패할 수밖에 없는 것도 있다. 그래서 사용 경험 프로세스로 짜릿한 전율을 느끼게 만들어야 하는 것이다. 한국에도 BMW 드라이빙 센터가 그런 목적에서 만들어졌다. BMW 사용자나 구매 예정자들이 완벽하게 드라이빙 체험을 할 수 있게 한 것이다. 단순히 명품 차라는 이미지만 앞세우는 게 아니라, 직접경험으로 어떤 차와도 비교할 수 없는 전율을 느끼게 되면 다른 차를 탈 수가 없다. 그런 경험을 평상시엔 하기가 어렵기 때문에 드라이빙 센터에서 느끼게 하는 것이다. 어떻게 경험하게 하는가에 따라 그 전율 경험에 차이가 날 수밖에 없다.

셋째로는 사후관리를 통한 만족감의 증진이다. 비록 다른 제품과 견줘 강력한 차별성을 갖지 못했더라도 사후관리를 철저히 함으로써 차후 다른 제품으로 구매 의사를 바꾸는 일이 생기지 않게 하는 것이다. 하이얼이라는 중국 회사는 초창기 A/S 시스템이 미진했다. 그런데 제품 성능도 좋지 않아 A/S 요구가 빈발했다. 하이얼 장루이민 회장은 어떤 고객의 요청이라도 끝까지 해결해주라고 했다. 차가 다닐 수 없는 산골에도 A/S를 위해 직원들이 냉장고를 짊어지고 찾아갔다고 한다. 그 결과 하이얼이 중국 최고의 가전회사로 성장한 것이다. 사실 처음부터 최고의 제품을 만들어 내기란 쉽지 않다. 하지만 차츰차츰 개선하면서 사후에라도 철저하게 사용자를 챙기면 사용자는 감동할 수밖에 없다. 사후관리만 잘하고 제품이 형편없다면 그건 사기다. 시간이 걸려도 제품 역시 사후관리만큼 따라올 때 비로소 사용자는 최고의 감동을 느끼는 것이다.

이 세 가지 방법은 사용자가 짜릿한 전율을 느끼게 하는 것이지만, 어느 하나만으로는 이룰 수 없다는 한계가 있다. 세 가지가 서로 유기적으로 맞물려 최적의 상태로 결합돼야 한다. 그래야 사용자 만족감이 극상으로 확장된다. 다만 제품이나 시장에 따라 그 결합 방정식이 다르다. 이 또한 전문적인 분석과 기술이 있어야 찾아낼 수 있다. 그 출발점은 사용자가 가장 극적으로 경험하고자 하는 게 무엇인지에 대한 분석이다. 이를 명확히 해낼 때 비로소 체계적으로 보인다. 물론 사용자 그룹이나 제품 특징에 따라 달라질 수는 있다. 구두의 경우는 소비층이 주로 장년층 이상이었기에 제품 그 자체로 승부를 걸 수 있었다. 또 드라이빙 센터는 경쟁 제품들과의 비교가 가능한 사람들을 대상으로 하였다. 사후관리의 중요성이 부각된 중국은 아직 그런 사후관리 경험이 부족한 환경이라서 그런 만족감을 준 것이다. 어떤 사용자가 느낄 만족감인가에 따라 방법은 달라진다. 하지만 이 세 가지 방법이 어떻게 제품으로 확장되는가에 따라서 제품 미학의 최종 목표가 달성되는 것이다. 제품 디자이너는 최고의 가치를 찾아내고, 제품을 통해 짜릿한 전율을 경험하게 만드는 사람이다. 힘들지만 그렇게 해야 제품 미학이 완성된다. 그럴 수 있어야 최고의 제품 디자이너라 할 수 있다. 짜릿한 전율을 경험한 사용자는 그 이상의 자극이 오지 않는 한 그 제품을 버릴 수 없다.

미의식은 본능적·사회적
욕망의 발현이다

◆

미의식 형성에는 크게 두 가지가 관여한다. 하나는 본능적 미의식이고, 또 하나는 학습된 미의식이다. 본능적 미의식이란 인간이면 가지는 가장 근본적인 미의식으로, 진화론과 심리학적 연구 결과로 밝혀진 것들이다. 학습된 미의식은 주로 문화와 교육을 통해 형성된 사회적인 미의식을 말한다. 여기서 교육이란 단순히 학교나 선생 밑에서 배우는 것만 뜻하는 게 아니라, 생활 속에서 익혀진 것도 포함되는, 생활 습성까지 아우른다. 이 두 가지로 형성된 미의식에 의해서 미적 판단을 하게 된다. 그리고 이 미적 판단으로 아름다운 것과 추한 것을 구분하게 된다.

먼저 본능적인 미의식에 대해 살펴보면, 이는 생명체가 가진 가장 중요한 생존본능에 근거하고 있다. 생명체는 두 가지 본능을 가진다. 개체 보존 본능과 종족 보존 본능이다. 개체 보존 본능은 개체로 살아가는 데 필요한 다양한 본능을 말한다. 가장 중요한 게 포식자에 대항하기 위한 것과 피식자를 찾아내기 위한 것이다. 이 때문에 발달한 게 시지각과 청각이고, 때로는 후각도 포함된다. 특히 시지각은 형태와 색상의 구별을 위해 생긴 것이다. 즉 크기가 커지면 공포감이 조성되고 색상이 밝으면 위협이 없다는 느낌을 준다. 하지만 어두우면 언제 포식자로부터 공격받을지 모르기 때문에 두려움을 갖게 된다. 기본적인 본능은 개체 생존본능에서 출발한다.

피식자 판별도 시지각부터 작동하기는 마찬가지다. 형태로 크기를 가늠하고 피식자의 특징에 반응한다. 특히 피식자의 종류에 따라 색상 선호도가 다른 양상을 보인다. 즉 환경의 영향을 많이 받는다. 환경에 따라 다른 피식자가 존재하고 그 피식자의 색상 특징이 선호 특징으로 특화되는 것이다. 기후대에 따라 다른 환경 속에서 살아가더라도 미의식의 출발점은 다르지 않다. 바로 포식자와 피식자의 분별을 통해 획득한 미의식이다. 이로부터 본능적 미의식의 기초가 형성된다.

　종족 보존 본능에 의해 만들어진 미의식은 형식의 바탕이 된다. 그 첫 번째가 균형미이다. 짝짓기를 위해 상대를 택할 때 중요하게 보는 것 중 하나가 신체의 균형이다. 간단하게 말하면 좌우 대칭이어야 한다. 얼굴이나 신체가 좌우 대칭을 이루지 못하면, 즉 비대칭은 배제 사유가 된다. 생존력이 떨어진다. 그러기에 이 부분을 가장 먼저 보는 것이다. 균형이 깨진 예술품을 보면 불안해지는 것도 우리의 잠재의식 속에는 불균형은 곧 결핍이라는 등식이 존재하기 때문이다. 균형이 깨진 결핍된 상태는 불안감을 일으킨다. 따라서 결핍이 없는 상태를 찾는 것이다. 당연히 짝짓기 상대를 구하는 데 균형미를 볼 수밖에 없다. 두 번째는 황금비율이다. 그리스 시대의 미술의 핵심이 바로 황금비율이었는데, 진화론적으로 보면 인간의 본능에서 기인한 것이다.

　살펴본 대로 본능적인 미의식은 인간의 생존 문제와 직간접적으로 관련이 있다. 오랜 반복과정을 통해서, 또는 자연 선택적으로 만들어진 미의식인 것이다. 근본적으로 이 미의식은 욕망의 발현이다. 생존하고자 하는 욕망의 발현인 것이다. 또한, 자신의 종족을 유지·확대하려는 욕망의 표현이다. 때로는 강하게 보이기 위해, 때로는 약자를 구별하기 위해, 그리고 가장 효과적인 짝짓기를 하기 위해 만들어진 본능이다. 미의식이라는 게 그냥 만들어진 것이 아니라, 근본적으로는 진화론적 기원이 있다는 게 최근에 밝혀지기 시작하면서 미의식에 새로운 관점이 생겨난 것이다. 관념적인 형식미가 아니라 구체적인 생존을 위한 것이라는 게 밝혀진 셈이다. 형식적으로 가장 온전한 존재란 신일 수 있다. 하지만 가장 강한 사람은 오래 살아남을 수 있는 사람을 지칭한다. 그리스 시대, 완전한 인간은 신에 가까울 거로 생각한 것도, 가장 자연적으로 가장 강한 사람을 지칭하는 것이다. 그런 사람을 이상으로 봤다. 미의식도 자연을 모방하는 것이지만, 그 자연이란 바로 사람을 의미한다. 진화론적으로 가장 오래 살아남을 수 있는 사람을 모방한 것이고, 최적의 이상형을 만들어 낸 것이다.

미의식 형성에 관여하는 또 다른 하나는 학습된 미의식이다. 말 그대로 배우고 익혀서 몸에 습관처럼 밴 미의식을 말한다. 몸이 알아서 반응할 정도라면 이미 학습이 된 것이다. 단순히 알고 마는 정도를 의미하는 게 아니다. 실제 학습 과정은 다양하다. 문화든 교육이든 학습뿐만 아니라, 몸에 익어야 하기 때문에 시간도 오래 걸리고, 알게 모르게 익혀지기도 한다. 하지만 결과는 똑같다. 끊임없는 반복을 통해 개인의 특징에 맞게 미의식이 형성되는 것이다. 학습되는 미의식은 크게 세 가지 정도로 나눌 수 있다.

첫째, 생활 속에서 익혀지는 것이다. 가족의 습성과 취미에 따른 결과로 볼 수 있다. 가족이 어떤 방식으로 생활하고 어떻게 생각하는지, 어떤 물건을 사고파는지, 어떤 문화생활을 하는지에 따라 미의식 형성 양상이 달라진다. 가장 영향이 큰 게 습성이다. 남자는 아버지로부터, 여자는 어머니로부터 영향을 받기 쉽다. 독자적인 미의식을 형성하기 전까지는, 이렇게 형성된 미의식이 상당 기간 지속된다. 취미도 미의식 형성에 기여하는데, 가족의 습성이 수동적 수용이라면, 취미는 능동적 수용으로 볼 수 있다. 취미를 통해 개인적인 분야에 집중하는 것이다. 그림이든 음악이든 자연이든 상관없이 자신이 하고 싶은 것에 집중하면서 가족 속에서 느끼는 미의식과는 전혀 다른 형태로 자신만의 미의식을 형성하게 된다. 취미가 같으면 미의식도 비슷하게 닮아 간다. 취미가 능동적이기 때문에 자기의식이 형성될 즈음에는 크게 영향을 준다.

둘째, 교육과정을 통해 형성되는 것이다. 이때는 교사가 존재한다. 교사의 미의식에 가장 크게 영향을 받기 마련이다. 예술 교육을 등한시해서 미의식이 생길 수 없다고 하지만 그렇지는 않다. 미의식이 무조건 예술 교육을 해야만 생기는 건 아니다. 배우는 과정의 다양한 영역에서 미의식이 형성되는 것이다. 특히 중요한 시기는 사춘기 때다. 본능적 미의식이 가장 강하게 작용하는 시기이기 때문이다. 우리가 중고등학교 시기의 추억을 항상 기억하고, 깊이 있게 다가오는 것도 이 때문이다. 어떤 방식으로 미의식이 형성되어야 옳은지는 별개 문제라 해도, 교육과 학습을 통해 형성되는 이 미의식은 교사의 영향으로 많이 바뀔 수 있다. 또 그전에 생활 속에서 형성된 미의식이 한 단계 더 발전하는 시기이기도 하다.

셋째, 사회 계층적 학습을 통해서다. 이는 자신이 속한 계층적 특징이 교육되면서 나타나는 미의식이다. 즉 사회 속에서 형성되는 것이다. 실제 이 과정에서는 함께 일하고 생활하고 즐기는 집단의 특징이 반영된다. 특히 중요한 시기가 결혼 이전 시기이다. 이 시기는 짝짓기라는 본능적 미의식이 형성될 즈음이라, 계층적 속성과 함께 이성에 눈을 뜨면서 복합적인 미의식이 형성된다. 이때 형성된 미의식은 쉽게 변하지 않는다. 첫사랑에 대해 감각적 반응을 하는 것도 이 시기에 형성된 미의식과 연관이 깊다. 비록 살면서 무디어진 미의식이 존재하기는 하지만, 이때 형성된 미의식이 평생 따라다니면서 자극을 받으면 반응을 하는 것이다. 하여간 이 미의식은 사회 계층적 미의식으로 발전한다. 그리고 그것이 욕망의 표현으로 나타난다. 때로는 자신이 속한 계층의 상징을 표현하기도 하고, 역설적으로 자신이 욕망하는 계층의 미의식을 동경하기도 하는 것이다.

미의식이 형성되는 시기는 결혼 전까지라고 보면 된다. 학습과 본능의 미의식이 공존하는 시기이기 때문이다. 실제 나이가 들어서도 미의식을 교육받으려고 노력을 많이 한다. 하지만 몸에 밴 미의식과 노력하고 학습된 미의식에는 차이가 있다. 몸에 밴 미의식은 그것을 표현하지 않아도 이미 생활 속에서 사고 속에서 드러난다. 물건 하나를 골라도 그 속에 담겨있는 것이다. 하지만 나이 들어 학습으로 획득된 미의식은 간혹 몸에 밴 미의식과 충돌을 빚기도 한다. 이를테면 머리로는 아름답게 느끼지만, 가슴으로는 못 느끼는 상황이 되는 것이다. 그런 의미에서도 미의식 형성에 가장 중요한 시기가 바로 사춘기일 때다. 그 시기에 형성된 미의식이 평생을 간다. 이때는 본능과 학습이 동시에 이루어지는 시기이기 때문에 특히 더 중요하다. 미의식이 문화 자본이 되는 시대이기에 미의식이 형성될 이 시기에는 예술 교육에 힘써야 한다. 국가적으로 중요한 자산이 되기 때문이다. 미의식의 결과는 바로 선택이다. 어떤 제품, 어떤 작품, 또는 어떤 디자인을 선택하는지는 미의식에 달렸다. 대중이 선택하는 방향으로 미적 재료들과 산출물이 발전한다. 또한, 그것이 문화 또는 사회의 미적 수준을 의미한다.

자극, 전달, 판단, 해석의 과정이
제품 미학에서도 일어난다

◆

미학에서도 인지과학을 이해할 필요가 있다. 미학의 생리적 메커니즘을 알 수 있기 때문이다. 생리적 메커니즘은 자극, 전달, 판단, 해석의 과정을 거쳐 최종적으로는 실행 여부를 결정하는 게 일반적이다. 외부의 자극은 신경 자극 형태로 바뀌어 전달된다. 모든 변화도 신경 자극을 통해 전달된다. 또한, 인식하고자 하는 대상 모두가 신경 자극으로 전달된다. 만일 이런 메커니즘이 작동하지 않으면, 우리의 뇌, 즉 정신세계가 외부와 차단된 거나 마찬가지다. 컴퓨터가 키보드나 마우스가 없는 상태로 존재하는 것과 다를 바 없다.

외부의 자극이란 자판을 두드리거나 마우스를 사용하여 원하는 메시지를 컴퓨터가 인식하게 하는 것과 같은 것이다. 자극은 어떤 메시지를 반영한다. 다시 말해 자극이란 바로 메시지다. 모든 메시지는 의미가 있다. 하지만 그 의미를 알아낼 능력이 없으면 메시지는 그저 무의미한 신경 자극으로 전락하고 만다. 미학적 판단도 메시지 해석이 주된 것이다. 메시지가 담긴 자극에 의해 생리적 메커니즘이 작동한다. 이 자극을 전달하기 위해 전기 신호로 바뀐다. 자판을 두드리면 전기 신호가 발생하고, 이 전기 자극이 컴퓨터 내부 회로로 전달되는 것과 같다. 자판과 마우스 같은 게 감각기관이다. 눈, 귀, 입, 코 그리고 피부가 그것이다. 감각기관에 자극을 줄 수 있는 모든 것에는 메시지를 담을 수 있다. 즉 자극을 만들어 내는 행위가 바로 메시지가 될 수 있다.

감각기관에서 만들어진 전기 신호는 내부로 전달된다. 이 전달과정에서 노이즈 현상이 생길 수 있다. 즉 전달의 왜곡이 일어나는 것이다. 감각기관의 특징에 따라 이런 노이즈가 심화할 수도 약화할 수도 있다. 사람마다 시력이 다르다. 시력이 좋은 사람과 시력이 나쁜 사람이 그림을 보고 느끼는 자극이 다를 수밖에 없다. 왜곡과정은 좋은 측면도 있고 나쁜 측면도 있다. 예술가나 장애인들은 보통 사람보다 더 강하게 자극을 받는 경향이 있다. 특정 감각기관이 보통 사람보다 발달했기 때문에 왜곡 현상이 많이 생기기도 한다. 그 왜곡이 긍정적일 때도 부정적일 때도 있다. 감각기관이 발달하지 않았거나 전기 신호 전달이 안 되는 경우는 미적 감각이 떨어진다. 자극을 전기 신호로 바꾸는 메커니즘이 활발하게 작동하는 때가 유소년기다. 즉 감각기관이 발달하는 시기다. 이 시기에 자극이 많고 클수록 아이의 감각기관을 발달시키는 작용을 한다.

전달된 전기 신호에 대한 판단은 뇌에서 이루어진다. 이 판단은 가장 기본적인 생물학적 판단에 근거한다. 좋은지 나쁜지, 적인지 아군인지, 위협인지 보호 요소인지 등등, 생명체가 판단할 수 있는 일차적인 판단을 한다. 판단이 해석보다 앞서는 건 시간적 격차 때문이다. 모르는 사람을 만나면 남자는 3초 정도 만에, 여자는 7초 정도에 상대를 판단한다고 한다. 격차가 생기는 것에도 이유가 있다. 남자는 적인지 아군인지만 판단한다. 도망가야 하는지 그러지 않아도 되는지가 중요하기 때문이다. 하지만 여자는 적인지 아군인지 그리고 자신을 보호해 줄 수 있는지 없는지까지 2단계의 판단을 하는 것이다. 이런 판단은 순식간에 해야 한다. 그렇지 않으면 생존하는 데 문제가 생긴다. 그래서 생물학적 판단은 빠르게 이루어진다. 이 판단에 근거해 회피할지 말지를 결정하는 것이다. 결정 후 더 관찰해야 할 경우에는 다음 단계로 넘어가게 된다.

　마지막 단계가 바로 해석이다. 제품 미학은 이 단계에서 확인이 된다. 이미 제품의 필요 여부가 판단된 이후인 것이다. 제품을 관찰해야 하므로 집중하고 해석을 시도한다. 이때 미의식이 작용해 최종적으로 해석의 결과가 드러난다. 미의식은 훈련이 필요하다. 해석의 과정이기 때문에 훈련이 필요한 것이다. 수학 문제도 계속 풀어본 사람이 풀이 과정에 재미를 느낀다. 게임도 해본 사람이 재미를 느끼는 것과 같다. 한 번도 해보지 않은 사람은 그런 데 흥미를 느끼지 못한다. 미의식도 나름의 해석 틀을 갖출 때 비로소 제대로 평가를 하게 된다. 제품 미학은 이렇게 제품에 대한 미의식이 생겼을 때 이루어진다.

　자극부터 해석까지의 과정을 거친 후 최종적으로 제품 미학은 감동으로 나타난다. 해석이 이루어지고 난 마지막 단계가 감동이다. 미학에 대한 감동은 일반적인 정보 이론과 다른 부분이다. 정보 이론에서는 해석까지가 끝이다. 하지만 미학 이론에서는 감동으로 그 결과가 표출된다. 온몸, 즉 모든 감각기관을 통해 감동이 느껴지는 것이다. 자극은 부분적이지만, 감동은 온몸에서 일어난다. 감동하면 웃거나 눈물을 흘리는 것도 이 때문이다. 제품 미학의 감동은 만족감으로 표시된다. 대체품을 찾을 이유가 없어진다. 완전히 낡아서 버리기 전까지, 끝까지 사용하는 것이다. 대체품을 찾기도 쉽지가 않다. 다른 제품은 성에 차질 않아서다. 나도 그런 제품 몇 가지를 가지고 있는데, 낡아도 버릴 수가 없다. 어쩔 수 없이 버릴 때라도 그 같은 제품을 살 수 있을지 아까워하게 된다. 제품을 통해 느끼는 미학은 감동으로 마무리된다. 자극부터 해석에 이르는 전 과정을 거친 후에 이루어지는 일이다. 이 과정에 한 부분이라도 문제가 있으면 제품 미학이 완성되지 않는다. 반복하면 할수록 그 시스템도 안정된다. 그래서 제품 미학의 인식 메커니즘도 학습이 필요하다.

이성을 마비시켰다면
성공한 제품 미학이다

◆

제품 디자이너는 예술품도 만들고 좋은 제품도 만들어 많이 팔고 싶어 한다. 항상 두 가지 욕망이 공존한다. 그런데 현실은 어느 하나를 선택해야 한다. 예술품은 많이 만들면 안 된다. 물론 희소할수록 가치가 높아진다. 하지만 제품은 많이 보급될수록 그 가치가 높이 평가된다. 많은 소비자가 선택한 제품이 좋은 제품을 의미하기 때문이다. 예술 작품은 하나로 모든 가치를 발현하는 게 목표고, 좋은 제품은 많은 사람이 사서 사용하게끔 대량 생산이 목표다. 이 두 가지가 항상 충돌한다. 디자이너는 한 지점을 선택할 필요가 있다. 그래서 갈등한다. 어디에 초점을 맞출지에 따라 향후 디자인 방향이 달라지기 때문이다. 하지만 제품 미학에서는 다른 관점이 필요하다. 제품이지만, 예술품처럼 감동을 주어야 한다. 제품 미학이 예술적 감동으로 승화되기 위해서는 적어도 다음과 같은 조건을 만족해야 한다.

첫째는 사용자의 오감을 만족시켜야 한다. 제품 사용을 통해 오감을 만족할 수 있는 부분이 있어야 한다. 오감 만족이 절대적인 건 아니다. 상대적이다. 기존 제품보다 더 오감을 만족시킬 수 있는가가 기준이 된다. 때로는 전혀 새로운 제품이 탄생하기도 하는데, 이때는 사용자가 받아들일 수 있는가가 중요 포인트가 된다. 새로운 제품이면 사람들이 그 새로움에 도전하기보다는 일정 정도 사용 경험담을 듣고 싶어 한다. 경험담이 회자되고 공유되기 전까지는 제품이 오감을 만족시키지 못한다. 하지만 경험이 확산되면 새로운 제품이 받아들여진 것이다. 물론 받아들여졌다 해서 안심할 순 없다. 추가적인 요구가 생기기도 한다. 이때부터는 그전 제품을 기준으로 삼아야 한다. 그보다 더 오감을 만족시키면 된다. 물론 오감은 총체적인 것이다. 하나의 감각이 아니라 총합적이다. 그래서 오감 만족은 최소 만족감에 의해 그 총합의 수준이 결정된다.

둘째는 적어도 한 부분에서 사용자를 감격하게 만들어야 한다.

보기가 좋든 성능이 뛰어나든 그 제품에 담긴 스토리가 감동적이든, 확실한 감동을 주는 게 하나는 있어야 한다. 그것이 눈에 보이게 나타나도 좋다. 그것이 구체적 경험으로 나타나도 좋다. 수치로 나타나면 더욱 좋다. 어떤 방식이든 감동을 느낄 만한 게 있어야 먼저 눈길을 끌 수 있다. 그렇게 눈길을 끌면 제품 전체로 경험하고픈 욕망이 생기는 것이다. 매력적인 부분이 있어야 확 끌려서 제품을 구매하거나 시도를 한다. 그럼 그 속에 감추어진 오감을 만족시킬 무기들이 재현된다.

셋째로는 극치의 순간에 임팩트가 있어야 한다. 제품이 극치에 도달하는 순간, 다른 제품과의 차별성이 더 두드러지는 게 있어야 한다. 그게 확실히 달라야 한다. 자동차라면 제로백과 같은 수치가 극단적으로 짧거나 최고 시속이 엄청 높은 경우다. 상상 이상으로 핸들링이 유연해도 확실한 만족감을 줄 수 있다. 그러면 마니아가 되고 진정 감동을 받게 되며, 이성적인 판단도 차단할 수 있는 것이다. 가격이 얼마든 사고 싶게 만들 수 있다. 어떤 제품이든 그런 임팩트를 만들어 줄 수 있다. 다만 그것이 무엇이어야 하는지를 제품 디자이너들이 잘 모를 뿐이다. 그 제품에 대한 이해나 사용 경험이 부족하기 때문이다. 만일 제품 디자이너가 그런 부분을 잘 모르면 전문가에게 물어보는 게 답이다. 자신만의 상상으로는 전문가의 식견을 따라잡을 수도 없고, 알지도 못한다. 겸손하게 전문가의 의견을 듣고 최대한 반영하면 할수록 제품이 좋아진다.

이런 조건들을 만족하도록 제품이 만들어진다면 그 제품은 오감을 만족하고 제품 미학적으로 보다 완성도가 높아진다. 실제 이런 제품을 만나면 진정으로 사고 싶어진다. 이유야 어떻든 그 순간에 사지 못했다면 평생 아쉬운 기억으로 남아 언젠가는 꼭 사고자 한다. 그런 제품은 이성적 사고를 마비시키고, 사용자는 자신의 욕구를 만족시킬 수 있는 마지막 제품이라고까지 생각한다. 구체적으로, 자신의 소유가 되기 전까지는 그런 욕구를 해소할 방법이 없기도 하다. 물론 대체재를 찾는 걸 완전히 배제할 순 없을 것이다. 하지만 한번 마음을 빼앗기면 다른 제품에서 만족을 찾기란 쉽지 않은 법이다. 그 제품을 끝까지 사고 싶어 하는 게 사람의 심리다. 제품 디자이너가 제품을 통해 사람들의 욕망을 불러일으킬 때 성공한 디자인이고, 제대로 제품 미학을 표현한 것이다. 사용자 경험을 중심으로 제품을 디자인할 때 비로소 그 가능성이 커진다.

제품 디자이너 자신의 경험이 특별하고 그것이 일반적으로 확장될 수 있으면 좋다. 하지만 상상만으로는 한계가 있기 마련이다. 그때는 구체적으로 물어보고 실제 테스트를 해보는 게 정답이다. 좋은 제품은 사용자의 합리적 판단을 막고, 사고 싶은 욕구를 불러일으킨다. 그런 일이 일어나게 만들어야 제품 미학이 완성되는 것이다. 이렇게 만들어진 제품은 곧 예술품으로까지 인정받는다. 순수예술이 아니더라도 대중적으로 흥행에 성공함으로써 예술 작품으로 인정받는 소설이나 영화, 노래와 비슷하다. 대중을 열광시키는 제품이라면, 그걸 제품으로만 보지는 않는다. 제품이지만 작품으로 인정하고 예술 미학까지도 평가를 받는다. 바로 그런 게 제품 미학의 완성이다.

오감으로 제품 미학을 완성한다

◆

롤스로이스 차는 원래 가죽과 나무로 만든 차였다. 그래서 특유의 냄새가 났다고 한다. 현대적인 기술이 도입되면서 그 특유의 냄새가 사라지게 되었다. 그런데 사람들이 롤스로이스만의 독특한 경험이 부족하다는 평을 하자 회사는 현대적인 느낌의 도장과 내부 장식을 하더라도 그 특유의 냄새를 인위적으로 만들어 두었다. 타는 사람이 오감을 통해 롤스로이스 자동차를 느끼게 만든 것이다. 이와 비슷한 경우를 빵집에서 많이 본다. 항상 아침에 빵을 굽는 것이다. 냄새를 통해 신선한 빵을 파는 인상을 주게 된다. 빵 굽는 향이 주변을 지나는 사람들 코를 자극하고, 저 빵집은 아침마다 신선한 빵을 굽는구나 하는 이미지를 끊임없이 심어주는 것이다. 그게 오감을 통해 사람들이 느끼게 만드는 방법이다.

청각과 관련해서는 가장 대표적인 게 할리데이비슨 오토바이이다. 이 오토바이의 엔진 소리는 특별하다. 강력한 에너지를 느낄 수 있는 힘찬 소리를 울린다. 할리만의 소리로 만들기 위해서 특허로까지 등록했다 하니 대단하달 수밖에 없다. 사람들이 대형 오토바이, 즉 할리와 같은 오토바이를 타는 이유는 속도가 아니다. 사실 할리를 타는 사람들은 속도를 즐기는 사람들이 아니다. 거의 뒤로 눕는 듯한 자세로 이글거리는 햇볕을 받으며 바람을 타고 느긋하게 달리는 그런 느낌을 즐긴다. 속도를 생각한다면 비슷한 이미지와 가격대를 보이는 BMW 오토바이를 타는 게 낫다. 할리를 타는 건 속도가 아니라 오감체험을 위해서다. 그래서 할리만의 엔진 소리를 느끼게 만든 것이다. 색상도 메탈릭의 특별한 광택이 나는 스타일로 장식을 한다. 인디언처럼 무언가 독특한 느낌이 나는 그런 이미지를 만들어 주는 것이다. 바이커들은 옷도 가죽옷을 즐긴다. 광적이고 해방감이 강한 느낌을 주기에 알맞다. 소리, 보는 느낌, 입는 것, 그리고 터치에 이르는 모든 느낌을 오감으로 체험할 수 있도록 만들어 주는 것이다. 그래서 할리는 마니아층이 두껍다. 진정 삶에서 해방감을 느끼고 싶어 하는 사람들은 할리를 동경한다. 가수 김광석도 할리를 타고 싶었다고 한다. 다리가 짧아 페달을 밟지 못할까 걱정을 했는데, 정작 할리를 감당할 만한 몸무게가 안 되어 못 탔다고 한다. 그만큼 자유를 열망하는 사람들의 꿈의 오토바이가 되었다. 오감을 만족시켜 새로운 이미지를 만들어 주었기 때문이다.

제품 미학이 완성되는 지점은 바로 오감의 만족이다. 부족한 부분이 있으면 그 빈 부분이 마음에 걸리기 마련이다. 무언가 허전하다는 느낌이 들게 된다. 비교 대상이 없을 때는 잘 알지 못한다. 하지만 비교 대상이 나타나면 바로 알아차린다. 할리의 부르릉거리는 소리와 혼다나 가와사키의 엔진 소리를 비교해 보면 금방 어떤 소리가 더 매력적인지 알 수가 있다. 또한, 가죽 지갑의 촉감과 섬유로 만든 가벼운 지갑은 확실히 만족감이 다르다. 가죽의 미세한 터치의 부드러움은 제아무리 좋은 섬유로 만든 지갑이라 해도 비교가 안 된다. 가죽이 가진 특유의 냄새가 사람을 자극하기도 한다. 골프를 쳐보면 알겠지만, 골프채 역시 오감을 자극해야 사랑받을 수 있다. 그립에서 느껴지는 부드러운 터치감과 공을 칠 때 느껴지는 가벼운 골프공의 소리가 어우러져 골프채를 더욱 매력적으로 만들어 주는 것이다. 분명한 것은 오감을 자극할 만한 요소를 명확하게 가진 제품과 그저 그렇게 만든 제품에는 아주 큰 차이가 존재한다는 점이다. 그게 무엇이든 좋다. 소리, 냄새, 색깔, 그리고 터치감 또는 피팅감 등등 온몸에서 느끼는 오감이 체험될 수 있을 때 제품 미학은 빛이 난다.

오감의 출발점은 색이다. 어떤 색을 어떤 느낌으로 이미지화할지가 관건이 된다. 하지만 이것만으로 완성되는 건 아니다. 그다음은 소리다. 생각 외로 소리에 민감한 사람들이 많다. 자동차 문을 여닫을 때의 소리마저도 다르게 들릴 수가 있고, 휴대폰의 벨 소리마저도 입체적으로 들릴 수 있다. 그리고 그다음이 바로 향이다. 향은 실제 인간의 동물적 본능을 자극한다. 인간이 원초적으로 발달한 게 후각이다. 하지만 향을 느끼는 후각 세포의 수에 비해서 그 향을 느끼는 감각은 많이 퇴화했다. 어쨌든 향을 살린 제품은 훨씬 고급스럽게 느껴지고 매력적인 힘을 갖게 된다. 끝으로 가장 어려운 부분이 어쩌면 몸에 맞게 만드는 일이다. 특히 신발을 보면 알 수 있는데, 아무리 색과 모양 등 디자인이 좋아도 발에 맞지 않으면 소용이 없다. 사람마다 다 다르기 때문이다. 기술이 발달한다는 건 각각의 몸 또는 신체 부위에 맞게 만들 수 있다는 뜻이 되기도 한다.

결국, 이 모든 것의 총합이 바로 제품 미학으로 발현되는 것이다. 하나만의 만족이 아니라, 총합적인 만족을 느낄 수 있을 때 사용자에게 가장 만족스러운 제품으로 각인된다. 특정 부분만을 만족시키는 건 쉽다. 하지만 그것만으로는 안 된다. 오감을 자극하고 만족시킬 수 있는 수준에 도달해야 한다. 그럼 제품 그 자체로 사용자들을 감동시킬 수 있다. 사람마다 감동하는 포인트가 다르기 때문에 종합적이어야 할 필요가 있다. 소리에 향기에 또는 기능에 부분적으로 만족할 수 있다. 따라서 오감 전체를 바라봐야 한다. 이것이 기본이 된 상태에서 특별한 오감의 하나에 만족하는 것이다. 전체적으로 오감을 고려해 제품을 만들어야 한다. 그래야 어느 부분이 빠졌는지도 보이고, 경쟁 제품과의 비교를 통해 새로운 제품도 만들어 낼 수 있는 것이다. 중요한 건 하나의 감각이 아니라, 오감이다.

사용자는 고착된 방식으로 제품을 해석한다. 하지만 그게 다가 아니다

◆

우리가 잘 아는 그림 중에 마녀와 미녀의 이미지를 동시에 가진 게 있다. 언뜻 무심히 봤을 때는 그 사람의 심리 상태가 드러나는 그림이다. 하지만 감상법을 알려주면 다른 모습이 보인다. 구체적으로 어떻게 보라고 가르쳐 주면 실체가 보이는 것이다. 신기하게도 정반대의 이미지 두 개가 보인다. 몇몇 이런 그림에는 공통점이 존재한다. 한쪽에 치중하면 다른 쪽은 안 보인다는 점이다. 동시에 볼 수가 없다. 사람의 불완전한 인식 체계가 불러오는 착시의 일종이다. 뇌의 분석 방법이 한쪽만을 효율적으로 분석하기 때문에 그렇다.

관점을 바꾸는 순간 다른 면이 보이는 것도 그런 맥락이다. 제품을 미학적으로 해석하는 것도 이런 측면이 존재한다. 제품을 바라보는 관점은 다양할 수 있다. 하지만 제품을 인지하는 수준이 생각보다는 낮다. 다양하게 바라보기보다는 한 면을 먼저 보는 것이다. 그리고 다른 면은 설명을 해줘야 알게 된다. 물론 별도로 알려주지 않아도 사용하면서 또 다른 측면을 보는 예도 있다. 사용을 통해 자각하는 것이다.

제품을 인식하는 폭이 생각보단 넓지 않다. 한 면만 먼저 보는 건 인지하는 뇌가 가진 효율성 때문이다. 집중할 때 더 정확히 인식하는 메커니즘이 뇌에서 작동하기 때문이다. 따라서 그 작동 원리를 이해하면 새로운 제품을 만들어 내기가 수월해진다. 사용자의 인식 메커니즘에 맞춰 서너 가지 정도에 집중하면 사용자는 그걸 먼저 인식한다. 사용 경험이 쌓이면 다른 측면도 본다. 그래서 제품 디자인을 할 때는 이를 염두에 둘 필요가 있다. 처음 인식하는 측면과 사용하면서 인식하는 측면을 구분해 두는 게 좋다. 그러면 사용하면서 감동한다. 처음 인지했던 내용보다 더 좋은 게 있다는 사실을 인식하는 것이다.

인식의 이런 특징을 제품에 반영한다면 미학은 그 깊이를 더하게 된다. 사용자가 초기에 인식하는 제품의 특징은 그렇게 많지 않다. 이를 고려해 다른 제품과 명확히 구분되는 지점이 어디인지를 정확히 전달해야 한다. 그게 관심을 끌 수 있는 내용이라면 사용자는 그 제품에 주목하고 구매 의사를 갖게 된다. 하지만 그 미학적 특성이 즉시 드러나는 건 아니다. 처음 호감을 느끼는 것과 미학적 완성에는 차이가 있다. 미학적 감동은 제품 사용 후에 더 드러난다. 첫인상과는 다른 사용 경험이 중요한 게 제품이다. 물론 초기 유인을 위해서는 첫인상에 대한 평가나 인식도 중요하다. 마치 자연의 맛이 건강에 좋다고 느끼게 만드는 데는 시간이 걸리는 것과 같다. 처음 보는 자연의 맛은 호감을 사지 못할 때도 있기 때문이다.

초기 인식과 사용 후의 인식에 차이가 나지만, 그렇다고 모든 사람이 그런 건 아니다. 어느 정도 사용 후 인식의 저변이 확장된 사람은 다른 사람에게 자신이 인식한 제품 미학적 관점을 설명해 준다. 그러면 다른 사람은 바로 그 사실을 알게 되고 새로운 관점으로 바라보게 된다. 그게 제품과의 첫 대면이라 해도 그 속에 담긴 미학적 감동을 경험하게 되는 것이다. 어떤 의미에서는 사용자들에게 사용 경험 교육이 필요한 게 제품이다. 컴퓨터를 많이 사용해 본 사람일수록 좋은 성능의 컴퓨터가 무엇인지 알아챈다. 제품도 사용을 많이 해본 사람이 그 제품의 첫인상과는 다른, 핵심적인 미학적 완성 여부를 알아낼 수 있는 것이다.

제품 미학의 완성은 바로 여기에 있다. 그림을 제대로 감상하기 위해서는 거리와 관점이 중요한 예가 많다. 제품 미학의 완성은 일정 시간을 두고 사용 경험이 풍부해질 때 드러난다. 좋은 제품은 오래 사용할수록 그 가치를 평가받는다. 제품 미학이 집중해야 하는 대목이다. 명품은 오래 사용해도 그 가치가 사라지지 않는다. 비싸게 산 명품이 더 경제적이라고 인식하는 것도 이 때문이다. 그럴 때 고객은 제품에 열광하는 것이다.

제품 미학도 구조화된 보이지 않는
코드로 배치되어 표현된다

◆

컴퓨터 화면에 보이는 이미지나 3D 모델링을 자바스크립트로 표현해 보면 컴퓨터 프로그램 언어들이 나타난다. 즉 눈에 보이는 외형 속에는 프로그램이 숨어 있는 것이다. 그게 자연 발생적으로 만들어지는 게 아니라 철저하게 프로그램화되어 있는 것이다. 그 프로그램의 표현에 따라 이미지에 호감을 느끼기도, 때로는 혐오스럽게 보이기도 한다. 이미지가 코드화되어 있기에 가능한 일이다. 만일 프로그램에 문제가 있으면 이미지 자체가 드러나지 않는다. 에러로 컴퓨터가 작동하지 않을 수도 있다. 하지만 잘된 프로그램은 목표하는 이미지를 에러 없이 정확히 전달하게 된다.

제품의 구성도 이런 프로그램을 짜는 것과 같다. 보여주고자 하는 제품의 실체와 제품을 만들려는 목적이 일치할 때 제대로 프로그램된 것으로 볼 수 있다. 컴퓨터 프로그램과 제품이 다른 건 에러에 대한 반응이다. 컴퓨터는 하나라도 잘못된 프로그램 언어 문법이 발생하면 작동하지 않는다. 하지만 제품은 그런 부분이 있어도 쉽게 눈치채지 못한다. 그런 게 쌓여서 문제로 확연히 드러나기 전까지는 잠재적인 에러로 존재하게 된다. 물론 컴퓨터에서도 버그라는 게 있지만, 특별한 상황이 아니라면 표출되지 않고 슬러지 형태로 존재한다. 즉 잉여물 상태인 것이다. 실제 제품을 디자인할 때도 정확한 코드로 짜진 것이 아니라면 이런 잉여물 상태가 많이 존재한다. 다만 이것이 어떤 필요성이 있는지 어떤 역할을 하는지 정확히 모르고 그저 덧붙여진 듯이 존재한다. 이런 게 많을수록 제품의 기능성이나 미학적 관점이 결여되는 것이다. 프로그램을 잘 짜는 프로그래머의 작업을 보면 간단하고 단순해 보이지만 파워풀하고 실제 에러도 적다. 하지만 못하는 사람일수록 정확히 짚어야 할 부분을 돌려서 짜는 바람에 에러도 많고 문장도 길어지며 작동하는 데 시간도 더 걸린다. 이는 제품 디자인에서도 동일하게 작용한다. 그런 제품일수록 사용자의 반응이 늦게 나타나고, 사용하면서 사소한 에러들이 드러난다. 그때 사용자에게 불만이 생길 수밖에 없다.

그럼 어떻게 하면 제대로 된 제품의 프로그램화가 가능할까? 이는 네 가지 절차에 의해서 가능하다. 첫째는 목적하는 제품에 가장 필요한 것만 남긴다. 다 분해해서 불필요한 부분을 제거하는 것이다. 그러면 가장 기본적인 것만 남게 된다. 이를 기준으로 구조화하면 된다. 둘째는 구조화된 것의 최적 상태가 어디까지인지를 평가한다. 성능을 높이려면 무엇을 더해야 하는지 정확히 찾아내는 것이다. 이렇게 만들어진 게 제품의 기본 기능과 성능이다. 셋째는 기능과 성능에 부가적으로 필요한 것을 붙이는 작업이다. 적당히 붙이면 그 효과가 상승하지만, 많이 붙일수록 잉여물이 될 가능성이 커진다. 제품의 부가적인 만족감을 높이는 역할을 할 수도 있기에 주의해야 한다. 디자이너가 가장 많은 실수를 할 수 있는 부분이다. 너무 많으면 기본 기능과 구조가 깨지고, 너무 적으면 의미 없는 작업이 될 가능성이 크다. 이때 비로소 디자이너의 감각이 중요해진다. 어쩌면 이전 단계는 엔지니어링 단계로 볼 수 있다. 이 단계부터는 디자이너의 역할이 중요해진다. 넷째로는 이제 구성이 끝났기 때문에 이미지 메이킹을 할 단계다. 이 단계에서 제품의 구체적인 이미지와 형상이 완성된다. 제품 미학적 평가를 받을 수 있는 단계다. 앞의 단계가 생략됐다면 이는 시각적 평가에 불과한 것으로 봐야 한다. 제품에 대한 평가가 아니다. 실제 많은 디자이너가 실수하는 게 이 단계만 하고서 디자인을 완료했다고 손을 터는 것이다. 착각이다. 그러기에 제품 미학이 완성되지 않는 것이다.

제품 미학을 완성하기 위해서는 이와 같은 절차를 통해 제품을 만들어야 하는데, 쉽지 않은 부분이 바로 엔지니어링과 디자인 프로세스의 결합이다. 엔지니어는 디자이너를 이해하지 못하고 디자이너는 엔지니어를 이해하지 못한다. 엔지니어는 공학적인 접근을 하고, 디자이너는 시각적인 접근을 하기 때문에 그렇다. 하지만 엔지니어가 주도하는 제품은 기능만 남는다. 디자이너가 주도하면 이미지만 남게 된다. 이런 방식으로는 제품 미학을 완성할 수가 없다. 그래서 주도적인 관점을 세우고 그 관점에 맞추어 다른 작업을 수행해야 한다. 제품 미학은 디자이너의 주도로 완성되어야 한다. 디자인된 제품의 기술적 한계를 풀어주는 게 엔지니어의 일이다.

디자이너가 엔지니어링의 관점을 가지는 것도 필요하지만, 그것만으로는 현재의 것 이상을 만들어 낼 수가 없다. 그 이상을 요구하고 그것을 풀어달라고 엔지니어들에게 요청해야 한다.

그러면 엔지니어들은 온갖 방법을 동원해 문제를 풀어야 한다. 그때 비로소 한 차원 높은 제품이 탄생하는 것이다. 실제 이 과정을 자세히 보면 애플에서 행했던 작업과 비교가 될 것이다. 디자인 중심으로 엔지니어들을 닦달했던 스티브 잡스가 바로 이런 관점으로 진행을 했기에 그 속에 제품 미학이 살아났던 것이다. 제품 디자이너에 의해 제품 미학이 완성되지 엔지니어들에 의해 완성되는 게 아니다. 다만 제품 디자이너는 이런 과정을 정교한 프로그램 과정처럼 만들어 내야 한다. 프로그램 언어도 논리고 언어다. 제품 미학도 그렇게 표현되는 논리고, 언어로 정리되어 있어야 하는 것이다. 제품 디자이너가 인식해야 하는 것은 일회적인 감각의 표현이 아니라, 체계화된 제품 미학 문법을 갖춰야 한다는 점이다.

제품 미학의
미니멀리즘과 해체주의

◆

제품 디자인의 사조를 보면 기능주의에서 시작하여 장식주의로 흘

렀다. 이 흐름은 여러 방향으로 진행되었다고 보는 게 맞다. 첫 번째 방향은 기능을 정의하고 효과적으로 정립하여 기능과 제품 디자인이 최적화되는 것을 목표로 하였다. 기술 기반이 약했기 때문에 발생한 일이다. 그 뿌리를 보면 재료의 다양성, 치공구의 개발, 역학적 해석 등 기본 기술들이 개발되지 않은 상태였기 때문에 이를 극복하는 방법으로 기능주의적 입장을 선택할 수밖에 없었다고 본다. 기능주의 전 단계는 바로 수공예 단계다. 손으로 다양한 수공품을 만들어 내는 단계라서 손도 많이 가고 장식적인 효과도 컸다. 하지만 이를 대량 생산하기에는 어려움이 많았다. 따라서 장식적이고 손이 많이 가는 요소를 제거해야 했다. 제품의 핵심만 남기려는 목적성이 강했고, 그 차원에서 기능에 대한 중요성을 강조한 것이다. 기능을 제품에서 추출하고 그 기능을 재구성하면서 필요 없는 장식들을 제거해 나가는 과정을 거친 것이다. 이렇게 하면 대량 생산이 쉬워지고 원가를 낮출 수 있는 여력이 생긴다. 자연스럽게 발전한 재료와 제조 기술에 의해 제품 디자인이 급속도로 발전하였다.

두 번째 방향은 집약된 기능에 대한 평가다. 즉 장식주의로 발전한 방향이다. 기능에 대한 평가만으로 개인의 개성이나 사고의 발달을 가로막는 건 아닌지, 혹은 획일화된 표준품으로 제품에 대한 인식이나 가치를 높일 수 있겠는가 하는 의문이 생기면서 시작되었다. 다시 말해 표준품에 대한 부정이 시작된 것이다. 인간이 가지는 다양한 욕구를 하나의 잣대로 평가하고 이것만 옳다는 사고에서 벗어나려고 제품 디자인도 바뀌기 시작했다. 과거에는 수공예적인 요소가 들어가면 제작 비용이 비싸지고 표준품으로 진행하기 힘들기 때문에 주저했던 디자인들이 이제는 오히려 제품의 개성을 강화한다는 측면에서 주목을 받게 되었다. 제품의 차별성이 문제였다. 차별성이 제작 비용을 높일지 모르지만, 소비자가 구매한다면 비용이 얼마가 들더라도 디자인하겠다는 의도를 담고 있다. 기능의 차별성은 없지만, 장식적 효과를 통해 제품의 인식도 및 사회적 영향력을 높이려는 의도에서 발전한 것이다. 어찌 보면 기능주의적 입장과는 대척되는 입장이다. 기능주의의 목적이 싸게 효과적으로 만들고 기능하도록 하는 것이었다면, 장식주의적 입장은 비싸게 다른 제품과는 차별되게 만드는 게 목적이었다. 필요하다면 효율성을 제거해도 된다는 게 기본 전제였다. 제품이 어떻게 사용될 것인지보다는 어떻게 보이는가에 초점이 맞춰졌다. 대표적인 예가 50~60년대 만들어진 미국식 자동차다. 이 미국식 자동차는 정말로 비효율의 극치이다. 하지만 표준화되어 있던 포드에서 만든 차들과는 차별성이 있는, 웅장하고 화려한 외곽 디자인을 뽐냈다. 요즘은 클래식 카라는 이름으로 미국 내에서 전시회도 많이 하는데, 오히려 이런 차를 가진 사람들의 식견을 높이 쳐주고 우러러보는 형편이다. 하지만 70년대 오일 쇼크가 났을 때는 가장 애물단지였던 차들이다. 연비가 낮고 디자인은 거추장스럽고 기기묘묘한 모양이라 효율을 강조하기 시작하는 분위기가 되면서 완전히 사라지는 자동차 디자인이었던 것이다.

이 기능주의와 장식주의 경향은 어쩌면 사라지지 않는 두 가지의 제품 디자인 방향이다. 어느 쪽이 맞는다고 말하는 것 자체가 말이 안 된다. 제품 디자이너가 견지해야 할 가장 기본적인 방향이기 때문이다. 이 두 방향의 조합이 제품 디자이너의 성격을 규정짓는 디자인 철학이 된다. 사실 어떤 방향을 추구할지를 결정하는 건 그 사람의 특징이 된다. 또 두 방향의 적절하고 효과적인 결합이 제품 디자이너의 실력이 된다고 볼 수도 있다. 그런데 이 두 가지를 동시에 본다는 것 또는 사용자의 욕구에 맞춰 두 가지를 효과적으로 결합한다는 건 쉬운 일이 아니다. 동시에 본다는 것은 양쪽 눈을 따로 초점을 맞추는 거처럼 어렵다. 가까이 보면서 동시에 멀리 보는 것, 오른쪽을 보면서도 왼쪽을 보는 것과 같다. 그래서 어쩔 수 없이 어느 한 방향을 바라보게 되는 것이다. 제품 디자이너가 살아가면서 시기별로 다른 관점을 가질 수는 있어도 같은 시간대에 두 가지 관점을 동시에 가질 수는 없다. 그러기에 한 시기에는 하나의 관점을 중심으로 선택하는 것이다.

이 선택의 양극단에 있는 게 바로 미니멀리즘과 해체주의다. 미니멀리즘이란 극단적으로 장식과 부수적인 기능을 제거하고 본질 기능 그 자체로 제품을 구축하려는 욕망이다. 색상도 화려하거나 다양한 색상을 쓰는 게 아니라 단순한 한두 가지 색으로 표현하려고 한다. 최소한의 장치들을 배열해서 최고의 제품을 만들어 내려는 욕망이기에 극단적으로 효율성을 강조하기도 한다. 이런 디자인이 급속도로 퍼진 데는 과학 기술의 발전이 한몫했다고 할 수 있다. 과거에는 기능을 분해하는 기술이 없었기 때문에 부수적인 기능도 따라다녔다. 하지만 과학 기술의 힘으로 최적의 조건을 찾아내는 시뮬레이션 시스템이 구축되면서 최적 조건 이외의 것은 감정적 낭비라고 본 것이다. 이런 디자인이 미니멀리즘을 낳았다. 그리고 이 디자인 흐름이 극단적으로 가기 시작하면서 슈퍼 미니멀리즘까지 확장된 것이다.

이에 반해 해체주의는 그 출발이 특이하다. 2차 대전을 일으킨 전체주의에 대한 대항적인 사고에서 출발했다. 효율성을 강조하면 할수록 중앙집중적이고 전체주의적 경향을 띠게 된다는 것이다. 결국 의사결정 시스템이 하나의 기준에 의해 이루어지고, 마침내 전체주의로 가며, 이것이 2차 대전과 같은 비극을 유발했다고 보는 것이다. 어찌 보면 정치의 효율성이 가장 높은 게 독재다. 하지만 그 폐단도 무시무시하다. 독재자가 민주주의를 싫어하는 이유는 간단하다. 자신의 말 한마디면 끝나는 일을 수백만 명이 투표를 통해 의사 결정하는 것 자체가 너무나도 비효율적이라고 보는 것이다. 하지만 그 비극 또한 무지막지하다. 이에 대한 반성에서 시작된 게 바로 해체주의다. 독점화되기 쉬운 효율성을 깨야만 인간으로서의 본질적인 자유를 획득할 수 있다고 본 것이다. 그런 사유가 제품 디자인에도 등장한다. 이때의 등장은 장식주의적 입장과는 다르다. 장식주의적 입장이 가지는 계급적 속성이 부르주아지, 즉 자본가의 입장이라면, 해체주의는 오히려 자유민 또는 하층 계급적 속성을 가지고 있다. 일종의 파괴적 본능을 숨기고 있는 것이다. 그 모습은 구조의 파괴로 비추어지기도 한다. 그렇다고 구조가 완전히 파괴되는 건 아니다. 구조가 없으면 제품 자체가 성립이 안 되기 때문에 구조가 파괴된 것처럼 보이게 할 뿐이다. 그래서 이해 못 할 제품이 되기도 한다. 그런 다양한 시도가 이루어지면서 제품 디자인과 사회사상이 결합한다.

제품 미학에 있어서 어느 한쪽이 맞다는 건 아니다. 결국, 그 선택은 사용자가 할 뿐이다. 시기적으로 주류가 되는 제품 디자인이 있을 뿐이다. 제품 디자인의 미니멀리즘과 해체주의는 양극단의 사상이다. 누군가 디자인을 한다면 이 둘 사이의 어느 위치에 있을 수밖에 없다. 자신의 사상적 정체성을 확립하기 위한 방법론은 스스로 만들어 가야 한다. 하지만 분명한 건 있다. 제품이어야 한다. 즉 제품으로 기능할 수 있는 최소의 구조는 갖추어야 한다. 그리고 실물로 존재해야 한다. 어떤 모습으로든 존재해야 한다. 마지막으로 대량 생산이 되어야 한다. 이 세 가지 조건을 만족한다면 미니멀리즘이든 해체주의든 상관없이 제품 미학을 구축할 수 있다. 제품 미학은 어느 절대적인 효율성이나 장식성에 의해서 구축되는 게 아니라, 사용자의 사용 경험에 의해 결정된다. 디자이너의 입장이 아니라, 사용자의 체험에 의해서 선택되는 것이다. 비록 디자이너가 자신의 사상을 기반으로 뭔가 전달하려는 의도를 가진 제품이라 해도 사용자는 왜곡해서 사용할 수 있다. 그래도 상관없다. 왜냐면 디자이너가 만들어 낸 그 무엇이 그 사용자에게는 제품 미학적으로 끌리는 매력으로 작용하기 때문이다. 그러나 제품 디자이너는 미니멀리즘과 해체주의 어느 위치에서 자신의 디자인이 이루어지는지는 알고 있어야 할 의무와 정체성을 가져야 한다.

경험과
미적 체험

일상적인 미학적 감동

경험이란 일상적인 것을 말한다. 제품을 경험한다는 건 다양한 경로를 통해 제품을 사용한다는 말과 같다. 그렇게 함으로써 경험의 깊이가 축적된다. 체험은 일상적이지 않다. 경험에 심리적 반응이 따라야 체험을 말할 수 있다. 다시 말해 체험에는 심리적 과정이 동반된다. 경험한 것과 감동까지 하는 것은 성질이 다르다. 경험하지만 체험하지 못하는 경우가 있는 것이다. 미적 체험이란 경험을 한다고 되는 게 아니다. 미적 체험은 프로세스가 따로 있다. 예술 작품을 보러 가서 그냥 보기만 하고 오는 사람이 있는 반면에 어떤 사람은 감동을 얻는다. 감동이 없는 사람은 단지 경험한 것이지만, 감동한 사람은 체험을 한 것이다. 즉 체험은 경험에 비해 더 깊은 감각이 요구되는 일이다.

미적 체험이란 일종의 미학적 감동을 경험한다는 뜻이다. 실제로 항상 그렇게 느낄 수 있는 게 아니다. 제품을 사용하면서 어느 순간 그 제품을 디자인한 사람의 감정이 느껴지고 감동하는 때가 있다. 물론 계속 써본다고 해서 감동을 하는 경우는 그리 많지 않다. 하지만 어느 순간 감동하고 나면 사용할 때마다 그 감동이 생각난다. 이미 체험을 했기 때문에 체험에 대한 기억이 존재하는 것이다. 미적 체험이 쉽지는 않지만, 충분히 느낄 수 있다. 다만 그러기 위해서는 제품에 대한 깊은 이해가 필요하다. 그리고 다양한 제품들의 비교도 필요하다. 동일한 조건에서 비교할 때 그때 느껴지는 감동이 중요하다. 비싼 자동차와 싼 차를 비교하는 건 의미가 없다. 비싼 차는 이미 그 가치를 지니고 있기 때문이다. 하지만 비슷한 가격대의 자동차를 비교해 보면 어느 차가 최적화되어 있는지 구별이 가능하다. 그 과정을 통해 차가 지닌 특화된 무엇인가를 느낄 수 있는 것이다.

제품에서는 단순한 사용 경험이 아니라, 미적 체험이 중요하다. 이는 쓸 때마다 느껴지는 만족감이고, 이것이 브랜드나 제품에 대한 충성도를 높여주기 때문이다. 미적 체험을 하게 만드는 제품이 좋은 제품이고, 시장에서 살아남는다. 그런 제품이 될 수 있게 디자인해야 한다. 단순한 경험을 넘어 미적 체험이 가능하도록 하기 위해서는 전반적인 사전 지식이 필요하다. 제품을 이해하는 사람이 감동도 많이 받는다. 예술 작품도 많이 본 사람, 예술 작품에 대해 많이 공부한 사람이 감동을 하는 것과 같은 이치다. 제품에 대한 이해가 미적 체험을 높여주는 중요한 통로다. 그 이해도를 높일 방안을 가진 회사가 성공한다.

제품 미학은 재현이 아니라
사용 경험에 기반한다

◆

미학으로 예술품을 평가할 때, 중요한 기준의 하나가 재현이다. 상상력의 재현을 기본으로 삼는다. 상상력 이전에는 이미지, 이미지 이전에는 종교적 성스러움이었고, 그전에는 자연의 재현이었다. 보는 것과 상상하는 것의 재현으로 미학적 평가를 받았다. 하지만 미학의 영역을 확장하면서 반복적이고 대량 생산이 가능한 것도 미학적 평가 대상에 넣기 시작했다. 대표적인 것이 소설과 영화다. 작가의 상상력을 기반으로 글과 영상이라는 두 영역으로 반복 가능한 재현을 이루어 놓은 것이다. 물론 누구나 동일한 메시지를 읽어 내지만, 그 미학적 평가나 반응은 다르다. 보고 듣고 느끼는 게 기본이다. 하지만 실제 사용한 경험은 아니다. 인식의 차이로 인해 그 느낌이 다를 뿐이다. 문화가 다르거나 교육 수준이 다르거나, 실제 보고 느낀 양이 다르면 다르게 평가한다. 똑같은 것이라 해도 다르게 느낀다. 미학적 차이 이전에 환경적 차이가 먼저 발생하는 것이다.

하지만 제품은 다르다. 제품을 미학적 관점으로 보려면 기존의 예술과는 다른 측면이 존재해야 한다. 재현을 평가하는 예술과 비교가 되지 않는 부분이 있다. 제품 미학으로 구분해서 생각해야 하는 건 이런 차이가 존재하기 때문이다. 가장 큰 차이는 제품은 사용 경험이 중요하다는 점이다. 모든 사람은 예술을 평가할 때 보고 들은 것을 기준으로 삼는다. 즉 시각과 청각의 예술이고 미학이다. 하지만 제품 미학에서 중요한 건 촉각이다. 만지고 사용해보고 실제 목적하는 일을 해봐야 그 사용가치를 정확히 평가할 수 있다. 바로 촉각의 미학인 것이다. 아무리 겉으로 보기 좋아도 실제 사용을 통해 확인되지 않으면 그 제품 미학은 완성된 게 아니다. 보기 좋은 것만으로는 평가할 수 없는 게 제품이기 때문이다.

촉각도 다시 몇 가지로 나뉜다. 첫째는 터치감이고, 둘째는 피팅감이며, 셋째는 운동감이다. 터치감은 손이나 발 또는 몸에 닿을 때의 느낌을 말한다. 터치감이 좋으면 당연히 그 제품에 만족하기 마련이다. 천연 가죽과 인조 가죽 간에 확실히 차이가 나는 게 터치감이다. 그 차이로 인해 사람들의 선호도가 달라진다. 표면에 처리된 특별한 기능이 터치감을 좋게 하기도 나쁘게도 만드는 것이다.

피팅감은 신체 부위나 몸에 잘 맞는지에 대한 느낌이다. 우리 몸에서 피팅감이 가장 중요한 부위가 바로 발이다. 발의 피팅감이 중요한 것은 운동력과 건강에 직결되기 때문이다. 신발의 피팅감은 운동을 할 때도 중요하다. 아디다스가 세계적인 브랜드로 성장하는 데 가장 중요한 계기가 된 게 베를린 올림픽이었다. 아디다스 창업자가 만들어 준 육상용 경기화를 신고 독일 선수가 금메달을 땄다. 피팅감이 좋으면 그게 성적 향상으로도 나타나는 것이다. 또한, 피팅감이 좋은 신발은 허리 건강에도 좋고, 심지어 겨울철에 빙판에서도 잘 미끄러지지 않는다. 피팅감이 건강에 중요하다는 건 많은 사람이 알고 있다. 신발뿐 아니라 몸에 잘 맞는 옷, 안경을 쓸 때 귀와 코에서 느끼는 피팅감 등등 우리 몸에 부착되는 모든 것에는 그런 피팅감이 존재한다. 피팅감은 사람마다 다르게 느낀다. 키가 같지 않고 지문이 다르듯이 다르게 느끼는 것이다.

운동감은 속도감이라고 할 수도 있다. 오토바이 타는 사람들은 속도감을 즐긴다. 속도가 어느 수준에 올랐을 때 온몸으로 바람을 맞는 그런 속도감이 좋다고 한다. 동일한 속도라도 차와 오토바이의 속도감은 무척 차이가 난다. 오토바이는 시속 $100km$ 정도 되면 속도감이 크게 느껴지지만 차의 경우는 $200km$는 돼야 느낀다. 실제 운동을 하면서 느끼는 속도감이 온몸으로 느껴질 때 이것도 촉각에 의한 경험이다. 이런 운동감은 결국 성능으로 표현된다.

촉각에 의한 사용 경험이 제품을 더욱 감동적으로 인식하게 만든다. 단순한 비교만으로는 알 수 없는 뭔가를 사용 경험을 통해 알게 되는 것이다. 미학은 아름다움을 느끼는 우리의 인식에서 출발한다. 촉각에 대한 아름다움을 정의하는 게 제품 미학의 기본이 된다. 때로는 후각이 제품 미학의 수단이 되기도 한다. 아직 후각에 이르는 과정을 제품 미학으로 받아들이기에는 한계가 있지만, 결국 오감을 통해서 받아들이는 모든 것이 제품 미학이라고 봐야 한다. 감각기관 한 영역에서만이 아니라 오감을 통해 받아들이는 그 자체가 제품 미학의 기본이 되는 것이다. 제품 미학을 말하는 근본도 오감의 확장에 있다. 오감이 발달할수록 미를 느끼는 힘이 강한 것이다. 미래는 오감으로 미학을 논하는 시대가 될 것이다. 디지털 시대가 어떻게 변할지 더 깊이 들여다봐야 한다. 그래야 새로운 미래가 보일 것이기 때문이다.

사용자와 구매자는 다르다. 제품 미학은 사용자를 먼저 생각한다

◆

사용자와 구매자는 다르다. 어린아이와 애완견에게 필요한 물건을 사는 엄마가 있다면, 구매자는 엄마지만 사용자는 아이와 애완견이다. 구매자와 사용자가 완전히 다른 것이다. 가끔 애완견을 위한 제품이 출시되지만, 그 제품은 주로 구매자의 기호에 맞춰진다. 그러니 구매자의 취향에만 맞으면 팔리는 것이다. 말 못 하는 애완견의 의견이란 없다. 그런데 재미있는 상황을 본 적이 있다. 애완견도 자신의 감정을 표현한다는 것이다. 즉 자신에게 맞는 제품이 아니면 거부한다. 가지고 놀지 않거나 먹기를 싫어하는 경우다. 실제 비슷한 장난감을 주어도 애완견이 가지고 노는 건 정해져 있다. 애완견도 자신만의 의견이 있는 것이다.

　제품은 사용자 의견 반영이 먼저다. 그런데 구매자 취향부터 고려하는 경우가 적지 않다. 물론 이유는 있다. 구매자 눈에 띄고 그의 취향에 맞아야 구매를 하기 때문이다. 문제는 이게 오래가지 못한다는 점이다. 구매자와 사용자의 의견이 다른 데도 지속적으로 구매자에게만 집중하면 결국 그 제품은 사용자들로부터 외면당하고 만다. 일시적으로 팔리다가 이내 사라지고 마는 제품이 되기 쉽다. 핵심 사용자가 누구이고, 이들이 만족할 수 있는 기능과 디자인은 어떤 것인지 분명하게 알고 있어야 한다. 아무리 말 못 하는 애완견이라 해도 마찬가지다.

　제품 미학 역시 사용자를 기준으로 고려되어야 한다. 사용하면서 느끼는 게 제품 미학이다. 구매자가 느끼는 게 아니다. 구매자와 사용자가 다른 경우는 더욱 그렇다. 노인용품이나 애완용품, 육아용품, 때로는 선물용품까지, 이런 예는 많다. 구매자와 사용자가 다를수록 먼저 사용자 중심으로 생각하고 그다음에 구매자를 생각하는 게 올바른 방식이다. 구매자와 사용자가 다르면 분명 소통하기 힘들다. 구매자의 의견은 바로 드러나지만, 사용자의 의견은 드러나기 쉽지 않기 때문이다. 그렇다고 구매자의 의견만 들을 수는 없는 노릇이다. 그래서 제품 생산 전에 사용자 활용 테스트를 끊임없이 해봐야 한다. 머릿속으로 상상하는 것으로는 한계가 있다. 왜 그런 선택을 할 수밖에 없는지 정확히 알지 못하면 사용자가 느끼는 감정을 알 수 없는 법이다.

사용자와 구매자가 다른 제품이라면 개발자 자신이 경험해보는 게 효과적이다. 즉 애완용품을 개발해야 한다면, 애완동물을 길러본 사람이나 실제 구매해본 사람이 더 좋다는 얘기다. 자신이 고객으로서 느낀 것과 함께, 애완동물에게 제공했을 때 알게 된 불편함이나 선호도까지 알고 있다면 큰 도움이 되기 때문이다. 자신의 실제 느낌을 제품으로 형상화하는 것만큼 좋은 제품 개발이 없다. 특수 시장을 겨냥한 제품 디자인은 실제 경험이 많은 사람이 훨씬 유리하다. 자신의 취미와 제품 디자인을 결합하는 게 효과적이다. 외국의 사례를 보더라도 성공한 브랜드나 디자인은 제품 디자이너가 해당 산업이나 용품의 전문가인 경우가 많다.

사용자는 무엇이 제일 필요한 제품인지 모른다. 제품 미학은 그것을 찾아 주는 작업이다

◆

새로운 제품은 두 가지로 대별된다. 하나는 세상에 없던 혁신적인 기능이나 이미지를 새로 창출해 낸 완전한 신제품이고, 다른 하나는 생산 중이던 혁신 제품을 대중화하기 위해 개선한 신제품이다.

대중화를 위해 개선한 제품은 이미 제품을 사용해본 사람들이 있고, 이들의 평가도 이미 피드백된 상태이기 때문에 쉽게 시장을 리드하며 판매할 수 있다. 하지만 세상에 없던 신제품은 사용자들이 쉽게 받아들일 수 없는 경우가 많다. 실제 그런 이유로 시장에서 실패하고 개발비만 날리는 신제품이 적지 않다. 하지만 실패한 것으로 보인 제품이 어느 순간에 다시 등장해 호응을 얻고 시장 지배자가 되는 예도 있다. 근본적인 이유는 사용자의 인식 차이에 있다. 사용자는 자신의 인식만큼 제품을 받아들인다.

사용자 인식은 경험에 의존한다. 경험을 기준으로 판단하는 것이다. 경험의 크기가 사용자의 인식 수준이다. 따라서 한 번도 경험하지 못한 혁신 제품은 그 필요성을 느끼지 못한다. 사용자들이 자신의 인식 수준으로 판단할 경우 배척하기 쉽다. 익숙함이 일종의 무기다. 익숙한 제품이 살아남기 쉽다. 그런데 사용자들은 경험 이상을 모르기에, 새로운 기능을 경험하게 해줄 때 태도가 완전히 바뀔 수 있다. 즉 체험 과정 제공 여부에 따라 성과가 달라질 수 있다는 뜻이다. 그 과정을 제품 미학을 자각하게 만드는 과정이라 할 수 있다. 어떻게 체험하게 만드는가에 따라 결과는 달라진다.

혁신 제품은 체험을 통해서 받아들인다. 아무리 좋은 기능을 가진 제품이라도 그 제품에 대한 인식이 떨어지면 결국 시장에서 도태되기 쉽다. 그래서 론칭 시기부터 체험 과정을 충분히 고려해서 디자인해야 한다. 혁신 제품은 체험을 통할 수밖에 없다. 초기 체험 과정을 어떻게 디자인하는가에 따라 성패가 갈린다고 해도 과언이 아니다. 충분히 체험할 수 있는 프로세스를 디자인해야 한다. 사용 자의 인식 속에 각인되게 만들어야 한다. 주목받도록 하고, 기능에 대한 호기심을 유발할 수 있어야 한다. 작동이 쉽게 메뉴도 간소화 하는 게 좋다. 체험에 장애가 없게 하는 게 중요하다. 이를 제품 미 학의 체험 과정이라 할 수 있다. 체험이란 오감으로 느끼는 과정이 다. 그 과정을 제대로 만드는 것도 디자이너의 역할이다.

물론 처음부터 오감을 만족시키기란 쉽지 않다. 먼저 접근이 쉬 워야 한다. 그 과정을 쉽게 만들어 내는 것도 제품 디자인 과정이 다. 요즘은 이를 특화하여 서비스 디자인 또는 UX 디자인User Experience Design이라고 하기도 한다. 그것을 느끼게 해야 좋은 제품으로 살아남는다. 제품 그 자체의 힘이 있어서 체험 욕구를 불러일으키 는 예도 있다. 전시된 제품을 사용하고 싶어서 자신도 모르게 손을 대고, 만져 보기도 하고, 들여다보곤 한다. 이런 제품은 이미 제품 미학이 담긴 제품이 된 것이다. 제품 미학은 자연스럽게 이런 과정 을 만들어 준다. 제품 미학이 오감을 다루는 체계이기 때문이다.

제품에 감정이 담겨야
미학이 완성된다

◆

3D 캐드를 하는 사람들이 가장 어려워하는 게 있다. 느낌을 요구하는 경우에 그렇다. 이를 어떻게 표현해야 할지 막막하기 때문이다. 수식이나 공식 또는 이미 만들어진 모양을 이용하는 게 아니라, 전혀 수치화도 안 되고 공식화도 안 되는 걸 만들어 내야 하는 것이다. 우리가 알다시피 아주 완벽한 미인을 컴퓨터로 만들어 내면 묘하게 매력이 없다. 분명히 미인의 전형을 갖추었지만, 매력적으로 보이지 않고 인공적으로 보인다. 즉 인공적인 느낌은 아직은 사람들에게 낯설다.

인공적이라는 것은 인위적으로 공식이나 규격에 맞추어 놓았다는 의미이고, 그런 감정이 제품에 드러나기 때문에 인공적이라는 표현을 쓴다. 사실 모든 제품은 사람의 손으로 만드니 당연히 인공적이다. 그리고 공학적인 흐름에 따라서 만들기에 분명 인공적일 수밖에 없다. 하지만 사람들은 그런 느낌을 싫어한다. 싸구려로 보이는 건 물론이고, 그 개체만의 특징이 드러나지 않는다고 본다. 이런 이유로 인공적이라 생각하면 당연히 한 수 아래로 본다. 인공적인 느낌은 시멘트 콘크리트 건물과 같이 삭막한 느낌을 주는 것이다.

그래서 인공적이더라도 사람들은 뭔가 다른 게 제품에 담기기를 원한다. 기계적인, 반복 가능한 느낌만 드는 제품이 아니라 그 속에 감정이 담기길 원하는 것이다. 제품에 담기길 원하는 감정은 네 가지 정도다. 첫 번째로 중요하게 생각하는 게 위트인데, 사람만 웃음을 가지고 있다. 웃는 근육이 가장 발달한 동물은 사람이다. 웃는 힘은 관계 속에서 탄생한다. 즉 웃음이란 사회적 관계의 산물이다. 웃음으로써 상대에 대한 호감을 표현한다. 웃지 않으면 적대적인 감정을 유발한다. 그래서 제품에도 웃음을 유발하는 위트가 들어가기를 원하는 것이다. 그러면 제품이 자연스럽게 인식이 된다. 위트가 제품 자체에 들어가기보다는 시각적인 마크나 브랜드 또는 로고 등 다른 것을 통해 드러나도 된다. 다양한 표현으로 위트가 드러나는 제품을 사람들은 감정이 담긴 것으로 느낀다.

둘째는 빈틈이다. 일종의 여백이다. 동양화에서 중요한 게 여백의 미다. 꽉 차 있으면 답답해 보이고 기계적으로 보인다. 여백 또는 빈틈은 사람을 편하게 한다. 서양의 미감으로는 채워 넣는 걸 좋게 생각했지만, 요즘은 다르다. 제품에 묘하게 보이는 여유는 새로운 관점으로 미감을 일깨워 주는 것이다. 빈틈, 여백, 여유, 이런 게 담기면 사람들은 편안함을 느낀다. 긴장이 줄어드는 것이다.

셋째는 부드러움이다. 거친 것보다는 부드러운 느낌의 제품을 좋아한다. 거칠고 딱딱하면 뭔가 불편해한다. 건드리거나 사용하는 데도 불편해하기 마련이다. 그래서 부드러움이 중요하다. 위협을 느끼지 않아야 한다. 부드러우면 쉽게 접근도 가능하고, 사용해보고 싶은 욕구도 자극한다. 부드러움이란 단순히 터치감만이 아니다. 전반적인 곡면이나 이미지 또는 모양 등 다양한 요소가 부드러움을 만들어 낸다. 그런 부드러움이 제품에 담기면 편안해한다.

넷째는 따듯함이다. 따듯한 느낌을 주면 쉽게 받아들인다. 차가움은 사람을 멀리 떨어지게 하지만, 따듯한 느낌이 담기면 다가온다. 하지만 열대지방이라면 다르다. 그곳에선 차가운 느낌이 중요하다. 너무 더운데 오히려 더 덥게 느껴지면 힘들기 때문이다. 이런 따듯함이 담기면 사람들은 호감을 많이 품는다. 따듯함을 제품에 담아내는 게 쉬운 일은 아니지만, 따듯함이 담긴 것과 아닌 것에는 확연히 차이가 난다. 따듯함을 담는 기본은 재료이고 모양이다. 그리고 특히 색상이 중요한 역할을 한다.

이와 같은 다양한 감정이 느껴지도록 만들어질 때 비로소 사람들은 새로운 느낌으로 제품을 받아들인다. 그전 제품과의 차별성도 느끼고, 평생 함께할 수 있는 애정도 느끼는 것이다. 이런 감정이 담기면 제품 미학적 매력도 높아진다. 감성이 없는, 기계적이거나 수동적 또는 인공적인 느낌으로는 제품 미학을 완성할 수 없다. 미학은 매력을 기반으로 한다. 강한 매력 없이 만들어진 제품은 미학이 완성된 게 아니다. 담겨야 할 감정이 사라진 구조물에 불과하다. 제품을 보면 만든 사람이 보인다. 만드는 사람의 감정이 담길 때 비로소 그 제품은 미학적으로 완성이 된다.

감성을 자극할 뭔가가
제품에 있어야 한다

◆

어떤 예술품이든 작품에는 나름의 예술적인 취향이 존재한다. 그 취향이 대중과 맞으면 그 작품은 세계적으로 유명한 예술품으로 변하고, 그렇지 못하고 소수의 사람에게만 받아들여지면 그 작품은 소수 마니아의 취향으로 남게 된다. 이는 작품의 어떤 부분이 대중을 자극하는 요소가 되는가에 달려 있다. 음식에도 취향이 있다. 단맛을 좋아하는 사람이 있고, 매운맛을 좋아하는 사람이 있다. 각자 그들이 좋아하는 음식이라면, 단맛의 취향이 반영된 것이고, 매운맛의 취향이 반영된 것이다. 즉 그 요리에는 나름의 독특한 자기만의 맛이 존재하는 것이다. 그것이 대중화될지 아니면 마니아에게만 적용될지는 이차적인 문제다. 먼저 나름의 취향이 존재해야 한다는 점이 일차적인 이슈다.

제품 미학의 측면에서도 제품에는 이런 취향이 존재해야 한다. 맛으로 표현되는 요리처럼 제품에도 사용자의 감정을 자극할 만한 요소가 있어야 한다. 이것이 일종의 자극점이다. 자극점이 무엇인지는 제품을 디자인하거나 개발 또는 마케팅하는 사람이 잘 알고 있다. 때로는 의도한 것과는 전혀 다른 부분이 자극점이 되기도 한다. 그런 경우는 사용자가 그걸 찾아낸 예라 할 수 있다. 마치 예술 작품을 창조해낸 예술가보다 비평가들이 그 작품의 매력을 더 잘 알고 있는 것과 같은 경우다.

제품을 만드는 사람은 자극점을 잘 알고 있어야 한다. 그래야 제품을 업데이트할 때도 방향을 찾을 수 있다. 자극점으로 작동하는 건 대개 세 가지다. 첫째는 성능이다. 전혀 생각하지 못한 수준의 성능이 발현되면 사용자는 그 때문에 크게 자극을 받는다. 특히나 기술적인 부분에 나름의 파악능력이 있는 사용자라면 쉽게 알아챈다. 기존 제품과의 성능 차이를 소개하든 그렇지 않든 이에 상관없이 파악하게 된다. 자신이 기대한 이상의 성능이 나오는 게 확인되면 자극을 받는 것이다. 그리고 그 자체만으로도 만족하고 감동하기도 한다. 또한, 적극적으로 제품의 특징이나 장점을 홍보한다. 즉 성능이나 기술에 집착하는 사용자에게는 가장 큰 자극점이 되는 것이다.

둘째는 스타일이다. 스타일은 유행에 민감하다. 유행을 따라가기 쉽다. 그런데 자극점으로 작동하는 스타일은 다르다. 스타일은 역사성을 가진다. 오래되고 추억이 깃든 스타일에 더 많이 자극되기도 한다. 현대적인 성능에 60년대 디자인이 오히려 더 큰 자극이 되기도 하는 것이다. 스타일은 사용자에게 소구되는 시대의 특징을 의미한다. 나름의 추억을 기대하는 사람의 스타일과 미래의 혁신을 준비하며 기다리는 사람의 스타일에는 차이가 있다. 그에 따른 특징적인 스타일을 갖춰야 자극점이 된다. 유행을 따르는 스타일은 자극점으로 작동할 수가 없다. 다른 제품들이 동일하게 가진 취향 때문에 오히려 그런 취향이 식상해질 수 있기 때문이다. 아무리 맛있는 라면이라도 많이 먹으면 질린다. 남자들은 군대에서 먹은 라면이 가장 맛있다고들 한다. 늘 허기가 졌기 때문이다. 배고플 때는 모든 음식이 맛있다. 다시 말해 누구나 쉽게 얻을 수 있는 자극은 감동적이지 않다. 가장 필요할 때 드러나는 자극이 더 효과가 큰 법이다.

셋째는 상징코드가 들어가 있는 경우다. 전혀 관계가 없어 보이는 제품에서 태극기를 보는 순간 한국인이라면 바로 감동한다. 태극기 자체가 한국의 상징이고 그 속에 역사가 담겨 있기 때문이다. 만일 가문의 문장이 있는데, 그 문장이 제품에 담겨 있다면 가문의 한 사람으로서 느끼는 자긍심은 대단할 것이다. 유럽의 여러 나라나 가문에서 오래된 휘장을 써가면서 제품을 만드는 경우가 많다. 바로 이런 상징 효과 때문이다. 상징의 의미를 아는 사람에게는 크나큰 자극이 된다. 비록 유행에 뒤떨어졌다 해도 그것이 가진 상징성만으로도 큰 자극점으로 작동하는 것이다. 이런 자극은 종교적이기도 하고 문화적이기도 하다. 때로는 계층적 사회적 소수자의 상징이 되기도 한다. 적어도 한국인이라면 세월호 리본이 달린 제품을 보는 순간, 그것에 감동하거나 애처로운 감정이 생길 것이다. 그것도 전혀 예상하지 못한 제품에 그런 상징이 붙어 있다면 분명 감동이 다를 것이다.

이런 자극점이 갖추어진 제품이라야 미학적인 감동이 있다. 제품 미학이란 결국 제품을 통해서 느낄 수 있는 감동을 의미한다. 감동을 불러일으킬 수 있는 자극점이 있어야 제품 미학적 감동을 느낄 수 있는 것이다. 이는 예술 미학과는 다른 측면이다. 예술 미학은 이상적인 미를 추구하는 철학에 기반을 둔다. 하지만 제품 미학은 이상적인 것보다는 실제 사용하면서 느끼는 감동에 방점이 찍힌다. 감동할 수 없는 제품은 미학이 존재하지 않는다고 본다. 그러나 한가지 간과하지 말아야 할 게 있다. 지금 감동하지 않는다고 미래에도 감동하지 않는 건 아니라는 점이다. 자극점에 반응하는 사람들이 등장하는 순간 그 제품의 미학이 발현되기 때문이다. 좋은 제품은 감동이 있다. 즉 그 제품에는 감동을 자극할 만한 자극점이 있다는 의미다. 그게 뭔지 제품 디자이너는 알고 있어야 한다.

문고리가 닳아 반짝이는 단계까지
다듬어질 때 제품 미학은 완성된다

◆

좋은 제품은 무엇일까? 그건 말로 표현되는 게 아니라, 몸이 안다. 자주 쓰면 불필요한 부위가 떨어져 나간다. 있어야 할 부분은 남고 필요 없는 부분은 사라지는 것이다. 오랫동안 쓴 칼을 보면 손잡이 모양이 변할 걸 알 수 있다. 손바닥에 닿은 부분이 점점 닳아 손아귀에 쏙 들어오게 된다. 편안하게 손에 잡히는 것이다. 문고리도 손을 탄 부분이 닳게 된다. 반짝반짝 윤까지 난다. 그렇게 제품이 우리 몸에 맞춰지는 것이다. 이를 제품의 순화(醇化)과정이라고 하는데, 불필요한 부분은 걸러내고 필요한 부분만 순수하게 남기는 과정이다. 이 과정을 거친 제품은 사용자가 편안함을 느끼게 된다. 그러나 사람마다 신체 구조가 다르듯이 그 순화의 결과도 다르다. 즉 사용자에 맞추어 순화되는 것이다. 이렇게 순화가 끝난 제품은 진정으로 제품 미학의 완성을 보게 된다. 사용자가 결국, 제품 미학을 완성하는 것이다.

제품 디자이너는 고민스러울 수밖에 없다. 제품 미학적 기준의 완성품을 사용자가 사용하기 이전에 완성해 낼 수 없을까 고민하게 된다. 비록 약간의 순화과정이 요구되더라도 최적화된 상태로 디자인할 수 없을까 하고 고민한다. 의외로 사용자들은 제품을 자신에게 맞게 스스로 순화시켜 사용하는 경우가 많다. 그만큼 마음에 안 들고 불편한 경우가 많다는 뜻이다. 물론 필요한 대로 고쳐 쓸 수 있으면 다행이지만, 그렇지 않은 경우가 훨씬 많다는 게 문제다. 사실 디자이너가 어떻게 디자인하는가에 따라 사전에 결론이 날 수 있는 부분이다. 그래서 디자이너는 제 생각만으로 디자인할 게 아니라 순화된 이후의 모습까지 고려해 디자인을 완성해야 한다. 이를 무시한 디자인은 사용자가 순화를 하든지, 외면당하든지 안타까운 상황에 놓일 수밖에 없다. 제품 디자이너가 주목하고 항상 생각해야 하는 부분이다. 그럼 어떻게 순화과정을 고려하면서 제품 디자인을 완성해 낼 수 있을까? 방법은 크게 세 가지로 구분된다.

첫째, 시제품을 만들어 제품 디자이너가 실제 사용해보는 것이다. 눈밭에서 쓰는 제품이면 실제 눈 위에서 사용해봐야 한다. 아주 오래전에 합작으로 스노보드 바인딩을 개발했었다. 여름이라 눈밭은 꿈도 꿀 수 없으니 실내에서 바인딩 탈착 테스트를 마친 터였다. 문제가 없어 흡족해하고 있는데, 일본인 개발자가 눈 위에서 테스트를 해보자는 것이었다. 결과가 좋은 상황이라 눈 위에서 테스트하는 게 무의미하다고 생각했으니 눈밭으로 나가자는 그가 이상해 보이기까지 했다. 하지만 그가 옳았다. 우여곡절 끝에 찾아가서 했던 눈밭 테스트는 얼굴이 화끈거릴 지경이었다. 바인딩 결합부에 결빙 현상이 나타나 부착이 잘 안 되는 것이다. 실제 눈 위에서 해보지 않는 한 예상할 수 없는 상황이었다. 구조를 변경하고서야 개발을 마칠 수 있었다. 누구보다 먼저 디자이너가 사용을 해봐야 문제점을 찾아 빨리 고칠 수가 있다.

둘째, 대상고객이 테스트를 진행하는 것이다. 가능하면 동일한 환경 조건에서 진행하는 게 좋다. 제품 목적에 부응하는지도 살펴야 한다. 제품에 따라 대상을 고르기 쉽지 않은 때도 있다. 목표 대상이 설정되지 않은 경우도 많다. 하지만 반드시 고객이 사용해보게 해야 한다. 테스트하면서 느끼는 고객의 감정을 파악하고 그것을 반영할 때 제품이 제대로 만들어지는 것이다. 칼을 만들면 요리사에게 사용해보도록 해야 한다. 물론 요리하는 사람이 주부인 경우와 전문 요리사인 경우는 다르다. 또 중국 식당 요리사와 한식 요리사도 달리 접근해야 한다. 그 용도와 재료 또는 목적에 따라 전혀 다른 칼들이 만들어진다. 대상고객을 통해 테스트하다 보면 더욱 세밀하게 목적에 맞는 제품을 만들어 낼 수가 있다. 전문화돼야 한다. 이는 점점 경쟁이 심화하는 시장에 최적화된 제품을 내놓는다는 의미다. 그래야 최고의 제품 만족감을 선사할 수 있다.

셋째, 시장의 세분화다. 대상고객을 구체적이고 엄밀하게 구분할 필요가 있다. 그러면 새로운 용도와 필요성, 또는 새로운 접근법 등을 찾아낼 수가 있다. 시장을 세분할수록 제품은 더 정교해지고 전문화를 이룰 수 있다. 그때는 가격이 높더라도 사용자는 망설임 없이 사간다. 그리고 명품으로 인정하는 것이다. 세분화된 시장일수록 요구하는 깊이나 강도 또는 사양이 엄밀하다. 그리고 그 수준에 맞춰줄 수 있어야 시장에서 살아남는 제품이 된다. 당연히 그 분야의 전문가들로부터 호평을 듣게 된다. 그렇게 좋은 제품으로 좋은 평가를 받는, 선순환 구조가 이뤄지면 명품이 될 수 있다. 히트 상품을 만들려고 노력하면 된다. 제품 미학의 목적은 대상 사용자가 최고의 미학적 사용 경험을 할 수 있기를 바라는 것이지, 많이 팔리기만을 바라는 게 아니다. 좋은 제품은 세분화된 시장에서 탄생한다. 비록 작은 규모라도 한 시장에서 뿌리내리고 제대로 평가를 받으면 당연히 다른 시장으로도 확장이 가능해진다.

최근에 어느 유명 식당에서 돌솥밥을 먹은 일이 있다. 물을 붓고 나서 밥주걱을 들고 솥의 누룽지를 밀었다. 그런데 너무도 자연스럽게 누룽지가 밀리는 것이었다. 돌솥밥을 먹을 때마다 불만이었는데, 그 특별한 주걱을 보고 나서 불만이 완전히 사라졌다. 아주 뜻밖의 경험이었다. 아마 음식점 주인이 사소한 부분까지 고려해 새로 만든 게 아닌가 싶다. 이름값을 제대로 한다는 느낌이었다. 좋은 디자이너는 이런 순화과정을 놓치지 않는다. 사소한 부분의 변화가 어떤 모습으로 사용자에게 감동을 주는지 알아야 한다. 사전에 파악하지 못했다면 사후라도 업그레이드해나가야 한다. 그래서 좋은 제품은 하루아침에 만들어지는 게 아니라고 하는 것이다. 좋은 디자이너는 그런 부분을 먼저 알아차리는 사람이다. 사용자의 사소한 욕구를 알아차리는, 그런 혜안을 가진 사람이다. 혜안을 가진 디자이너가 좋은 제품을 만들고 제품 미학을 완성해 낼 수 있다.

같은 느낌으로 받아들일
상징을 만들어야 한다

◆

BMW 차를 보면 다른 차들과 달리 전면 라디에이터 그릴이 둘로 나뉘어 있다. 라디에이터 공기 창이 2개인 것이다. 이 그릴은 1933년에 처음 등장했다. 이게 사람의 신장을 닮았다고 해서 붙여진 이름이 "키드니Kidney 그릴"이다. BMW 제품군에는 어느 하나 다르지 않게 키드니 그릴이 장착된다. 라디에이터 그릴만 봐도 BMW 차라는 걸 알 수가 있다. BMW의 상징이 돼버렸다. 브랜드의 상징을 통일하는 건 장기적인 안목으로 보면 대단히 중요한 일이다. 현재도 사용하고 있으니 BMW는 키드니 그릴을 85년 이상 사용하는 셈이다. 최근 출시된 전기차도 키드니 그릴을 달았다. 브랜드 없이 그 상징 하나만으로도 BMW 차를 느낀다.

이런 상징을 만들어 내는 게 분명 쉬운 일은 아니다. 하지만 첫 제품을 출시하고 나면 그 제품에 담긴 다양한 상징의 가능성이 생긴다. 그런 가능성 중에 사용자들이 느끼는 부분이 무엇인지 찾아야 한다. 몇 개의 상징 가능성이 보일 것이고, 그것들을 조금씩 확장하다 보면 사용자들이 느끼는 상징이 될 만한 것들이 추려진다. 그럼 그걸 중심으로 모든 브랜드 제품에 적용해 나가면 된다. 점을 하나 찍어도 어떤 방식으로 찍는가에 따라 그게 상징이 될 수도 있다. 옷을 디자인할 때 소매 끝에 점을 찍어 상징을 만들 수도 있다. 시장에 내놓는 모든 옷의 소매 끝에 점을 찍는 것이다. 그 점도 단일 색상이 아니라, 하늘색이나 녹색, 빨간색 등 선명한 색상으로 찍어 두면 사용자들은 이를 상징으로 받아들인다.

상징으로 결정되면, 다양하게 변주하는 게 좋다. 어느 특정 디자인으로만 구성할 필요가 없다. 기본은 유지하되 끊임없이 변화를 주어야 한다. 기본을 바꾸면 상징의 의미도 바뀐다. 따라서 기본은 그대로 두고 장식적인 변화를 모색하면 상징 이미지는 변하지 않는다. 그렇다고 너무 많은 변화를 주면 곤란하다. 상징까지 묻혀 기능을 못 할 수도 있다. 따라서 어느 정도로 변형할지가 중요한 문제가 된다. 상징이 바로 미학의 핵심이기 때문이다. 상징이 제품 전체를 구별하는 기준이 되고 선택하는 출발점이 되기 때문이다. 만일 하나의 제품만을 꾸준히 생산한다면 상징은 의미가 없다. 이때는 제품이 곧 상징 그 자체가 되기 때문이다. 하지만 제품은 개선되고 개량되고 발명되어 지평을 넓혀나간다. 하나의 제품으로는 사용자의 모든 욕구를 해결할 수 없다. 제품 수가 많아지면 많아질수록 그 상징의 의미가 강조되어야 한다. 상징을 통해 제품 아이덴티티를 인식하는 게 사용자다. 상징의 틀이 깨지면 사용자는 그 제품을 동일한 브랜드로 인식하지 않는다. 오히려 부정하게 되고, 이는 제품군 전체에 대한 불신으로까지 이어지는 법이다.

상징을 바꿀 필요가 있는 경우는 두 가지다. 첫째, 제품을 혁신해 기존 제품과 단절할 때다. 기존의 상징으로는 도저히 시장에서 공감을 얻을 수 없다는 판단이면, 바꿔야 한다. 상징의 변화를 통해 새로운 이미지를 구축하는 것이다. 그 대표적인 사례가 기아자동차의 경우다. 2007년 피터 슈라이어 디자이너가 기아에 와서 가장 먼저 착수한 게 전면의 라디에이터 그릴 디자인을 바꾸는 작업이었다. 그 디자인을 확정한 후 모든 차의 전면 디자인을 바꾸었다. 컨셉은 '호랑이 코'였다. 이 작업을 통해 기아차는 다시 이미지를 만들고 상징을 구체화할 수 있었다. 지금까지 통일되지 못했던 기존의 차와는 분명 다른 모습이었다. 상징을 구체적으로 채택하면서 기아자동차는 디자인 개념이 분명한 회사로 거듭났다. 대단히 중요한 전략적 선택이었다고 본다.

둘째, 새로운 카테고리를 만들어 낼 때다. 기존 제품과는 성격이 다른 시장에 진출하면서 상징을 바꾸는 것이다. 그러면 사용자들도 다르게 느낀다. 기아자동차에서 새로운 전기차 모델을 출시했다. 그런데 '호랑이 코'는 유지하면서 그 라디에이터 그릴은 막아 두었다. 기존 차는 당연히 라디에이터 그릴에 바람이 통하게 설계

되어 있었다. 전기차로 넘어가면서 라디에이터 그릴의 중요성이 떨어진 것이다. 오히려 공기저항을 일으키는 요소라서 없는 게 더 효과적이다. 그래서 테슬라 자동차에는 라디에이터 그릴이 없다. 하여간 기아 전기차는 상징을 바꾸려는 과도기적 상황에 놓인 셈이다. 기아차라는 동일성을 유지하기 위해선 '호랑이 코'가 필요해 과도기적으로 전기차에 한에서만 라디에이터 그릴을 막아 둔 것이다. 분명 기아차의 전기 자동차 제품군이 다양해지면 새로운 상징으로 바뀔 거로 본다.

상징을 바꾼다는 건 제품 디자인에서 중요한 역할을 한다. 상징을 만드는 것도 중요하고, 그 상징을 바꾸는 것도 중요한 의미를 지니는 게 제품이다. 따라서 여기에 미학적 의미가 개입될 수밖에 없다. 그 상징과 제품이 동시에 맞아떨어질 수 있는가 하는 점이다. 사실 기아자동차의 라디에이터 그릴이 새로운 디자인으로 출시되었을 때는 신선했다. 기존의 무개념과는 달랐기 때문이다. 하지만 시간이 흐르면서 사용자들의 반응이 엇갈렸다. '호랑이 코'를 일부에선 '호랑이의 벌려진 입'이라고 해석했다. 즉 상징의 의미에서 차이가 난다. 사용자와의 인식의 괴리가 초래되면 오래 가지 못한다. 상징이 품은 뜻과 사용자가 받아들이는 상징에 대한 해석이 같아야 제대로 의미가 부여된다. 완벽할 순 없어도 맞추어가는 데 문제가 없어야 한다. 그럴 때 미학적 해석에 의미가 있다고 본다. 상징을 해석하는 게 미학적 의미이기 때문이다. 좋은 상징은 그 상징

자체만으로도 의미를 지닌다. 하지만 제품과 맞는지도 중요한 요소다. 자신의 의미가 제대로 투영된 상징이라야 제품 미학을 더하는 효과를 본다.

제품 미학의
필요성

아시아적 제품미학

한국은 중간재 생산 국가로 특화되어 있어서 제품 디자인 개발이나 미학에 대한 이해가 없다. 기업들도 이 점에 대해서는 크게 신경 쓰지 않고 지금까지 사업을 잘 영위해 왔기 때문에 큰 문제가 없었다. 하지만 중간재는 가격경쟁이 심하다. 중국이 치고 올라오는 이때 한국의 경우는 가격경쟁에서 살아남을 수 있는 기업이 그렇게 많지 않다. 첨단 제품이거나 특화된 시장이라면 모르겠지만 일반 상품으로는 한계가 있다. 가격경쟁에서 뒤처지면 제품의 가치를 높이는 수밖에 없다. 가치를 높일 수 있는 길이 있다면 기업들이 찾아내고 이를 시도해야 한다.

　제품의 가치를 높이는 데 가장 의미 있는 게 바로 제품 미학이다. 제품 미학을 통해 그 가치를 극대화할 수 있다. 미학을 통해 디자인하는 것도, 미학적 관점으로 제품을 평가하는 것도 다 가치를 고양하는 일이다. 미학적 개념이 성숙한 곳일수록 그만큼의 가치를 인정받는다. 현재 시점에서 미학적 가치가 가장 높게 드러난 곳이 유럽이다. 오랜 역사과정에서 형성된 미학적 관점이 제품에도 투영되어 있기 때문이다. 유럽만의 터치가 담기면 다른 감각으로 다가온다. 유럽의 향취가 담기면 그만큼 높은 가치를 인정받는 것이다. 최근 들어서는 일본도 일본만의 제품 미학을 완성해 내고 있다. 심플함을 기본으로 한 일본만의 특징이 많은 제품에 영향을 주고 있다. 가장 현대적인 감각이 심플함이고, 그 심플함의 정점에 일본의 제품 미학이 있는 것이다. 애플 제품이 일본 제품 미학을 근간으로 디자인되었고, 스티브 잡스의 복장을 일본 디자이너가 만들어 준 데도 다 이유가 있는 것이다.

이제는 한국의 제품 미학적 특징을 찾아 나가야 할 때이다. 중간재 국가로 경쟁력 없이 생존해 나갈 것인지, 아니면 보다 높은 제품 가치를 만들어 내는 국가로 산업과 문화를 이끌어 갈 것인지, 갈림길에 섰다고 본다. 국가의 경쟁력은 이제 미학에 있다. 미학이 브랜드를 만들어 내고 그 브랜드가 국가를 먹여 살리는 것이다. 어떤 의미로 보면 미학이란 아름다움에 대한 사고방식이다. 그것이 욕망으로 드러나는 것이다. 한국인만의 욕망이 드러난 제품들이 세계로 나갈 때 한국만의 차별화된 느낌을 인정받게 될 것이다. 첫걸음은 이미 뗐다. 한류라는 거대한 흐름이 만들어지고 확산되고 있다. 이제는 한국만의 제품 미학이 담긴 제품들이 세계로 뻗어 나가길 기대한다. 그 선두에 선 업체들이 있다. 거대 기업만이 아니라 중소기업도 그렇게 나갈 수 있어야 한다고 본다. 세계의 모든 제품은 온라인을 통해 어디서든 유통이 가능하다. 제품 그 자체의 매력이 곧 힘이다. 한국만의 제품, 그 속에 담긴 미학이 이제는 진가를 발휘할 때다.

한국에서 제품 미학의
필요성을 모르는 이유

◆

한국을 대표하는 브랜드는 삼성, LG 그리고 현대다. 하나 더 추가하자면 아모레퍼시픽 정도가 될 것이다. 그런데 이들은 모두 회사 브랜드다. 주로 회사의 제품을 팔기 위해서 붙여진 브랜드다. 삼성은 휴대폰보다는 반도체 칩에 더 맞는 브랜드고, LG는 현재로는 배터리에 더 어울리는 브랜드가 되었다. 한때는 에어컨으로 세계적인 이름을 날렸지만, 이제는 배터리가 더 유명해졌다. LG 그룹 내의 제품이 다양하다 보니 성장 시기마다 주요 제품이 바뀐 것이다. 그리고 현대는 자동차 브랜드다. 자동차뿐 아니라, 현대라는 브랜드가 너무 많아 헷갈릴 지경이다. 최근에 글로벌 브랜드로 등장한 게 아모레퍼시픽이다. 하지만 이 화장품 브랜드는 이미 여러 브랜드로 분화되었다. 이제는 카테고리별 브랜드로 접근하고 있는 실정이다.

그런데 브랜드다운 브랜드가 한국에는 없다. 이 말은 브랜드 로열티Loyalty가 없다는 뜻이다. 회사 브랜드 또는 재벌 브랜드는 있어서 각기 구별되지만, 그 특징이 없는 것이다. 브랜드가 제대로 인정받으려면 브랜드 로열티가 만들어져야 한다. 브랜드 로열티는 그 출발점이 브랜드 스토리에 있다. 다시 말해 스토리에서 시작한 관심이 브랜드를 붙이고 제품을 만들고 그 제품을 유통하는 전 과정에서 충성도로 이어져야 브랜드 로열티가 형성되는 것이다. 좋은 이름만 가졌다고 되는 것도 아니고 좋은 제품만 만들었다고 되는 것도 아니다. 브랜드를 자산으로 보고 체계적으로 관리할 때 제대로 된 브랜드 충성도를 경험할 수 있고, 그 충성도를 넘어 로열티를 구축할 수 있다. 그러기 위해서는 제품 미학에 힘을 쏟아야 한다. 제품이 얼마나 충실하게 만들어졌는가에 따라 그 브랜드의 충성도가 결정된다.

브랜드가 브랜드로 자리 잡는 방법은 두 가지가 있다. 하나는 광고나 홍보를 통해, 또는 유통구조를 장악해 거기서 사지 않으면 안 되게 만드는, 융단폭격식 마케팅 전략을 구사해 자리 잡는 방법이다. 한국 시장에서는 최소 200억 원은 들여야 가능한 방법이다. 해외 시장에서는 얼마나 들지 모른다. 그 열 배 이상은 들 것이다. 또 하나는 완벽한 제품을 개발함으로써 자리 잡는 방법이다. 그 제품이 고객으로부터 사랑받고, 반복 구매를 통해 인정받으면 제품의 충성도가 생기고, 그 결과가 브랜드 인지도 향상으로 이어지는 것이다. 문제는 이러기 위해서는 철저하게 제품의 수준이 높아야 한다는 데 있다. 그리고 시간이 많이 소요된다. 융단폭격식 방식은 시장을 장악하거나, 충분히 자금을 쥐고 있고 시장이 한정된 경우에는 비교적 쉽게 사용할 수 있다. 한국의 경우는 재벌이나 대기업이 쉽게 취할 수 있는 방법이다. 그러나 세계 시장으로 나갈 경우에는 해당하지 않는다. 두 번째 방법은 핵심 기술이나 제품력을 가진 중소기업들에게 유리한 방법이다. 시간은 오래 걸리지만, 실제 성공하면 해외에서도 성공할 가능성이 크다. 특정 제품에 집중할 때 그 효과가 극대화되는 것이다.

한국에서 제품 미학이 발전하지 못한 이유는 여기에 있다. 재벌이나 대기업은 국내 시장만 생각하기에 제품이 가져야 할 제품력 그 자체에는 별로 관심이 없다. 어떻게 빨리 팔아서 투입된 개발비와 마케팅 비용을 뽑아낼까 골몰한다. 오랫동안 천천히 성장하는 걸 가만히 두고 보지 못한다. 그렇다고 세계 시장으로 나갈 수도 없다. 제품에 전문성이 떨어지기 때문이다. 그러니 국내 수준에서 만족하는 것이다. 제품 미학을 쳐다볼 여유가 없다. 사실 이런 데 관심 가질 여유가 있으면 좋은 브랜드 이미지와 제품 미학이 충실한 해외 브랜드 제품을 들고 와 파는 게 더 수지맞는 장사다.

또한, 중소기업 처지에서는 해외로 나가기 어렵고, 국내에서 재벌들과 싸우다 지쳐서 제품 미학은커녕 생산하는 데만도 진을 빼기 십상이다. 오래 걸리고 쉽게 결과가 안 나오는 일에 집중하기란 더더욱 어려운 일이다. 기술이 있어도 대기업이나 해외 OEM 상품이나 수주해 사는 게 더 편하니 제품 미학을 고민할 이유가 없는 것이다. 오로지 원가 경쟁력만 갖추면 된다고 생각한다. 하지만 그만큼 불안정하다. 원가가 안 맞으면 대기업이나 해외 기업은 쉽게 채널을 바꿔버린다. 어느 정도 규모가 커지면 더욱 바이어에게 매달리게 되는 게 OEM 구조다. 그 틀을 벗어나기란 여간 어려운 게 아니다. 그러니 제품 미학은 생각도 못 한다.

문제는 이대로 있어도 괜찮겠냐는 거다. 일본, 독일이나 이탈리아, 프랑스 등 이들 국가가 우리보다 더 높은 경제력과 제품력을 가진 건 다수의 독자적인 브랜드 덕택이다. 유독 유명제품 브랜드를 많이 가진 나라가 독일, 프랑스, 이탈리아다. 그들 문화 속엔 제품에 대한 이해가 깔려있다. 유명 브랜드가 존재하는 데는 여러 이유가 있다. 가장 중요한 이유는 제품 미학이 있기 때문이다. 그런 제품들을 보면 예술에서 느끼는 미적 감흥이 있다. 그런 느낌이 좋아서 비싼 돈을 주고도 사는 것이다. 그런데 한국은 여전하다. 그런 이미지를 가진 브랜드가 없다. 그냥 기능 좋게 싸게 만들었거나, 그도 아니면 철강이나 반도체, 섬유와 같이 중간재만 생산하기 때문이다. 브랜드를 유지할 만한 그런 제품 미학이 필요 없었던 것이다.

제품 미학이 제품 속에 담겨야 하는 이유는 명확하다. 낮은 재료비에 비해 높은 판매가격을 유지할 수 있어서다. 명품이라도 원재료비는 고작 판매가의 10%도 안 된다. 그렇지만 명품을 사면서 비싸다고들 생각하지 않는다. 재료비나 노동시간으로 미술품 가격을 매기지 않는 것과 같다. 고객에게 인정받을 만한 미학적 감동을 준다면 제품의 가격은 크게 높아질 수 있다. 그래서 제품 미학이 필요한 것이다. 장인정신이 담기면 더할 나위 없다. 고객의 취향까지 맞추면 더욱 좋다. 고객을 끊임없이 만들어 낼 수 있는 비법이 제품 미학이다.

한국에는 그 길에 들어선 제품이 거의 없다. 정말 사고 싶게 만드는 제품을 별로 보지 못했다. 미학적으로 성취도가 있는 제품을 꼭 사고 싶은데, 그런 제품을 구경하기 힘들다. 하지만 해외 제품들은 그런 게 많다. 규모도 별로 크지 않은 회사가 그런 제품을 만들어 파는 예를 많이 본다. 찬찬히 들여다보면 문화적 성숙도에서 이유가 찾아지기도 한다. 즉 이탈리아, 프랑스, 독일과 같은 나라의 기본 문화 수준이 제품 미학을 요구하기 때문이다. 제품 미학을 충분히 인정하고 바라보는 눈높이를 가졌기에 그런 제품이 아니면 팔리지 않는 것이다. 소비자의 눈높이만큼 제품 미학이 반영될 수밖에 없다. 또 제품 미학적 접근이 이루어진 제품들은 살아남는다. 좋은 것은 분명히 구별되고, 소비자가 선호한다. 같은 가격이라면 좋은 것을 택하기 마련이다. 제품 미학도 더욱 빠르게 진화하고 있다. 한국도 그런 진화의 과정 속에 있다. 아마도 오래지 않아 제품 미학에 대한 다양한 해석들이 나오고, 그에 근거한 제품들이 개발될 것으로 기대한다. 그래야 한국의 산업도 브랜드도 미래가 있을 것이기 때문이다. 제품 미학을 이해한 제품 디자이너들이 쏟아져 나오기를 바랄 뿐이다.

제품 미학은
민족 문화에 기반한다

◆

문화가 다르면 제품을 대하는 미적 관점도 다르다. 동양인들은 수묵화에 관해 나름의 미학적 해석을 할 수가 있다. 하지만 서양인들은 그렇지 못하다. 서양의 화법만으로는 동양화를 이해할 수 없다. 그와 마찬가지로 제품에 대한 해석도 동양과 서양이 차이를 보인다. 제품을 디자인할 때 알게 모르게 그 문화가 담기는 것이다. 문화는 그 뿌리를 찾아가 보면 사상에 이른다. 문화가 제품으로 표현되면 스타일이 된다. 많은 사람의 이목을 끄는 이케아 매장에 가보면 단적으로 느끼는 게 있다. 바로 스칸디나비아 디자인에 대한 것이다. 자연 친화적인 데다 실용적이고, 강한 색보다는 중간 톤의 색상에 꾸밈이 없는 단조로움이 배어 있다. 그 가구의 철학은 이케아 창업자인 캄프라드 회장의 철학이기도 하다. 그의 검소하고 실용적인 철학을 바탕으로 이루어진 것이다. 하지만 그의 철학에도 스웨덴의 문화와 철학이 깃들 수밖에 없다. 그래서 독특한 차별성을 가진다. 실제 디자인에는 은연중 문화와 민족성이 담기기 마련이다. 누구든 자신이 뿌리내린 곳의 문화와 민족성에서 자유로울수 없다. 그걸 회피한다고 벗어날 수 있는 성질의 것이 아니다.

문화와 민족성은 디자인 요소에서 많은 역할을 한다. 일차적으로 큰 역할을 하는 게 바로 친근감이다. 반복적인 학습이나 습관을 통해 이미 익혀진 것이기에 친숙하게 다가오는 것이다. 디자이너도 자신에게 익숙한 것을 구사하다 보면 자연스럽게 그 문화적인 영향이 배어들게 된다. 이를 반복적으로 최적화시켜 제품으로 만들어 내면, 나름의 문화적인 색채를 띤 독창적인 제품이 등장하는 것이다. 익숙한 것에서는 편안함도 느끼게 된다. 수용자들이 편안함을 느낄 때 비로소 그 제품에 대한 관점도 생긴다. 즉 편안함을 느끼게 만든 디자인은 그 문화를 공유하는 사람 전체에게도 반응을 일으킬 수 있는 것이다. 우리 옷에 아랍글자를 새겨봐야 큰 의미를 찾지 못한다. 훈민정음의 글귀를 새기면 대개 반갑게 받아들이고, 뜻풀이도 가능해진다. 친근감이 바로 문화를 반영하는 하나의 틀이다.

또한, 문화와 민족성에는 환경의 영향도 반영된다. 이를 응용하면 디자인 영역을 확장할 수 있다. 사용 재료 등의 범위가 넓어져 색다른 형식의 제품이 나올 수 있는 것이다. 스칸디나비아는 나무가 풍부한 지역이다. 그러니 단단한 침엽수를 기반으로 나무 가구를 만들고, 원목의 느낌을 그대로 살리는 디자인이 가능해진다. 태국에는 부레옥잠이라는 수생 식물이 흔하다. 이걸 가지고 직물처럼 짜면 훌륭한 자연 친화적인 목제 가구를 만들 수 있다. 한국의 경우도 화문석 같은 것은 다른 나라에서는 귀하다. 좌식생활과 여름을 시원하게 보내려는 돗자리 문화가 깃든 전통의 산물이다. 왕

골이라는 재료의 특수성과 꽃무늬라는 독창성도 빼어난 게 화문석이다. 이렇듯 환경은 재료의 특징을 결정지을 수 있는 조건이 된다.

마지막으로 문화와 민족성은 형태학적 특징도 지닌다. 형태학적 관점의 근원은 바로 생태학이다. 인간의 몸은 거주 지역에 맞게 변화를 겪었다. 간단히 살펴보면, 극지방에 가깝게 거주할수록 피부에 멜라닌 색소가 적어지고, 추위를 막아내기 위해 피하 지방층이 두꺼워졌다. 햇볕이 부족한 땅에서 적응한 결과다. 반면 태양 빛이 강렬한 적도 지방에 사는 사람들은 피부색이 검고 피하 지방이 얇다. 지방의 저장이 필요 없기 때문이다. 이처럼 지역마다 사람들의 특징이 달라진다. 팔이나 다리 길이, 체중, 코의 크기와 높이, 발 길이, 발등 높이, 손가락 길이 등등 말도 못 하게 많은 측정 포인트별로 차이가 나타난다. 이런 차이가 민족의 특성으로 고착되고, 이런 요소들이 제품을 사용할 때의 느낌이나 만족감을 다르게 만든다. 한마디로 형태학적 특징이 발현되는 것이다. 따라서 디자이너는 인간의 형태학적 특징도 파악하고, 문화와 민족별 만족도를 측정하면서 디자인을 해야 한다.

일례로 세계적인 선글라스 업체인 오클리에는 동양인을 위한 디자인이 없다. 실제 선글라스 피팅을 해보면 동양인과는 맞지 않는다는 사실을 알 수 있다. 동양인과 서양인은 콧등의 높이와 귀까지 도달하는 거리, 그리고 얼굴의 휘어진 각도가 다르다. 그런데도 동양인들이 오클리 선글라스를 구매한다. 유명 브랜드이기 때문에 사는 거로 볼 수밖에 없다. 어쩌면 동양인에게 맞는, 브랜드 파워를 가진 선글라스가 없기 때문인지도 모른다. 이는 곧 동양인에게 맞는 디자인이 등장하면 새로운 브랜드로 성공할 가능성을 암시하는 것으로 볼 수도 있다. 깊이 있게 파고들면 가능성이 열린다. 일류 브랜드가 되기 위해서는 이런 형태학적 특징을 반영한 제품 디자인도 연구해야 한다.

문화와 민족성을 근거로 제품 미학의 완성을 도모할 수 있다. 멀리 보면 제품 미학의 추구가 브랜드 파워를 높이는 길이다.

한국 제품 미학의 핵심은 자연미다

◆

한국의 미에 관해 얘기할 때 가장 중요하게 보는 게 바로 자연미다. 자연미는 동양과 서양의 관점의 차이로 인해 탄생한 미학적 개념이다. 서양의 미는 기본적으로 인간을 자연의 지배자로 보는 관점에서 비롯했다. 즉 주체인 인간과 객체인 자연으로 관계를 설정한, 인간 중심으로 바라보는 데서 출발한다. 하지만 동양에서는 인간과 자연을 주종관계로 보지 않는다. 인간이 자연을 지배할 수 없고, 자연이 인간을 종속시키지도 않는다는 것이다. 그런 의미로 보면 자연 속에 인간이 스스로 존재하고 인간 속에 자연이 주체로서 존재하는 것이다. 자연을 지배하지 않기에 자연이 가진 자연미가 드러나게 하고, 인간은 그 속에 노니는 것이다. 또한, 자연이 인간을 지배하지 않기에 자연의 위협을 해학으로 승화시키기도 한다. 제아무리 호랑이가 백수의 제왕으로 불린들 공포보다는 친구나 놀이의 대상으로 여기기도 하는 것이다. 자연과 인간이 상생하는 관계가 그 바탕이요, 이 바탕 위에 자연미가 형성되는 것이다. 자연미의 대표 격이 바로 한국의 정원문화다. 자연을 가장 자연스럽게 정원으로 끌어들인 게 한국의 정원문화다.

자연미를 추구한다는 건 자연과 대립하지 않는다는 말이다. 즉 자연이 내보이고자 하는 것을 고스란히 받아들이고, 인간이 자연에 부여하는 아름다움도 함께 어우러지는 것이다. 어찌 보면 가장 무심한 상태일 수 있다. 인위적이지 않기 때문에 너무나 자연스러운 모습이다. 그래서 독창적이지 않은 것으로 비칠 수도 있다. 하지만 이는 자연을 바라보는 철학의 깊이를 모르고 하는 소리다. 한국의 문화에서는 인간이 자연과 어우러져 살 때라야 가장 큰 행복을 맞이할 수 있다고 생각한다. 이런 자연 중심의 문화나 사상이 아름다움의 극치를 자연미로 표현하게 만들었다. 자연을 있는 그대로 바라보고, 인간이 지녀야 할 미학으로서의 자연미를 중심에 놓았던 것이다. 자연미가 한국인의 미의식으로 자리 잡은 바탕에는 무속신앙, 노장사상과 불교사상이 자리하고 있다. 한국인의 심연에 깔린 사상의 표현으로서의 자연미가 한국의 미의식을 지배한 것이다.

이런 한국의 자연미가 제품 미학으로 담기기 위해서는 세 가지 조건이 맞아야 한다. 첫째는 장소이고, 둘째는 만남이며, 셋째는 체험이다. 장소 조건이란 어디에 위치할 것인가의 문제다. 그 위치가 자연일 수도, 자연이 아닐 수도 있다. 자연과 어울리는 모습으로 존재해야 이질감이 없다. 자동차 디자인을 예로 들어보자. 자연 속으로 달리는 오프로드용 차라면, 장소는 자연이다. 이 자연을 포용하고, 그러면서도 자연 속을 질주할 힘이 있는 차로 디자인해야 한다. 자연이 아닌 인공의 모습으로 존재하는 아파트라 해도 다르지 않다. 이때는 자연을 담는 인공적인 공간을 조성해 자연을 느끼게 해야 한다. 그러면 자연이 인공의 생활 속에 재현된다. 인공적인 공간은 삶을 피폐하게 만들지 모르지만, 자연과 어울리는 공간은 인간이 자기 정체성을 회복하게 만든다. 화분에 국화꽃 한 송이라도 피어오르면, 그 꽃으로 생명의 영감을 느낄 수 있는 것과 같다. 공간이 자연과 만날 때 자연미가 드러난다.

만남이란 주체와 객체의 만남을 말한다. 인간과 제품의 만남이다. 이 만남이 억지스럽거나 무리하거나 부담스럽지 않아야 한다. 즉 만남 자체가 자연스러워야 자연미가 발현된다. 아주 파격적인 형태로 다가오는 제품에서는 자연미를 느낄 수 없다. 서구의 다양한 제품들이 파격적으로 다가올 때 한국인들은 감동은커녕 오히려 위압감을 느끼는 경우가 많다. 뭔가 부담스럽고 회피하고 싶은 것이다. 자연미가 드러나기 위해서는 만날 때 자연스러워야 한다. 록 음악을 들으며 된장국을 먹는 것과 가야금 소리를 들으며 된장국을 먹는 건 다른 느낌을 준다. 자연스러운 조화가 있어야 만남이 제대로 이루어진다. 달리 말해 어떻게 제품을 접하는지가 핵심이다. 사용자가 제품을 어떻게 받아들일지, 이를 제대로 알고 배치하고 만날 수 있게 해야 한다. 그런 고려 없이 제시될 때 사용자는 거부감을 가질 수밖에 없다. 최대한 자연스럽게 다가가야 하는 것이다.

체험은 자연미에 공감하는 단계를 뜻한다. 아무리 좋은 제품이 좋은 공간에서 제시되더라도 체험하지 못하면 의미가 반감되고 만다. 그냥 눈요기로는 안 된다. 그리고 그 속에서 자연스러움을 느낄 수 있어야 한다. 자연스럽게 느낀다는 건 신발을 신고 뛰거나 등산을 해도 발이 아프지 않은 것과 같다. 여기엔 대단한 기술이 필요하다. 자연스러움을 체험하게 하기란 쉬운 일이 아니다. 사람도 공간도 제품도 잘 맞아야 가능한 일이다. 그렇게 체험이 되어야 자연미가 제대로 느껴지고 한국인만의 미의식을 체험할 수 있다.

제품 미학에서 자연미를 이야기하면 오해할 소지도 있다. 자연미가 늘 우리 곁에 있던 것처럼 생각하기 쉬우나, 실상은 그렇지 않다. 아직 한국 제품 미학에서 자연미를 주장하기는 어렵다. 상징이 될 만한 제품이 등장한 것도 아니기 때문이다. 그렇지만 한국인이 주장할 수 있는 미의식의 뿌리는 자연미이기 때문에 당연히 제품 미학에도 반영되어야 한다. 한국인의 DNA에는 자연미를 향한 미적 감각이 자리하고 있을지도 모른다. 그러나 그걸 고루한 것으로, 편협한 것으로 여긴다거나, 또는 천박하게 비친다면 자연미가 제대로 살아날 수 없다. 자연미는 보이는 그 너머에 있다. 그걸 찾아내야 한다.

완벽하게 이루지는 못할지라도 제품 디자인을 하는 사람들은 끝없이 한국적 자연미를 발굴하고 제대로 형상화하는 노력에 매진해야 한다. 그런 의식을 갖고 제품 디자인을 해나 갈 때 한국적 제품 미학이 완성될 것이다.

아시아적 제품 양식이 가능할까?

◆

아시아적 제품 미학은 가능할까? 먼저 규명되어야 할 게 있다. 동양과 서양의 차이다. 제품 미학을 바라보는 차이의 핵심이 뭔지부터 규명해야 한다. 차이의 출발점은 철학적 방법론이다. 서양은 분석적이지만 동양은 통합적이다. 서양은 분석적이기 때문에 통합하는 데 문제가 있지만, 동양은 통합적이기에 구체적으로 세분할 때 불분명해진다. 철학적 방법론의 한계로 인해 양측은 끊임없이 서로 배우고 있다. 서양은 통합적 방법론을 배우기 위해 동양의 고전을 공부하고, 동양은 분석적 방법론을 배우기 위해 서양의 근대 철학을 배우는 것이다. 거기서부터 시작해야 미학과 제품 미학에 대한 접근이 가능하다고 본다.

사실 아시아적 양식이 가능하냐는 질문의 핵심은 아시아만의 특징을 살릴 수 있느냐는 것이다. 다시 말하면 아시아인의 특징에 맞는 제품 디자인이 가능하냐는 질문이다. 여기서도 먼저 규명되어야 할 건 아시아인의 특징이다. 서양과는 다른 특징이 뭔지 살펴야 한다. 크게 세 가지로 나눌 수 있다고 본다. 첫째, 아시아인만의 문화다. 둘째는 아시아인만의 생활습관, 셋째는 아시아인만의 식습관이다. 간단히 말해 의, 식, 주, 휴, 락이라고 할 수 있다. 생활 문화가 다르면 생존 방식도 사회적 시스템도 다르며, 인간관계마저 달라진다. 아시아적 양식이란 아시아 외의 것들과 차별되는 형식이다. 그 다른 부분을 중심으로 특징이 반영되어야 한다. 그래야 아시아적 양식이라고 할 수 있다.

제품에 따라 뭔가 다른 게 있다는 점은 누구나 알고 있다. 왜냐면 원산지에 따라서 그 특징이 다르게 표현되기 때문이다. 가방 디자인을 맡겨도 제작하는 나라별로 조금씩 그 특징이 달라진다. 이를 손맛이라고 표현하는데, 이는 단순한 차이가 아니라 생활문화의 차이 때문에 발생한다. 제품 하나하나에도 그 차이는 드러난다. 제품 미학의 차이는 바로 생활문화의 차이로부터 비롯되었다. 따라서 생활문화의 특징이 반영될수록 아시아적 양식이 특별하게 드러날 수 있다. 그런데 서양의 양식이 일종의 표준으로 되어 있어서 문제가 생긴다. 아시아적 양식을 만들어내기보다는 서양의 양식을 추종하는 게 더 좋다고 판단하는 점이다. 이는 일종의 열등감에서 발생한 것이다. 서양의 것이 먼저 근대화되고 모던화되었기 때문에 더 좋다는 생각 때문이다. 이게 오히려 아시아적 양식을 만들어내는 데 한계로 작용하고 만다. 먼저 아시아적 양식에 대한 자부심이 필요하다.

아시아가 미래의 시장이다. 이미 경제권의 60% 이상이 아시아로 넘어오고 있는 상황이다. 글로벌 표준이 서양의 기준으로 된 데는 경제적 이유가 컸다. 소비 시장의 핵심이 서양이기 때문이었다. 하지만 이제는 동양, 즉 아시아가 가장 큰 시장으로 바뀌고 있다. 다만 과거의 열등감에 기반한 흔적이 아직도 남아 있다. 이를 극복하기 위해서는 아시아적 양식을 만들어내는 작업이 우선해야 한다. 그 출발은 바로 제품 미학에 대한 아시아적 이해다. 그런 이해를 기반으로 제품 디자인이 탄생해야 한다. 물론 쉽지 않다. 철학과 미학, 그리고 제품 미학에 이르는 과정이 정립되어야 하기 때문이다. 또한, 문화 인류학과 사회학에 기초한 사회 문화 분석도 해야 한다. 이를 기반으로 제품 디자이너가 아시아만의 양식을 만들어 낼 수 있다면 많은 성공을 거둘 수 있다고 본다. 이미 많은 아시아인이 그 필요를 느끼고 있다. 그것이 바로 아시아의 정체성이기 때문이다.

체화(體化)하면 자기 것이 된다. 이식된 제품도 체화 과정이 필요하다

◆

과거 한국에서 생산한 제품 중 상당수가 사실 한국에서 개발된 게 아니다. 대표적인 게 TV, 냉장고, 에어컨 등이다. 그런데 이들 제품은 이미 한국이 세계 판매 1위를 차지하기 시작했다. 비록 이식되긴 했지만, 결국 한국 제품이 세계적인 수준으로 발전한 것이다. 이미 한국 표준이 세계의 표준이 되기 시작했다. 분명 중국이 다음 타자로 나설 수 있다. 하지만 그래도 위안거리는 있다. 한국이 만들어 낸 디자인 브랜드, 그리고 서비스 수준은 쉽게 복제해 낼 수 없다. 한국만의 표준을 만든 것이다.

한국이 이런 강점을 가지게 된 데는 사용자들의 평가가 크게 기여했다고 할 수밖에 없다. 생산 공장이 제품을 잘 만들어서 성공하는 경우가 있는 반면, 사용자들의 평가가 까다로워 제품의 질을 좋게 만들어야 하는 예도 있다. 한국은 후자에 속한다. 그만큼 한국의 A/S 수준은 높다. 고객들의 불평·불만도 즉각적이기 때문에 함부로 무시하지 못한다. 그런 과정을 통해 한국만의 제품을 경험한 것이다. 외국에서 살아본 사람은 한국의 A/S 수준이 어느 정도인지 절감한다. 고객을 감동시키는 A/S에 관해서는 세계적으로 명성이 높다. 즉 한국만의 사후관리시스템을 만들어 낸 결과다. 일본에서 배워 왔지만, 그 이상을 이룩한 것이다. 세계 1위의 전자 강국이던 일본이 한국 기업들에게 무릎을 꿇은 것도 다 이 때문이다.

비록 다른 나라에서 시작된 제품이더라도 그것을 어떻게 체화하는가에 따라 자기 것이 될 수 있다. 사용자들의 끊임없는 피드백이 체화 과정을 경험하게 한다. 고객의 피드백이 체화의 핵심이다. 디자인부터 시작해 기능 검증, 스펙 검증, 품질 검증, 최종적으로 A/S 검증에 이르는 모든 과정이 고객의 피드백을 기반으로 한다. 불만이 많은 고객이 가장 좋은 고객이다. 그들이 문제점을 찾아 주기 때문이다. 이런 측면에서 보면, 한국기업들이 세계로 나가기 위한 테스트 마켓이 되기 좋은 것이다. 테스트 마켓으로 한국만큼 좋은 곳이 없을 정도다. 즉 한국 시장에서 충분히 테스트하면 세계 시장에 나가도 문제가 없다. 테스트를 통해 검증된 제품이 세계 시장에서 인기를 얻는다.

제품의 체화 과정은 결국 시장을 만들어내는 과정의 하나다. 체화하고 그것을 검증하면서 시장을 새롭게 만들어 낸다. 좋은 제품이란 시장에 맞게 검증된 제품이다. 가장 높은 수준의 검증을 거친 제품이 가장 글로벌화하기 좋다. 한국에서 이루어진 체화 과정은 결국 세계로 나가는 지름길인 셈이다. 이는 대기업에만 해당하는 얘기가 아니다. 중소기업제품도 동일하게 적용된다. 대기업에서 시작된 이런 체화 과정이 중소기업에도 일반화될 때 한국의 제품들이 세계 시장에서도 인정받을 수 있다. 그 과정을 혼자 거쳐야만 하는 건 아니다. 힘들어도 연합하여, 또는 공동으로 진행하는 게 오히려 가능성을 높이는 길이 될 수 있다. 한국의 중소기업 제품들도 이제는 세계로 나가야 한다. 한국은 훌륭한 테스트 마켓이다. 한국에서의 성공이 세계 시장을 보장할 수 있다. 제품의 체화 과정은 이제 어느 기업에나 적용해야 할 필수 프로그램이라 할 수 있다. 창조된 것이든 이식된 제품이든, 이에 상관없이 중요하다. 체화는 브랜드 과정이고 제품 미학이 테스트 되는 과정이라 할 수 있다.

제품 미학의
미래

미학의 사회성

제품 미학의 미래는 두 가지 요소에 좌우될 수 있다. 하나는 제품의 사회적 영향력이고, 또 하나는 제품이 끼치는 사회적 피해 유무다. 사회적 영향력은 지속성이 관건이다. 미래에도 현재의 제품 미학적 개념이 그 영향력을 발휘할 수 있는가의 문제다. 사회적 피해는 기업의 윤리 문제와 관련된다. 제품과 그 미학이 친환경적이거나 친사회적이어야 한다는 점이다. 이 두 가지 요소에 부합하는 제품 미학적 관점을 지닌 제품은 살아남을 것이다. 과거와 현재의 제품이 오감 만족만 추구했다면, 미래는 그와 더불어 친환경, 친사회적이어야 할 것이다. 단순한 당위가 아니라, 그만큼의 제품 미학적 고민도 함께 해야 한다.

　미래는 어느 방향이든 열려 있다. 막막함을 따진다면, 어디든 막

혀있다는 얘기로 들릴지도 모르겠다. 그렇다고 방향이 없는 게 아니다. 공이 창공으로 뻗어 나갈 때, 가로막는 벽만 없다면 공은 날기를 멈추지 않는다. 어쩌다 벽을 만난다 해도 튕겨 나와 새 방향을 찾으면 된다. 그 순간부터 새로운 방향으로 날아가는 것이다. 미래란 그런 것이다. 제품 미학의 미래 또한 그렇다. 그렇게 새로운 변수가 생기는 것이지 전혀 다른 뭔가가 만들어지는 건 아니다. 제품 미학이 진화를 해야 하는 이유다. 물론 그 진화는 현재를 기반으로 한다. 다가오는 미래의 생존 방식은 기존의 방식과 다를 수 있다. 대량생산시대를 넘어 대량맞춤시대가 도래하고 있다. 새로운 미래의 욕망은 분명히 다를 것이다. 이제는 그런 변화를 담아내야 하는 시점이다. 제품 미학의 미래도 그렇다.

전통 제품은 새로운 제품 미학에
자리를 내줄 수밖에 없다

◆

혁신 제품이 시장 판도를 바꾼다. 그런 사례가 많다. 다이슨이 날개 없는 선풍기를 선보였다. 날개가 어린아이들에게 안전상의 문제를 일으킬 수 있다는 건 주지의 사실이다. 그래서 날개를 없앤 선풍기를 만들 수 없을까 고민한 끝에 내놓은 제품이다. 그런데 선풍기의 핵심 개념을 바꾼 건 아니었다. 선풍기는 어떤 식이든 바람만 만들면 되는 제품이다. 기존의 선풍기는 날개로 바람을 만들어야 한다는 전제 개념이 있었다. 한 번도 선풍기가 날개 없이 존재할 수 있다는 생각을 하지 못했다. 그런데 다이슨이 이런 선풍기를 만들어내자 선풍기에 대한 생각이 완전히 바뀌었다. 날개 없이도 선풍기가 기능하는구나, 이렇게 인식하게 한 것이다. 전통적인 제품은 혁신 제품에 의해 마켓 크기가 줄어든다. 그렇다고 전통 제품 자체가 사라지진 않는다. 다만 시장에서 주도권을 잃고 소규모화된다. 이런 과정이 끊임없이 일어나는 게 제품이다. 그래서 이런 혁신이 어떻게 일어나는지 살펴볼 필요가 있다.

혁신을 일으키는 출발은 구조의 변화에 있다. 구조는 개념으로부터 나온다. 개념을 어떻게 형상화하는가에 따라 구조가 변한다. 다이슨의 사례가 대표적이다. 날개가 없어야 한다는 목적성이 선풍기의 개념 정의부터 다시 내리게 했다. 그 변화된 개념을 토대로 구조를 다시 설정한 것이다. 또 다른 사례도 있다. 터치 패드의 경우다. 스마트폰이 대중화하기 전의 일이다. 당시 가장 중요한 게 바로 터치 패드 기술이었다. 이 기술이 없었다면 아마 스마트폰은 세상에 나오지 못했을 것이다. 하여간 여기에 구조의 변화가 있었다. 기존에는 다이얼 패드를 아날로그 방식으로 눌러서 필요한 정보를 입력하는 방식이었다. 당연히 아날로그 형태의 다이얼 패드가 있어야 했다. 하지만 정보를 입력하지 않는 순간에는 스크린으로 사용 가능해야 한다는 개념이 정립되면서 변화의 조짐이 일었다. 구조와 기술 개발의 방향이 바뀐 것이다. 과도기적으로 등장했던 스마트폰도 있다. 블랙 베리 스마트폰은 아날로그 자판이 밑에 있고 스마트폰 기능이 상단에 있는 제품이다. 하지만 이 제품은 어느 정도 시장을 만들다가 결국 사라지고 말았다. 아날로그 터치 패드를 고수하는 바람에 시장에서 밀려난 것이다. 스마트폰도 구조의 변화, 즉 개념의 변화가 만들어 낸 산물이다.

둘째, 사용 경험의 변화를 유발하면서 생기는 일이다. 혁신 제품을 만든 회사가 새로운 사용법을 가르쳐 주면서 혁신 제품으로 등장하는 것이다. 실제로 이런 사례를 만든 기업을 보면, 기업이 고안했다기보다는 사용자가 변칙 사용하는 걸 발견하고 이를 접목한 예가 적지 않다. 사용자의 편의에 맞게 변경해 혁신 제품으로 인정받은 게 대부분이다. 많은 사례 중에 대표적인 게 개인용 컴퓨터다.

초기만 해도 개인이 컴퓨터를 사용하는 일은 없을 것으로 보았다. 산업용 컴퓨터밖에 없던 시절이다. 그런데 개인용 컴퓨터가 등장한 것이다. 아이디어는 단순했다. 산업용처럼 용량이 클 필요 없이 작고 싸게 만들어 개인적 일을 처리하는 정도로만 사용하게 하면 되는 게 아니냐는 것이었다. 완전한 용도의 변경이었다. IBM에서는 산업용을 개인용으로 만들어 봐야 시장이 없다고 단언했다. 그런데 결국 개인용 컴퓨터 시장이 열렸다. 사용자 경험이 수요를 폭발시켰기 때문이다. 그것으로부터 인류의 역사가 바뀌었다. 기술이 요구된 것도 아니었다. 단지 사용자 경험을 일반화시켰을 뿐이다. 그런데도 사회의 엄청난 혁신을 불러일으킨 것이다.

셋째, 표현 방식의 변화로 전통 제품을 대체하는 경우다. 이는 기존 제품에 대한 사용자 인식을 바꾸어 줌으로써 혁신 제품으로 인식하게 만드는 것이다. 방법은 여러 가지다. 색상, 모양, 케이스 디자인, 유통방법, 또는 배송방법 등, 다양한 형태의 변화를 모색할 수 있다. 이를 통해 인식을 제고시켜 혁신으로 받아들이게끔 유도하는 것이다. 사실 혁신 제품이라 주장하는 제품들이 이런 카테고리에 있는 경우가 많다. 그래도 표현 방식을 획기적으로 변화시키면 사용자들이 느끼는 혁신의 정도가 커진다. 기존 영역에서 갖지 못했던 강력한 시장 지배력을 갖기도 하기 때문이다. 대표적인 사례가 애플의 아이팟이다. 실제 아이팟보다는 한국의 아이레보 제품이 혁신적이었다. 그런데 아이팟이 등장하면서 혁신 이미지를 가져가 버렸다. 애플이라는 이름 자체가 갖는 프리미엄이 크게 작용한 탓도 있다. 어쨌든 아이팟은 이어폰을 흰색으로 만들어 완전히 다른 이미지로 포장할 수 있었다. 그 전까지는 이어폰 하면 검은색이 주류였다. 즉 디자인과 색상이라는, 표현 방식의 변화로 혁신 제품 이미지를 만들어 낸 것이다.

혁신이라는 이름으로 전통 제품을 밀어낸 신제품은 사용자들에게 다가가기 쉽다. 단순히 혁신 제품이라는 이유로 재빨리 받아들이는 사람들도 있다. 하지만 제품이란 모름지기 사용자 만족 단계를 거쳐서 제품 미학이 실현되는 수준까지 가야 한다. 그렇지 않으면 그 제품의 카테고리는 확장될 수 있을지언정 초기 혁신 제품이 살아남지는 못한다. 즉 시장만 만들고 제품과 브랜드는 사라질 수도 있다는 뜻이다. 혁신 제품이라고 사용자들이 미학적 만족을 느끼는 건 아니다. 혁신이 매력적이긴 하지만, 오래 사용하면 할수록 부족함을 많이 느끼게 되는 예가 많다. 그래서 제품 미학적 접근을 동반해야 살아남는다. 많은 제품 디자이너가 혁신만 생각하고 이런 제품 미학적 접근을 고려하지 않는다. 그런 이유로 소비자로부터 외면받는 제품들이 자주 등장하는 것이다. 혁신보다 더 중요한 게 사용자들의 만족감이다. 스마트폰이 아무리 좋아도 여전히 2G 폰을 사용하는 사람들이 있다. 스마트폰이 가져다주지 못하는 다른 요소들이 있기 때문이다. 혁신과 더불어 사용자 경험이 확대되도록 만들지 못하면 제품 미학이 완성되지 못한다. 혁신과 제품 미학은 함께 가야 한다. 그래야 진정 혁신 제품이라 할 수 있다.

제품 미학은
상징이다

◆

미학적으로 탁월한 제품은 로고가 없어도 그 제품을 알아볼 수 있다. 수십 미터 전방에서 보고도 알 수 있어야 그 제품은 제품 자체로 독자적인 상징성을 가졌다고 할 수 있다. 만져만 보아도 어느 회사의 제품인지 알 수 있어야 한다. 실제 그렇게 만들기 위해선 정말로 탁월한 감각이나 미학적 이해가 있어야 한다. 그냥 한 번으로 끝나는 게 아니라, 끊임없이 반복되더라도 그 제품 또는 그 디자이너의 감각이 사용자에게 전달될 수 있어야 한다는 뜻이다. 어쩌면 제품은 로고, 브랜드 또는 회사명보다 훨씬 상위의 상징일 수 있다. 그 자체로 독립적인 상징적 의미가 있기 때문이다. 오히려 그런 상징이 브랜드가 되고 문화가 된다.

제품이 상징화되려면 무엇이 필요할까? 쉽지 않은 문제다. 그렇다고 불가능한 건 아니다. 첫째, 취향에 맞는 컨셉이다. 특정 취향이나 소비지의 기호에 맞는 컨셉을 만들어 내는 것이다. 그리고 중요한 것은 이런 컨셉이 일관성이 있어야 한다. 에코 디자인이라면 거기에 맞는 컨셉을 지속적으로 확장해 가야 한다. 모던 자유주의 컨셉이라면, 어쩌면 '80일간의 세계 일주'의 컨셉이 깔려야 할는지도 모른다. 그러다 보면 보는 사람이나 사용하는 사람들이 느낀다. 그 속에 담긴 일관된 컨셉이 뭔지 알게 되는 것이다. 이 컨셉이 처음에는 구체적으로 만들어지지는 않는다. 개인이나 그룹의 경험들이 녹아 있어야 가능하다. 취향과 습관이 만날 때 그 가능성은 더 구체화한다. 취향이나 습관의 바탕에는 계급적 라이프 스타일이 녹아 있기 때문이다. 그리고 계급적 라이프 스타일에는 좋아하는 문화와 그렇지 않은 문화, 또는 이념이나 사상이 드러나기 마련이다. 이로 인해 제품을 바라보는 미학적 기준도 다르다.

둘째, 컨셉에 맞는 상징을 찾아내야 한다. 이는 로고나 브랜드를 말하는 게 아니다. 문양일 수도, 곡선일 수도 있다. 아니면 색일 수도 있다. 컨셉을 일관되게 지속적으로 유지해 주는 힘이 이런 구체적 상징에 의해 만들어진다. 그런데 실제 디테일에 들어가 보면 생각보다 쉽지 않다. 일단 컨셉과 맞아야 하고, 디자이너의 작업 스타일과도 맞아야 하며, 특히나 사용자들의 반응도 좋아야 하기 때문이다. 그러니 삼박자가 맞아떨어지기가 쉽지 않다. 대부분은 다양한 시도를 통해 사용자 반응이 확실히 드러나는 지점을 중심으로 전형화되어 나타난다. 즉 여러 번의 적용과 반응, 그리고 추려지는 과정을 통해 대표적인 상징들이 살아남게 되는 것이다. 이를 '전형성을 획득한 상징이 살아남는다'고 표현한다. 상징을 만들어 내는 건 디자이너의 능력이지만, 그것이 전형성을 획득하는 건 역사성과 사회성이 반영된 결과다.

셋째, 다른 제품에 대한 확장성이다. 다양한 제품으로 확장하는 데 문제는 없는가 하는 점이다. 확장성이 약하면 특정 카테고리만 적용할 수도 있다. 다시 말해 상징적인 문양이나 도형을 모든 제품에 적용할 수 있으면 좋겠지만, 제품마다 나름의 변화가 필요할 수 있다. 그러면 제품의 특징에 맞추어 재조정해야 한다. 물론 하나의 제품에 국한되지 않고, 다양하게 응용될 수 있는 게 좋은 상징이다. 나름의 아이덴티티가 살아 있고, 그 제품들을 보는 순간 누가 디자인하고 어느 회사의 제품인지를 누구나 알 수 있어야 하는 것이다. 우리가 알고 있는 스칸디나비안 디자인 제품들은 묘하게 그 특징이 느껴진다. 디자이너가 다름에도 불구하고 거기에 깔린 상징이 일관되게 다가오는 것이다. 다양한 제품에 적용되더라도 그것이 이질적으로 느껴지지 않을 때 상징의 확장성이 높다고 할 수 있다.

이렇게 제품의 상징은 만들어진다. 상징은 디자이너 한 사람의 감각에만 의존한 결과물이 아니다. 그 디자이너가 살아온 환경, 교육받은 환경에 따라 그 특징이 담긴다. 즉 한국의 디자인에는, 어떤 식이든 한국인의 상징 의미가 담기기 마련이다. 그것은 거부할 수 없는 문화적인 자산이고 바탕이다. 아무리 그것을 탈피하고자 해도 어디엔가는 그런 부분이 남는다. 상표를 뗀 유럽의 제품들과 중국의 제품, 일본 제품을 섞어 넣곤 구분을 해보라고 하면 대다수가 무리 없이 구별해 낼 수 있다. 문화적인 상징이 제품 속에 존재하기 때문이다. 그게 무엇이라고 짚어서 말하기는 힘들어도 분명 다르다는 건 안다. 그 다름의 원천은 상징의 차이다.

우리의 의식은 문화 이데올로기에서 자유로울 수 없다. 그 바탕에는 민족문화와 계급문화의 특징이 담겨 있다. 그리고 그 결과가 상징의 형태로 등장하는 것이다. 이것을 엄밀하게 무엇이 다르고 무엇이 같다고 얘기하긴 힘들다. 하지만 분명한 건 그런 상징이 제품 속에 녹아 있다는 것이다. 그런 상징이 일관되게 제품에 입혀져야 하고, 내재해야 한다. 제품은 상징이다. 문화적 상징이다. 더 나아가 민족적 문화와 계급적 상징이다. 디자이너의 개인적 표현도 바로 그 속에 있다고 봐야 한다.

제품 미학은 사용 경험이
축적될수록 아름답다

◆

낡았더라도 오래 사용한 물건은 편안하고 몸에도 맞는다. 필요 없는 부분은 닳아나고 꼭 필요한 부분만 남는다. 오래 사용하면 이렇게 가장 원칙적이고도 분명한 알맹이만 남는다. 그 알맹이를 그 제품의 뼈대라고 할 수 있다. 우리 몸을 보면, 뼈대와 근육 그리고 살이 차지하고 있다. 뼈대는 기본 골격을 유지하는 것이고, 근육은 몸이 유기적으로 움직일 수 있도록 뼈대와 함께 구조화되어 있다. 살은 뼈대와 근육의 공백을 메워주고 균형감도 높여 주지만, 그 양이 많아지기 시작하면 오히려 방해가 된다. 근육과 뼈대가 충분히 효율적으로 작동하기 위해서는 오랜 훈련을 거쳐야 한다. 훈련을 통해 단련되면 뼈대와 근육 그리고 꼭 필요한 살만 남게 된다. 그런 몸이 건강하고, 효율적으로 작동한다. 제품도 이와 같다. 제대로 그 기능을 발휘하기 위해서는 군더더기가 없어야 한다. 디자이너들은 가끔 근육과 살을 구분하지 못한다. 군더더기를 보고도 방치한다. 쓸모가 있을 거라고 착각하기도 한다. 하지만 살은 그저 짐이다. 비상용으로 쓰일 때도 있기는 하지만, 일반적인 경우는 짐이 될 뿐이다.

제품에서 군더더기를 제거하는 과정이 사용 경험이다. 경험이 많아질수록 필요 없는 부분과 정말 필요한 부분의 경계를 알 수가 있다. 운동을 통해 근육이 길러지듯이, 사용 경험은 쓸모있는 부분만 남겨 근육처럼 단단하게 제품 기능의 뼈대를 유지하게 만들어 준다. 다양한 사람의 경험이 중요하고, 다양한 상황에서의 경험이 중요하다. 사용 경험이 한쪽으로 몰리면 안 된다. 또한, 디자이너는 그 제품의 주된 사용자가 누구고, 어떻게 사용 경험을 축적할지 알아야 한다. 사용 경험의 축적은 단순히 빈도만 의미하는 게 아니다.

느낌과 만족도를 아우른다. 이를 정확히 이해한다면, 보다 강력하게 사용자들의 경험을 입체화하고, 핵심 부분을 만들어 낼 수 있게 된다. 그 속에는 제품 컨셉을 만들어 가는 과정도 포함된다. 어떻게 이를 디자인하고, 개발 방향을 잡아야 할지도 알 수가 있다.

사용 경험을 축적하는 데는 몇 가지 기술적 요구사항이 있다. 첫째, 사용자들의 특성을 반영하는 일종의 통계표본을 정확히 설정할 필요가 있다. 먼저 성별·연령별 사용 경험을 축적하고, 그 핵심적인 차이를 가려내야 한다. 그렇게 하면 제품이 어떻게 분류되어야 하고, 어떤 특징을 가져야 하는지 알 수가 있다. 또한, 각 연령층의 생활습관에 따라 어떤 용도의 쓰임새가 있는지도 분명히 알 수 있다. 사용자를 만족시킨다는 건 사용자들의 특징을 반영, 그에 맞는 부분만 기능으로 남김으로써 제품을 더욱더 합리적·효과적으로 만들어 준다는 뜻이다. 연령과 계층에 따른 욕구의 맵을 만들고, 그 맵에 따른 카테고리를 결정하면 전문화된 제품군을 만들어 낼 수가 있다. 제품이 전문화되었다는 건 사용자별 욕구에 최대한 근접했다는 뜻이 된다.

둘째, 환경에 따른 결과를 축적해야 한다. 눈이 오는 곳인지, 비가 많은 덴지, 몹시 더운 곳인지, 아니면 너무 추워서 영하 20도에서 사용하는 예도 있는지 등, 제품의 용도에 따라 환경별 자료도 축적해야 한다. 제품을 사용하는 곳은 제한이 없다. 자동차가 달려야 할 곳에는 사막도 있고, 시베리아 벌판도 있다. 때로는 폭우가 쏟아지는 곳에서도 달려야 하기 때문에 여러 환경 테스트를 해야 하는 것이다. 그런 테스트 경험이 제품에 녹아야 한다. 그래야 어떤 상황에서도 사용자가 만족할 수 있는 제품이 된다. 제품 개발비보다 더 큰 비용이 소요되는 것이 바로 이런 제품 사용 경험의 축적과 데이터베이스화 과정이다. 이를 바탕으로 필요한 성능이나 기능을 보강한다. 그런 게 본질에 충실하게 해준다. 다양한 환경 속에서 사용 경험이 쌓인 제품은 확실히 다른 모습을 보여준다. 본질은 남기고 껍데기는 벗겨 냈기 때문이다. 그래야 정말 사용자를 만족시킬 수 있다.

셋째, 극한의 테스트를 거쳐야 한다. 이 테스트를 하는 이유는 일반적인 사용 경험으로 밝혀내지 못하는 부분을 찾기 위해서다. 실제 그런 환경에 노출될 가능성이 0.1%에 불과하더라도 그런 부분까지 철저히 검증해야 사용자들이 안심한다. 제품에 대한 신뢰를 높여 주는 일이기도 하다. 테스트를 많이 한 제품일수록 만족도가 높을 수밖에 없다. 테스트 결과를 데이터베이스화한 브랜드나 제품일수록 오래 가고 고객으로부터 사랑을 받는다. 롱런하는 제품을 보면 그런 경험들이 묻어 있다. 그리고 다양한 극한의 테스트 경험을 소중히 여긴다. 그것이 제품의 역사고 브랜드의 기록이다. 그런 제품은 사용자들로부터 외면받지 않는다. 약간의 색상 변화나 변형만으로도 몇십 년 동안 사용자들로부터 사랑받고 다시 구매가 이루어진다. 제품 테스트를 제대로 할 줄 아는 디자이너가 오래 살아남는 제품을 만들어 낸다.

제품에 대한 사용 경험은 역사이기도 하고 실험이기도 하며 검증 과정이기도 하다. 그런 사용 경험이 퇴적되어 만들어지는 게 제품에 대한 신뢰와 기대다. 결국은 그 제품에 대한 신뢰가 브랜드로도 바뀌는 것이다. 단순히 디자이너가 좋은 디자인을 했다는 것으로 끝나는 일이 아니다. 그것이 사용 경험을 통해 진정한 제품으로 거듭나게 만들어야 디자이너의 작업이 완료된다. 디자이너가 사용 경험을 충분히 경청하고 조사한다면 훌륭한 아이디어를 얻을 수도 있다. 제품 미학은 사용 경험이 퇴적되었을 때 깊이가 더해진다. 마치 튼튼하고 거대한 건축물처럼 제품도 그런 풍부하고 웅장한 모습으로 다가오는 법이다. 그 속에 담긴 다양한 사용 경험이 제품에 대한 미학적 의미를 더 깊게 만들어 준다.

제품 미학은 다원주의적 관점이 필요하다

◆

제품 미학에서 다원주의란 하나의 전형만으로는 미학을 완성할 수 없다는 걸 의미한다. 만일 제품을 소비하는 사람이 한 민족, 한 계급에만 국한되면, 하나의 개념만으로도 충분히 제품 미학을 완성할 수 있을지 모른다. 하지만 민족문화별로 다르고 계급별로 다르다면 하나의 원칙, 즉 일원론의 관점으로만 제품 미학을 해석할 수는 없다. 하나의 관점, 다시 말해 디자이너의 관점 또는 사업적 판단으로만 이루어지면 안 된다는 뜻이다. 제품 미학은 사용자와 디자이너 그리고 생산, 판매를 해야 하는 기업 간에 일종의 가치를 구축하는 약속이다. 그리고 사업체 유형도 다양하다. 협동조합도 있고 개인 사업자도 있고 때로는 공공기관도 있다. 디자이너도 계급·계층 또는 국가적 기반이 다르기도 하다. 하나의 관점을 통일해서 가질 수는 없다는 의미다. 또한, 가장 복잡다단한 것이 바로 사용자 그룹이다. 다양한 계층에, 다양한 민족에, 다양한 국가별로, 다양한 용도로 제품을 사용한다. 그렇기에 하나의 관점으로 이 모든 것을 아우를 수는 없다.

먼저 디자이너의 관점이 그 출발이다. 디자이너의 관점은 개방적인 게 좋다. 제품은 지속적으로 고쳐 나가야 한다. 처음 출시한 제품이 모든 사용자에게 만족을 줄 만큼 잘 만들어지는 경우는 드물다. 그래서 지역을 제한한 테스트 마케팅을 하고는 그 결과에 따라 수정하는 제품도 있다. 자신만의 특별한 생각으로 만들었기 때문에 변경 요구를 받아들일 수 없다는 디자이너도 있다. 디자이너의 자존심이다. 하지만 테스트 마케팅을 해보고 사용자들의 의견을 들어봤다면 안 고칠 수가 없다. 사용자들의 불만 내용에는 그 제품의 허점이 분명하게 들어있기 때문이다. 그러므로 디자이너는 자신의 관점만을 고집해선 안 된다. 즉 다양한 관점으로 접근하려는 자세를 견지해야 한다. 때로는 테스트 마케팅 결과 핵심 개념을 바꾸지 않으면 안 되는 예도 있다. 그때는 그것을 받아들여야 한다. 새로운 제품으로 다시 론칭해야 할 필요도 있다. 핵심 개념이 바뀌면 새로운 제품이기 때문이다. 아집에 빠진 제품 디자이너가 자신을 완벽주의자로 치장하는 일도 적지 않다. 개선해야 할 포인트를 차단하면 안 된다.

제품에 대한 사용자들의 관점도 다양하다. 사용 목적은 하나라도 제품을 인식하는 방식이나 사용방법은 제각각이다. 간단한 예로, 여기 김치 냉장고가 있다고 하자. 제품의 핵심 개념은 김치를 저장하는 것이다. 그런데 김치만 넣어 두는 사람은 별로 없다. 장기 저장이 가능하기 때문에 다양한 식품을 넣어 두는 보관 장소로 많이 쓰인다. 즉 사용자의 욕구에 따라 그 제품의 개념이 확장된 것이다. 그러나 이 제품을 외국인들에게 사용하라고 하면 그들은 어려움을 겪는다. 김치 저장 개념이 바탕에 깔린 제품이기 때문이다. 그들에게는 오히려 장기 식품 보관 냉장고로 소개하는 게 더 좋은 마케팅이라 할 수 있다. 제품은 사용자들의 특징에 따라 달리 인식된다. 하나의 목적만 강조하면 안 된다는 뜻이다. 사용자들도 하나의 목적으로만 제품을 인식하지 않는다. 게다가 스스로 자신의 욕구를 표현한다. 새로운 제품은 바로 이런 포인트에서 출발한다. 특정 제품이 다른 용도로 전이되면 그걸 보고 새로운 제품을 만들어 낼 수 있는 것이다. 시각을 열어 두어야 새로운 제품을 만들어 낼 수 있다. 축구를 보고 손과 발을 다 사용하는 럭비를 창안했듯이 제품에서도 그런 예를 자주 볼 수 있다. 그 출발은 바로 사용자들의 다원주의적 접근에 있다. 이를 늘 관찰할 필요가 있다.

사업체 또한 다양하다. 최근엔 협동조합 같은 곳도 활발하게 사업을 펼치는 예가 많고, 공공기관도 시민을 대상으로 각종 사업을 실행한다. 용도도 판매용, 임대용, 홍보용, 교육용 등 다양하다. 동일한 제품이라도 사업체에 따라 다른 목적을 갖는 것이다. 하나의 관점으로만 볼 수 없는 이유다. 용도별로 다른 목적이 핵심 개념에 추가된다. 예를 들어, 어느 지자체가 전기 자전거 범용화 사업을 추진한다고 치자. 임대든 대여든 사업방식을 떠나, 많은 사람이 사용하게 되므로 도난방지나 위치 확인 시스템 등이 추가되어야 할 것이다. 이게 핵심 조건이 된다. 기존의 전기 자전거를 그대로 납품할 수는 없는 상황이다. 이처럼 같은 제품이라도 사용 목적이나 용도가 다양할 수 있으므로 이 점을 염두에 둬야 한다. 물론 이런 부분에서도 제품 미학적 관점은 분명해야 한다. 공공 제품이라고 제품 미학을 무시하고 싸게만 만들려 하면 결국은 사용자들이 외면하고 만다. 아무리 공짜라도 제품 미학을 제대로 발현하지 못하면 외면당한다. 사용해보고 마음에 안 들면 그냥 처박아 둘 수도 있다. 자신이 구매한 것보다 더 빨리 외면하기 쉽다.

제품 미학이 다원주의적 입장을 가진다는 건 다양한 표현과 욕구 그리고 문화적 다양성을 포용한다는 의미다. 제품 디자이너가 이런 모든 요소를 받아들이기는 쉽지 않다. 특히나 제품 기획 단계부터 다원주의적 시각을 견지하기란 더더욱 어려운 일이다. 처음부터 그렇게 제품이 디자인되면 좋겠지만, 그런 경우는 별로 없다. 제품을 디자인해 가면서, 만들어 가면서 필요성을 느껴 수정하고 보강하는 경우가 일반적이다. 열린 마음으로 항상 받아들일 자세를 갖는 게 중요하다. 물론 시간은 훨씬 더 많이 소요될 수 있다. 제품 출시 데드라인을 넘길 수도 있다. 그럴 땐 프로젝트 리더의 전략적 판단이 필요하다. 출시 이후에 보완해 가는 게 적절한지, 아니면 완벽해질 때까지 더 갖춰서 출시할지를 결정해야 한다. 다만 잊지 말아야 할 게 있다. 제품 미학이 제대로 완성되어 있지 않은 제품은 결국 사용자들로부터 외면받게 될 거라는 점이다. 공짜로 나눠줘도 마찬가지다. 다원주의적 관점을 가지되 그 결과는 제품 미학으로 귀결되어야 비로소 제품이 사용자들로부터 환영받는다는 사실을 명확히 알아야 한다. 제품은 유기체다. 다양한 의견이 담기는 유기체고, 다양한 욕구가 담기는 유기체다. 그래서 다양함을 추구해야 한다. 그 결과가 제품 미학으로 드러나는 것이다.

제품 미학이 가장
느리게 변한다

◆

제품을 새롭게 만들거나 개선할 때는 순서가 있다. 제품의 가치를 중심에 놓고 무얼 바꾸는 게 손쉬운지 보는 것이다. 이는 크게 네 가지로 나뉜다. 첫째, 색상을 바꾸는 것이다. 둘째는 메인이 아니라 부속품을 바꾸는 것이다. 셋째는 메인 기능과 관련된 구조를 바꾸는 것이다. 넷째는 제품 미학을 바꾸는 것이다. 이렇게 등급을 나눠 바꾸는 게 좋다. 단 이는 신제품이 아니라 개선제품에 해당하는 얘기다. 하지만 시장에서는 신제품으로 소개한다. 뭔가 달라졌으니 신제품이라 해도 틀린 말은 아니겠으나, 엄밀하게 보면 개선제품이다.

가장 바꾸기 쉬운 건 색상이다. 색상은 보통 시즌별로 바꾼다. 색상의 트렌드를 분석하고 소비자가 선호하는 색을 참고하여 새로운 색을 제시하는 것이다. 기존 색의 50% 정도는 남기고 나머지 50%를 새로 제시하는 게 좋다. 그럼 고객은 새로운 색 중에 마음에 드는 색을 선택한다. 다음 시즌에는 다시 50%를 선택하고 새로운 색 50%를 제시한다. 이렇게 3년 정도 진행하면 10% 정도의 색이 고정적으로 남는다. 이게 한두 가지 정도 될 것이다. 그게 그 제품의 고유색이다. 제품을 상징하는 색이다. 이렇게 정해진 색은 쉽게 못

바꾼다. 그 색으로 만든 제품은 분명 소비자들이 좋아한다. 반복 구매를 할 때는 다시 생각할 테지만 그래도 선호도는 높다. 색을 바꿀 때는 이렇게 트렌드와 선호도를 기반으로 점진적으로 바꾸는 게 좋다.

부속품을 바꾸는 일도 흔하다. 자동차의 경우 헤드라이트나 백미러 그리고 전면 라디에이터 그릴만 바꾸어도 디자인이 확 달라 보인다. 이런 것으로 성공한 대표적 예가 기아자동차다. 기아차를 자세히 보면, 호랑이 코 모양으로 라디에이터 그릴을 바꾸고 백미러도 조금 바꾸었다. 그런데 이미지가 전혀 다른 자동차로 탈바꿈했다. 새로 영입된 외국인 디자인 부사장의 작품이었다. 디자인으로 승부를 걸어 크게 성공한 셈이다. 급하게 혁신적인 제품을 내세우기보다는 오히려 바꿀 수 있는 디자인을 바꾸되 전체적인 이미지를 통일한 점이 이미지 개선에 도움을 준 것이다. 즉 부속품만 바꾸어도 좋은 효과를 볼 수 있다는 실증자료다.

메인 구조를 바꿀 때는 유의할 게 있다. 물론 구조를 바꾸는 게 쉬운 일은 아니다. 그러나 불가피하게 바꿔야 할 때가 있다. 고치지 않으면 안 되는 부분이 드러난 경우다. 기능을 업그레이드하거나 품질 문제로 인해서 고치지 않으면 안 되는 경우에 해당한다. 그럼 메인 구조를 바꾸면 새로운 제품이나 진배없으니 새롭게 론칭하는 게 좋지 않겠냐고 물을 수도 있지만, 그렇지는 않다. 소비자 신뢰와 관련된 문제가 파생될 수 있기 때문이다. 메인 구조를 손보곤 신제품으로 출시했을 때 소비자가 새로운 것으로 인식을 못 한다면 회사의 상술로 비칠 수 있다. 회사 이미지가 훼손돼 전체 매출에 악영향을 끼칠 수도 있다. 가능한 한 그 브랜드 그 제품의 이미지를 살리면서 바꾸는 게 안전하다. 그래야 소비자부터 호감을 받을 수 있어 좋다. 제품 이미지가 좋아서 그대로 유지하는 게 유리할 때 쓰는 방법이다.

끝으로 제품 미학을 바꾸는 경우다. 이는 위에서 언급한 세 가지를 동시에 적용하면서 기존의 제품 미학적 관점을 바꾸어 주는 일이다. 어쩌면 제품 포지셔닝을 다시 하는 것과 같다. 실제 제품 포지셔닝을 다시 하는 건 신제품 출시나 다를 게 없다. 그런데도 신제품으로 출시하지 않는 이유는 제품의 연속성과 관련이 깊다. 이미 고객의 요구나 사용 경험이 제품에 충분히 녹아 있는 상황이기 때문이다. 그만큼 품질이나 선호도에 있어서 우위를 점하고 있는 상황일 때의 얘기다. 신개발로 인한 과도한 비용 발생을 막는 한편, 제품에 대한 로열티(Loyalty)를 한층 높이는 방안으로 제품 미학의 기준을 바꾸어 주는 것이다. 제품 미학의 기준을 바꾼다는 건 제품 미학의 새로운 관점을 제시한다는 뜻이다. 즉 고객이 보지 못한 개념을 제시하고 제품을 새롭게 인식하도록 만든다는 의미다. 이미 제품에 대한 로열티가 있는 사람에게는 새로운 제품 미학의 관점을 제시하는 것이고, 전혀 로열티가 없던 사람에 대해서는 신제품으로 인식하도록 만드는 것이다. 일정 시점이 지나면 고객은 전혀 다른 방식으로 제품 미학을 읽어 내게 된다. 오래 살아남은 브랜드와 제품이 가지는 특징이다. 제품 미학을 바꾸는 출발점은 사용자의 성향이나 취향에 있다. 이것도 바뀌기 마련이다. 사용자의 성향이나 취향이 바뀌지 않았는데 일방적으로 회사에서 바꾸려 하면 실패하기 쉽다.

　제품 미학이 가장 느리게 바뀐다. 사용자들이 바뀌기 때문이다. 사용자들이 바뀌지 않는다면 제품 미학을 바꿀 필요가 없다. 하지만 사용자가 바뀌는데 제품 미학의 기준을 바꾸지 않으면 그 제품은 시장에서 사라지기 쉽다. 다른 제품이 선점하기 시작하면 더 이상 그 제품이 설 곳은 없어진다. 사용자 변화의 본질적인 의미는 바로 시류가 바뀐다는 것이다. 오래 제품으로 살아남기 위해서는 시류의 변화 양상에도 적응해야 한다. 하지만 궁극적으로 사용자에게 만족을 줄 만한 최적의 제품을 만들어 내야 한다. 시류가 변해도 사용자의 오감 만족을 추구해야 제품 미학은 더욱 힘을 발휘할 것이다. 제품 미학은 마치 거대한 빙하가 움직이는 것과 같다. 그만큼 대지를 갈라놓을 만한 힘이 있다.

제품의 진화는 사용자
선택에 의해 이루어진다

◆

자연계 내에서의 진화는 두 방향으로 이루어진다. 첫째는 자연선
택이다. 환경에 적응한 개체가 생존경쟁에서 살아남아 대를 잇는
걸 말한다. 개체별로 변이가 생기고 그 변이에 따라 더 잘 적응한
개체는 살아남고 그렇지 못한 개체는 사라진다. 그리고 살아남은
개체의 유전자가 자손에게 전해지는 것이다. 그런 과정이 오랫동
안 진행되면서 진화의 과정을 이룬다. 둘째는 돌연변이다. 돌연변
이란 느닷없는 변이를 말한다. 유전물질에 변이가 생겨 자손에게
전달된다. 생존에 불리한 경우가 많아 돌연변이 개체의 자손은 살
아남을 가능성이 작다. 하지만 드물게는 생존에 유리한 경우도 있
다. 돌연변이 개체도 자연선택의 과정을 거치면서 살아남기도 하
는 것이다.

이 같은 현상은 제품의 진화에도 바로 적용할 수 있는 개념이다.
디자이너가 혁신적인 제품을 만들어 내는 건 어쩌면 돌연변이일
수 있다. 하지만 고객들은 그 혁신 제품에 쉽사리 손을 내밀지 않는
다. 그냥 구매하는 사람이 있기도 하지만, 초기 구매자의 평가를 통
해 제품을 걸러내게 된다. 즉 진화의 과정에서 자연선택 되듯이 사
용자 선택과정을 거치는 것이다. 개선된 제품도 동일한 과정을 거

치면서 살아남기도, 사라지기도 한다. 혁신 제품이든 개선 제품이든 사용자 선택에 의해 살아남기도 하고 사라지기도 하는 것이다.

사용자 선택과정은 세 가지 기준으로 이루어진다. 첫째는 제품 가격이다. 이를 기반으로 일차적인 선택이 이루어진다. 아무리 좋은 제품이라도 고객이 받아들일 수 없는 가격을 형성하고 있다면, 사용자에게 선택받을 수 없다. 그때의 사용자 그룹은 가격에 맞춰 형성된다. 즉 고가품을 구매하는 사용자 집단이라면 이를 받아들이지만, 그렇지 못한 집단에서는 선택될 수 없다. 가격은 목표 사용자 그룹에서 선택할 수 있는 가격대로 형성되는 것이다. 이를 벗어나면 존립이 힘들다. 둘째는 비교 성능이다. 다른 제품과의 비교를 통해 제품의 선택이 이루어진다. 비슷한 가격대에 비슷한 성능을 가진 경쟁 제품과의 비교를 통해 장단점이 분석되고, 어느 것이 좋다고 사용자들이 결정하면 그때 선택이 되는 것이다. 셋째는 매력도이다. 외관이나 스토리, 브랜드 가치 등에 좌우되는 부분이다. 매력도는 가격이나 성능에 비해 사후적이다. 진화의 절대 변수는 아니라는 의미다. 가격과 성능이 만족스러운 제품은 비록 브랜드나 매력도가 떨어져도 살아남아 매력도를 높여 갈 수 있다. 반면, 매력도가 높아도 성능과 가격에 문제가 있으면 일시적인 선택은 가능해도 지속적이지는 않다. 이점은 주의해야 한다.

사용자 선택과정의 결과로 살아남을 제품과 사라질 제품이 나뉜다. 때로는 사라지지 말아야 할 제품도 있을 것이다. 자연계의 진화 과정에서도 분명 멸종하지 말아야 할 종이 사라진 예도 있었을 것이다. 제품도 그렇게 진화를 한다. 사라진 제품 중에서 다시 살려낸 경우도 있다. 기본 속성은 가져오지만, 제품은 새롭게 도입하는 경우다. 가격이나 성능 그리고 매력도의 리포지셔닝에 의해 성공적으로 살아남는 제품이 되기도 한다. 이 과정마저도 사용자 선택과정의 일부다. 사용자가 제품의 진화를 결정한다. 좋은 제품이란 바로 이 과정에서 살아남은 제품이다.

보이지 않는 곳에
미학을 더하라

◆

여성용 하이힐 밑창에 붉은색을 칠하는 브랜드가 있다. 그 스타일이 세계적으로 대단한 유행을 불러왔다. 아무도 주목하지 않던 부위에 붉은색을 사용함으로써 제품의 미학을 높인 것이다. 평소에는 그게 잘 보이지 않는다. 계단을 오를 때 붉은색이 드러난다. 높이 오르고 싶은 욕망이 붉은색의 하이힐 밑창으로 드러나는 것이다. 남들이 주목하지 않을 때, 보이지 않는 곳에 미학을 더한 것이다. 보이지 않지만 결국 어느 순간에는 드러난다. 그 순간에 제품의 가치가 발현되는 것이다.

이와 비슷한 사례로, 옷의 안감에 문양을 넣는 경우가 있다. 안감에는 일반적으로 장식을 하지 않는다. 원가가 들지 않게 단순한 색상만으로 처리하는 경우가 많다. 그런데 아무도 주목하지 않은 이 부분에 화려한 문양을 넣어 옷을 만들었다. 겉으로 보면 아주 검소해 보이는 스타일이지만, 속에는 안감의 화려함을 더한 것이다. 숨겨진 욕망을 드러내듯이, 옷을 벗을 때나 앞 단추를 풀었을 때, 그 속에 감추어진 화려함이 드러난다. 그것을 통해서 입고 있는 사람의 욕망이 표현된다. 인간은 본질적으로 욕망한다. 그것은 자신만의 정체성을 드러내는 순간이다. 정체성은 그냥 겉으로 드러나는 게 아니라, 자신만의 정해진 공간과 시간에서 드러난다. 그때 필요한 장치로 미학이 더해지는 것이다.

좋은 제품과 수준이 낮은 제품을 구별하는 방법의 하나가 그 제품을 분해해 보는 것이다. 제품을 분해해서 보면, 속이 정리가 잘 된 제품이 있는 반면에, 겉은 멀쩡한데 속은 엉망인 제품도 있다. 아무도 속을 들여다보지 않을 거라는 생각으로 만들어냈기 때문이다. 깔끔하게 정리된 제품이 제대로 만들어진 제품이다. 그런 제품들은 속도 멋지다. 내면이 아름다운 사람이 멋진 사람이다. 겉모습만으로 사람을 평할 수는 없다. 마음도 같이 봐야 하는 것처럼 제품에도 마음이 있다. 디자이너가 마음을 담아내는 작업을 해 두면 그 속이 미학적으로도 아름다운 법이다.

제품 미학의 완성은 드러나지 않는 곳에 아름다움을 더할 때 가능하다고 본다. 아무도 생각하지 않고, 신경 쓰지 않는 부분에 세밀한 감각을 더할 줄 아는 디자이너가 최고의 디자이너다. 제품에 마음을 담아내는 작업이다. 좋은 제품일수록 깊이가 있다. 그 깊이는 그 속을 파 봐도 고스란히 드러난다. 좋은 경치를 지닌 자연은 그 속에 들어가 봐도 아름다운 것과 같다. 주목하지 않는 곳에도 세심한 손길이 더해지면 그것만으로도 누군가는 감동한다. 아무도 주목할 것 같지 않은 곳에도 제품 미학이 있어야 한다. 그것이 세상에 또 하나의 아름다움을 선사하는 일이라고 생각한다. 좋은 제품은 그 속도 아름답다.

마치며

   처음에는 제품 미학이라는 말을 써야 할지 말아야 할지 망설였다. 하지만 분명하게 느꼈다. 제품에도 미학은 담겨야 한다는 것. 이에 대해 변함이 없기 때문에 남들이 어떤 말을 쓰든 상관없이 쓰기로 작정하고 써왔다.

   이 글은 제품 미학에 대한 나름의 견해를 표출한 것이지 원리나 학문으로 접근한 건 아니다. 물론 제품 미학에 대한 견해는 필요하다고 보았기에 소신껏 써왔다. 의견을 달리하는 사람도 많을 것이고, 전문 디자이너도 아니면서 너무 많은 이야기를 하는 건 아니냐는 의구심을 가질 수도 있다. 하나는 분명하다. 끊임없이 애증을 가지고 제품을 관찰하고 분석했다. 많은 해외 디자이너들과 일하면서 그들의 시각이 부럽기도 하고, 왜 다른지 궁금하기도 했다. 그 근본적인 이유를 찾고 싶은 마음에서 제품 미학 글을 시작했다.

　하지만 4년간의 집필을 마치고 나서 드는 생각은 회의적이다. 충분히 그 이유를 찾았나 자문해 보면 아직 멀었다는 생각이 든다. 우선, 신경 생리학적 또는 심리학적 접근이 있어야 했지만, 그 부분은 공부가 덜 된 탓에 깊이 들어가지 못했다. 게다가 스스로 부과한 과제가 완결된 것 같지도 않다. 예술 미학의 관점을 충분히 검토하고, 예술가와 디자이너들이 혼동하지 않을 제품 미학을 이룬다는 과제가 있었지만, 그게 제대로 전달되었는지 확신이 들지 않는다. 또한, 제품 미학은 생활 미학의 한 영역으로 그 역할을 하는 것인데, 생활 미학 전반에 대해 이해를 돕거나 깊이 있게 정리하지 못하는 바람에 제품 미학의 좌표조차 제대로 정립하지 못한 격이 되고 만 것처럼 느껴진다.

　글로 정리하려 하면 할수록 부족함을 많이 느낀 게 솔직한 심정이다. 생활 미학에 대한 정리는 남은 과제로 생각하고 있다. 부분적으로 해온 일이지만, 아직 제품 미학의 깊이만큼 정리가 되어 있지 않아 언제 끝날지는 모르겠다. 그래도 힘을 쏟을 작정이다. 생활 미학의 기둥이 서야 제품 미학도 좌표가 명확해질 것이라는 점에서 미뤄서는 안 되는 과제다. 예술 미학의 개념이 정립되어야 춤, 그림, 조각, 연극, 영화 등, 다양한 예술 양식에 필요한 미학적 해석이 가능하다. 제품 미학도 그와 같다. 예술 미학의 연극 미학처럼 제품 미학은 생활 미학의 하부카테고리 개념이다. 생활 미학의 체계 속에 제품 미학이 존재한다.

생활 미학에 대한 논의는 오래된 게 아니다. 영어로는 Everyday Aesthetics라고 한다. 말 그대로 일상의 미학이다. 즉 생활 미학이다. 생활 미학은 미학에서도 새로운 영역이다. 아름다움은 예술 작품 속에만 있지 않다. 우리가 살아가는 일상 속에서도 분명히 느낄 수 있고, 존재한다. 그것을 어떤 의미로 해석해야 할지에 대한 관점은 미진하지만, 생활 미학이라는 형태로 정립되기 시작한 게 최근의 일이다. 그래서 아직 그 체계가 잡혀 있지 않다. 예술 미학과 생활 미학이 혼재된, 대표적인 역사적 산물이 바로 도자기류다. 기존에는 예술 미학의 관점으로 해석되었지만, 이제는 생활 미학의 관점으로 재해석되어야 한다고 본다. 그래야 그 속에 담긴 기능을 이야기할 수 있기 때문이다.

제품 미학의 후속작으로 생활 미학 또는 생활 미학의 한 영역을 다시 한번 정리하고 싶은 것이 개인적 욕심이다. 생활 미학의 하위 영역은 미식학, 향미학, 서비스 미학, 취미학, 소리 미학 등등, 다양한 영역이 존재한다. 누군가는 정리해야 할 필요가 있는 부분이다. 아무도 하지 않는다면 나름의 소명의식을 갖고 정리하고 싶다. 생활 미학을 정리하려고 이유는 명확하다. 세상을 아름답게 바꾸는 출발이라고 보기 때문이다. 그게 바탕에 깔린 생각이다. 많은 사람이 자신의 영역에서 이런 작업을 하나하나 해나가면 좋겠다.

　살아가는 모든 행위에도, 집중해서 뭔가 해보는 데도, 아름다움이 깃든다고 본다. 매력을 느끼는 분야를 파고들며 몰두하는 삶이 가장 아름답지 않을까. 그 속에서 또 다른 아름다움도 싹튼다. 살아가면서 누구나 한 번쯤은 이 아름다움을 창조하는 작업을 하고 싶어 하고, 해야만 한다고 본다. 끝나지 않을, 살아남은 사람들의 꿈이다.

제품
미학

초판 발행 2019년 11월 15일

지은이 하영균

펴낸이 구난영
디자인 데시그
책임편집 김진수

펴낸곳 도슨트
주   소 경기도 파주시 산남로 183-25
전   화 070-4797-9111
이메일 docent2016@naver.com

ISBN 979-11-88166-29-9 (03100)

「이 도서의 국립중앙도서관 출판예정도서목록(CIP)은 서지정보유통지원시스템 홈페이지(http://seoji.nl.go.kr)와
국가자료종합목록 구축시스템(http://kolis-net.nl.go.kr)에서 이용하실 수 있습니다.
(CIP제어번호 : CIP2019041359)」

이 도서는 한국출판문화산업진흥원의 '2019년 출판콘텐츠 창작 지원 사업'의 일환으로
국민체육진흥기금을 지원받아 제작되었습니다.

도슨트 출판사는 독자 여러분의 참신한 아이디어가 담긴 원고를 기다리고 있습니다.
책 출간을 원하는 분은 docent2016@naver.com으로 간략한 도서정보와 연락처를 보내주세요.
소중한 경험과 지식을 기다리고 있습니다.